행복한 공부의 신

딸을 서울대에 보낸 정용호 강사의 초등수학 공부법

연산, 사고력 수학 잘하는 [illegible]

정용호 지음

직업상점

CONTENTS

PART 03 수포자 부모? 걱정 말고 학년별 이것만 알려주세요

PROLOGUE

아이들이 수포자가 되는 이유는 부모들 탓이다!

(내 아이가 수포자가 되는 이유)

"저는 초등학교 교사입니다. <딸을 서울대에 보낸 정용호 강사의 초등수학 공부법> 책을 보면서 수학에 대해 다시 생각해 보고 어떻게 가르쳐야 할지를 더 많이 고민하게 되었습니다. 초등학교 교과서와 지도서에만 의존했었고 제 자신을 반성하게 했기에 너무나 소중한 책입니다. 수학 원리를 제대로 가르쳐야 한다는 말씀에 공감하면서 지인 선생님께도 선물로 드렸습니다."

2015년부터 지금까지 교육청, 평생교육원, 한국잡월드, 초등학교, 도서관, 백화점 문화센터 등 전국 곳곳에서 300회 넘게 학부모 대상 유아~초등 독서법, 공부법, 코칭법 강의를 진행해 왔고, 4권의 자녀 교육서도 집필했습니다. 그 과정에서 많은 선생님과 학부모분들을 만났는데요. 윗글은 <딸을 서울대에 보낸 정용호 강사의 초등수학 공부법> 책을 읽은 초등학교 선생님이 전해주신 글입니다.

수학은 우리나라에서 사교육비 지출 2위를 차지할 정도로 관심과 투자가 큰 과목입니다. 그럼에도 불구하고 '수포자(수학 포기자)' 라는 단어가 생기고 '수학 학원 다니는 아이들 중 80%는 그 학원 전기세 내러 다닌다.'라는 표현이 있을 정도로 부모님과 아이들을 힘들게 하는 과목입니다. 왜 투자는 많이 하는데 성공 확률은 매우 낮은 걸까요?

가장 큰 이유는 수학 공부를 이상하게 하기 때문입니다. 7세와 초등학교 저학년 시기에는 연산 공부를 이상하게 진행하면서 수학을 싫어하게 만들고요. 초등학교 중학년 때에는 수학 공부를 지나치게 많이 시키면서 수학을 질리게 만듭니다. 그리고 초등학교 중·고학년 때에는 수학 선행을 이상하게 진행하면서 수학과 이별하게 만듭니다. 7세 때부터 초등 시기 내내 아이들은 '왜 해야 하는지 알 수 없는 수학, 재미없고 지겨운 계산을 많이 해야 하는 수학, 점점 더 어려워지는 수학, 어떻게든 피하고 싶은 수학'을 경험하는 것입니다.

'수학은 원래 재미없고 어렵다.'라고 생각하시나요. 아닙니다. 적어도 초등 수학만큼은 재미있고 만만하게 공부할 수 있습니다. 단지 재미없고 어렵게 공부할 뿐입니다. 수학적 사고를 제대로 하기만 하면 수학의 재미를 느낄 수 있으며, 수학 개념을 제대로 공부하고 문제 해결력을 체계적으로 훈련하기만 하면 수학을 만만하게 느낄 수 있습니다. 그리고 앞으로 적용될 교육과정과 시험 방식, 입시 제도를 기준으로 수학 공부에서의 1순위를 잘 파악해 선택과 집중을 잘하기만 하면 수학 공부 분량도 적절하게 조절할 수 있습니다.

이를 위해 책 본문에서는 초등학생 때 수학 공부를 어떻게 진행해야 하는지를 시기별, 영역별로 아주 구체적으로 정리해 놓았습니다. 그리고 바람직하고 의미 있는 수학 공부와 이상한 수학 공부에 대해서도 비교해서 정리해 놓았으며, 책 뒤쪽에는 초등학교 수학 교과서에 나오는 개념과 원리를 교과서나 문제집보다 훨씬 쉽게 정리해 놓았습니다.

이 책을 통해 부모님부터 수학을 제대로 파악하시기를 바랍니다. 그리고 언제, 무엇을, 얼마나, 어떻게 시켜야 하는지를 판단하는 데 활용하시기를 바랍니다.

끝으로 새로운 개정 교육 과정 적용을 앞둔 시점에 개정판을 출간할 수 있게 도움을 주신 출판사 관계자분들께 감사의 마음 전합니다.

"오랜만에 <딸을 서울대에 보낸 정용호 강사의 초등수학 공부법> 책을 다시 들춰봤어요. 전에는 아이가 어려서 개념 사전 부분은 읽지 않았었는데요. 알려주신 Part 3 개념 사전 부분을 읽어보니 사막의 오아시스를 만난 것 같았어요! 덕분에 고학년을 향해 가는 초4 아이와 내년에 학교에 입학하는 예비초 두 아이에게 개념을 쉽고 정확하게 알려주는 데 큰 도움이 됐습니다."

(최대한 편하게 읽으실 수 있도록 강의하듯이 글을 썼습니다. 그래서 문법에 맞지 않는 문장이 있습니다. 양해 부탁드립니다.)

아주 작은 엄마의 관심으로 수학 1등 만드는 방법

PART 01

1. 수학 잘하는 아이가 공부도 잘하는 이유?

2. 초등 수학 성적 결정짓는 3가지?

3. 엄마가 이것 8가지만 알려주면 내 아이는 100% 성공하죠

1 수학 잘하는 아이가 공부도 잘하는 이유?

수학이 중요한 이유는 수학 실력이 아이들의 성적에 큰 영향을 끼치기 때문입니다. 학교에서 학습하는 과목 중에서 주요 과목이라고 하면 국어, 영어, 수학, 사회, 과학, 한국사를 말합니다. 이 6개 과목 중에서 아이들의 실력 차이가 가장 잘 드러나는 과목이 수학입니다.

특히 공부를 잘하는 아이 중에서 어느 아이가 공부를 더 잘하는가를 결정하는 것이 수학입니다. 이를 변별력이라 하는데요. 공부 실력이 최상위인 아이는 국어, 영어, 사회, 과학, 한국사도 100점 맞으면서 수학도 100점을 맞습니다. 그런데 실력이 약간 아래인 아이는 국어, 영어, 사회, 과학, 한국사는 100점을 맞지만 수학은 90점을 맞습니다. 그리고 이 차이가 특목고의 합격 여부, 특목고에서의 성적, 최상위 대학 합격 여부를 결정하게 됩니다.

수학 점수가 아이들의 성적을 좌우하다 보니 수학의 중요성을 강조하는 몇 가지 표현이 생겨났습니다. '공부 잘하는 아이가 수학 잘하는 것이 아니라 수학 잘하는 아이가 공부 잘한다.'라고 하는데요. 수학을 잘하는 아이들은 다른 과목도 잘합니다. 반대로 다른 과목은 잘하는데 수학을 못하는 아이들이 꽤 있습니다. 수학은 추상 개념들만으로 고난이도의 논리적 사고를 해야 하기 때문이고요. 그래서 '중학교부터는 수학이 전교 1등을 좌우한다.'라고도 하고요. '대입의 핵심은 수학이다.'라고도 합니다.

왜 수학을 잘하면 공부를 잘할까?

국어의 절반은 문학이고 절반은 비문학입니다. 영어도 절반은 문학이고 절반은 비문학입니다. 그런데 문학과 비문학 중에서 아이들이 어려워하는 영역은 비문학이기 때문에 비문학을 잘해야 국어와 영어를 잘할 수 있습니다. 그리고 수학, 사회, 과학, 한국사는 모두 비문학입니다. 국어와 영어의 절반이 비문학이고 수학, 사회, 과학, 한국사 모두 비문학이기 때문에 비문학을 잘하는 아이가 공부를 잘합니다.

국어 비문학, 영어 비문학, 수학, 사회, 과학, 한국사 중에서 많은 아이들이 가장 어려워하는 비문학은 무엇일까요? 수학입니다. 가장 어려워하는 비문학이 수학이기 때문에 수학을 잘한다는 것은 상대적으로 부담이 적은 다른 비문학 과목도 잘할 가능성이 커집니다. 그리고 **수학을 잘하게 되면 논리적 사고력이 좋아지고, 정보를 해석하고 분석하는 능력도 좋아집니다.** 이는 사회, 과학 등 다른 과목 학습에도 좋은 영향을 주게 됩니다. 그래서 '공부 잘하는 아이가 수학 잘하는 것이 아니라 수학 잘하는 아이가 공부 잘한다.'라고 합니다.

우선 초등 수학에만 집중하기!

입시 제도가 계속 바뀝니다. 문과와 이과가 통합되었고요. 수능 영어가 상대 평가에서 절대 평가로 바뀌고 한국사가 수능 필수 과목이 된 지도 꽤 되었습니다. 그리고 6~7년 주기로 교육과정을 개편하면서 크고 작은 변화를 지속적으로 시도하고 있습니다. '교육은 100년 동안의 큰 계획'이라고 하는데 우리나라 교육은 10년 짜리 계획도 아닌 듯합니다.

교육 과정이 바뀔 때마다 교과서도 바뀌고, 시험 문제 유형과 유형별 비중도 바뀌고, 입시 제도도 교육 과정과 함께 계속 바뀌고 있습니다. 도대체 목표를 어떻게 정하고 어떤 단계로 계획을 세워야 할지 감을 잡을 수가 없습니다.

이런 현실에서는 역시나 '기초'가 정답입니다. 특히 초등 때에는 대학 입시, 특목고 입시 제도에 초점을 맞출 필요도 없고 맞출 수도 없습니다. 대신 **예비 초등 때부터 초등 고학년까지 6~7년 동안 기본기를 탄탄하게 마련해 두면 교육 과정과 입시 제도가 어떻게 달라지더라도 적절히 대응할 수 있는 힘이 생깁니다.** 그래서 성적에 가장 큰 영향을 끼치는 수학을 초등 시기에 제대로 학습하는 것이 정말 중요합니다.

엄마의 수학 코칭은 잘 진행되고 있나?

그런데 안타깝게도 초등 시기 아이들의 수학 공부는 잘 진행되고 있지 않습니다. 우리나라 사교육비 1위는 영어이고, 2위는 수학입니다. 수학이 중요한 과목이라는 것은 알기 때문에 수학에도 많은 시간과 돈을 투자하고 있습니다. 그런데 일반계 고등학교 학생의 50%가 '수포자(수학을 포기한 자)'라고 합니다. 그 이유 중 하나는 **초등학교 때 엄마의 수학 코칭이 잘못 진행된다는 점 때문입니다.**

초등학교 때부터 또는 그 이전부터 아이들은 '왜 공부해야 하는지 잘 모르는데 매일 지겹게 반복해야 하는 수학, 문제를 빨리 풀어야 하는 수학, 점점 더 어려워지는 수학'을 경험하면서 수학을 싫어하게 되고 거부감을 갖게 됩니다. 왜 많은 엄마들이 잘못된 수학 코칭을 하고 있을까요?

우리 부모들은 수학을 '근의 공식, 결합 법칙, 교환 법칙, 삼각형 • 마름모 • 원의 넓이 구하는 공식 등을 암기하고 숫자를 대입해서 답을 구하는 과목'으로 기억합니다. 공식이 간단하면 비교적 할 만합니다. 그런데 학년이 올라갈수록 공식이 점점 복잡해집니다. 잘 외워지지도 않고 문제가 살짝 꼬여 있으면 어떻게 풀어야 할지 막막해집니다.

안타깝게도 우리 부모들은, 특히 엄마들은 학생 때 수학을 그다지 쉽거나 재미있게 공부하지 못했기 때문에 수학에 대해서는 부정적인 기억이 더 많습니다. 그래서 "수학에 대해 긍정적으로 생각하세요."라고만 하면 가슴이 답답해집니다. 맞는 말이지만 구체적으로 어떻게 해야 할지 잘 모릅니다. 이런 상태에서는 아이의 수학 코칭을 제대로 하는 것이 매우 어렵습니다. 엄마도 피해자인 셈이죠.

어차피 해야 할 수학 코칭! 제대로 하자!

초등학교 때 아이에게는 수학 코칭이 필요하고, 내 아이에게 가장 적합한 수학 코칭을 항상 해 줄 수 있는 사람은 학교나 학원 선생님이 아니라 엄마입니다. 그런데 엄마가 제대로 수학 코칭을 받아보질 못했기 때문에 열심히 코칭을 하는데 결과는 좋지 않게 나옵니다. 그러면서 시간과 돈과 노력을 허투루 쓰게 됩니다.

어차피 해야 하는 거라면 제대로 해야죠. 그래야 아이의 수학 학습 능력도 잘 길러지고요. 시간과 돈도 훨씬 효율적으로 사용할 수 있습니다. 그리고 그 출발점은 엄마부터 초등학교 수학을 제대로 파악하는 것입니다.

아이의 수학 학습 코칭은 초등학교 5~6학년까지만 진행하면 됩니다. 엄마에 대한 의존도도 높고, 엄마의 말에 비교적 잘 따르는 시기가 초등학교 고학년 때까지입니다. 엄마의 코칭이 필요한 시기이기도 하고, 코칭이 가능한 시기이기도 합니다.

하지만 중학교로 올라가면 (빠르면 초등 고학년) 엄마가 코칭할 수 없을 정도로 난이도가 높아지기도 하고, 사춘기를 맞이하면서 엄마의 말에 순순히 따르지 않게 됩니다. 그래서 엄마의 학습 코칭은 초등학교 5~6학년까지라고 보는 것이 좋습니다. 대신 초등학교 때까지 수학 학습이 잘 진행된 아이라면 어느 정도 자기

주도 학습 능력이 길러지기 때문에 중학교(빠르면 초등학교 고학년) 때부터는 학원 등의 사교육을 전략적으로 활용하면서 좋은 성적을 계속 유지할 수 있습니다.

아이의 성적에 가장 큰 영향을 끼치는 수학, 다른 공부에도 큰 영향을 주는 수학, 그런데 코칭이 잘되지 않는 수학. 이런 수학을 유아~초등 시기에 잘 진행하기만 한다면 상당한 변별력을 갖게 될 것입니다. 그래서 수학은 지극히 현실적으로 봤을 때 매우 중요합니다.

2. 초등 수학 성적 결정짓는 3가지

수학을 어렵다고 생각하기 때문에 막연히 무언가를 많이 해야 할 것처럼 생각됩니다. 그래서 가베도 알아보고 은물도 알아보고 놀이 수학, 창의 수학, 사고력 수학, 연산 프로그램, 수학 전문 학원 등에 관심이 갑니다.

하지만 기초이자 기본이면서 가장 중요한 수학 교재는 교과서입니다. 수학과 관련해서 무언가를 판단할 때도 판단 기준은 교과서입니다. 수학 학습에서 기본 중 기본은 교과서이며, 우선 교과서 공부부터 제대로 해야 그다음에 무언가를 더 할 수 있습니다. 영재반이든, 전교 1등이든, 수학 경시대회든 교과서 학습이 제대로 되어 있어야 가능한 것들입니다. 도형에서도 아이들이 어려워하는 것은 평면도형의 밀기와 뒤집기, 다각형의 넓이 구하기 등입니다. 이 내용들은 모두 초등학교 3학년 이후부터 나오기 때문에 유아 때 반드시 비싼 교구로 대비할 필요는 없습니다. 물론 수학은 구체물이나 교구를 활용하는 것이 효과적이고, 교과서에서도 특정 교구를 활용하고 있습니다. 다만 값비싼 교구를 활용한다고 해서 도형 대비 효과를 훨씬 더 크게 보는 건 아닙니다. 따라서 어떤 교구를 언제 활용할 것인가도 교과서를 기준으로 판단하고 선택해야 합니다. 다시 한번 강조합니다. 교과서 공부부터 제대로 해야 그다음 단계의 수학 공부를 할 수 있게 됩니다.

초등 때 연산 연습은 적당히!

초등 시기 수학 공부에서는 연산의 비중이 매우 높습니다. 특히 초등 저학년 때에는 수와 연산 단원이 교과서에서 50% 정도를 차지하고 있으며, 초등 중학년 이후에는 도형의 넓이 구하기, 단위 환산하기, 시간 계산하기 등에서도 연산을 만나게 됩니다. 그래서 연산 연습을 꾸준히 해야 합니다. 그런데 문제는, 연산 연습을 지나치게 많이 하는 것과 연산 연습 전 기초 단계인 개념 학습을 소홀히 하는 것입니다.

"식 잘 세워 놓고 연산에서 틀리는 경우가 많아요. 그러면 너무 억울하잖아요. 그래서 연산은 외울 정도로 반복해서 많이 해야 해요."라고 말하면 그럴듯하게 들리는데요. 이 때문에 연산을 지나치게 많이 하면 작은 문제는 해결되더라도 훨씬 더 큰 문제가 생깁니다. 수학을 싫어하게 되니까요. 연산 연습 많이 한다고 해서 100% 실수가 줄어드는 것도 아닙니다.

"계산 속도가 느리면 시간에 쫓겨 아는 문제도 틀려요. 그래서 계산 속도도 빨라야 해요."라는 말도 그럴듯하게 들립니다. 하지만 이 경우도 연산의 중요성이 과대포장된 경우입니다. 일단 학교 시험은 시간이 부족한 경우가 없습니다. 전국 기준 난이도 중급보다도 쉬운 문제 위주로 출제되기 때문입니다.

연산은 그냥 적당히 꾸준히 하면 시간이 해결해 줍니다. 연산은 12년 동안의 수학 학습에서 사용되는 도구 중 하나일 뿐입니다. 결코 무시할 수 없는 도구이기 때문에 꾸준히 해야 하지만 정작 수학을 어렵게 느끼는 이유는 연산 때문이 아닙니다. 그래서 연산에 지나치게 연연하면 자칫 수학을 싫어하게 만드는 심각한 부작용만 겪을 수 있습니다.

초등 수학의 3요소

초등 수학을 잘하려면 '개념과 연산, 읽기 능력, 문제 해결력(사고력)' 3가지를 잡아야 합니다. 연산은 앞에서 간단히 짚어봤고요. 읽기 능력은 글과 기호의 의미를 파악하는 능력입니다. '수학은 문제만 제대로 읽어도 잘할 수 있다'고 합니다. '문제 속에 답이 있다'라고도 하고요. 수학 문제에는 문제를 해결하는 데 필요한 정보들이 모두 들어있기 때문입니다. 그런데 읽기 능력의 기초는 책 읽기가 만들어 주기 때문에 유아부터 초등 저학년까지는 책 읽기가 가장 중요합니다. 수학뿐만 아니라 국어, 사회, 과학, 한국사 모두 읽기가 기초이기 때문에 어렸을 때 책 읽기에 집중해서 읽기 능력의 기초를 다져 놓아야 합니다. 그러면서 수학 기호와 용어의 개념을 잘 파악해야 합니다. 수학에서 개념을 잘 파악한다는 것은 국어에서 어휘력을 기르는 것과 같습니다. 어휘력이 뒷받침되어야 국어 지문을 잘 읽을 수 있는 것처럼 수학에서는 기호와 용어의 개념을 잘 이해해야 수학 텍스트를 잘 읽어낼 수 있습니다.

그다음이 문제 해결력(사고력)인데요. 문제를 읽으면서 찾아낸 정보들 간의 관계를 파악하고, 그 관계를 근거로 해서 문제 해결 계획을 세우고, 그 계획에 맞게 식을 세우고 계산하는 모든 것을 말합니다. 그리고 '사고력'보다는 '문제 해결력'이라고 표현하는 것이 더 정확합니다.

수학 학습의 기초는 개념 이해!

수학은 벽돌 쌓기와 비슷합니다. 1층이 부실하면 이미 승부는 끝난 셈입니다. 2층에서 무너지느냐, 3층에서 무너지느냐, 4층에서 무너지느냐만 남을 뿐입니다. 그런데 수학 학습에서 1층에 해당하는 것이 '개념 이해 단계'입니다. 수학 학습의 첫 단계이자 가장 기초 단계가 개념 이해이며, 그 중요성은 아무리 강조하고 또 강조하고 또 강조해도 지나치지 않습니다.

그런데 안타까운 것은, 많은 사람들이 "수학 학습의 기초 단계인 개념 이해가 정말 중요하다"는 말은 하지만 정작 '개념 이해'가 무엇인지를 정확히 아는 사람은 많지 않다는 것입니다. 몇 번이고 강조해도 지나치지 않을 정도로 중요하다면 많은 사람들이 알고 있어야 하는데 정작 정확히 알고 있는 사람은 소수입니다.

수학에서 말하는 '개념 이해'란 무엇일까요? 영어 학습에서 기초는 단어와 숙어입니다. 단어와 숙어의 의미를 아는 것이죠. 사회 학습에서 기초는 용어 이해입니다. 무역, 법, 국회, 문화, 고원 등 사회 용어의 의미를 아는 것입니다. 과학 학습에서 기초도 용어 이해입니다. 물질, 혼합물, 에너지, 화산, 퇴적암 등 과학 용어의 의미를 아는 것입니다.

수학도 마찬가지입니다. 수학 용어나 기호의 의미(개념)를 아는 것이 기초입니다. +, -, ×, ÷의 의미(개념)를 알고 선분, 변, 시각, 시간, 지름의 의미(개념)를 아는 것이 1층에 해당합니다. 그런데 구구단은 알지만 '×(곱하기)의 개념'은 모르는 경우가 많습니다. 삼각형의 넓이를 구하는 공식은 외우지만 '삼각형'과 '넓이'의 개념은 모르는 경우가 많습니다. 1층이 부실한 상태에서 2층을 쌓아 올린 것이고요. 수학 실력을 탄탄하게 잘 쌓으려면 1층인 개념 공부부터 제대로 해야 합니다.

문제를 직접 풀어야 실력이 쌓여요!

문제를 풀었는데 틀렸습니다. '어려운 문제다. 해설을 봐야겠다.'라고 생각하고 바로 풀이 과정과 답을 봅니다. 풀이를 보면 이해가 됩니다. 하지만 며칠 뒤 비슷한 유형의 문제를 만나면 대부분 또 틀립니다. "비슷한 문제를 본 적이 있는데, 어떻게 풀었더라?" 다시 시도해 봐도 또 틀립니다. 또 해설을 봅니다. 한 달 뒤 틀린 문제들만 다시 풀어봅니다. 그런데 또 틀립니다.

수학 학습에서 개념을 이해할 때는 누군가의 설명을 듣는 것이 도움이 될 수 있습니다. 하지만 문제를 풀 때는 누군가의 설명을 들어서는 실력이 늘지 않습니다. 다소 시간이 걸리고 시행착오를 겪더라도 온전히 혼자 힘으로 풀어야 진짜 자기 실력이 됩니다. 이를 위해 문제집을 풀 때도 해답지는 따로 떼어서 보관하는 것이 좋습니다.

학습의 3요소를 한 번에 잡아야 해요!

학습(공부)을 잘하려면 3가지 요소를 고르게 갖추어야 합니다. 첫째는 지식, 둘째는 기능, 셋째는 태도인데요. 수학도 마찬가지입니다. 수학에서 지식은 수학 용어, 기호의 개념(의미), 약속과 법칙 등을 말합니다. 수학은 다른 과목에 비해 알아야 할 지식의 양은 적은 편입니다. 그래서 참고서를 봐도 요점 정리 내용이 다른 과목에 비해 적죠. 하지만 알아야 할 지식을 모를 경우에는 다음 단계 학습을 진행하는 것 자체가 불가능해집니다. 공부할 것은 적지만 중요도는 더 높다고 볼 수 있습니다.

수학에서 기능은 수학적 사고력, 수학 문제 해결력, 수학적 표현 능력 등을 말합니다. 이는 다양한 유형의 문제를 단계에 맞게 꾸준히 해결해 가면서 길러야 합니다. 특히 공식이나 요령만으로 문제를 해결하는 것보다는 개념과 원리를 적용해서 자신만의 방법으로 문제를 해결해야 기능 훈련이 제대로 됩니다.

수학에서 **태도**는 수학 학습의 필요성을 느끼고, 흥미와 호기심을 가지고 학습에 임하며, 새로운 문제를 해결할 때 끈기와 집중력을 가지고 임하는 태도 등입니다. 이는 수학 문제를 혼자 힘으로 해결해 낸 경험을 많이 쌓아야 형성될 수 있습니다.

시험 때에만 몰아서 하지 말고 꾸준히 해야 해요!

영어는 언어이기 때문에 일주일에 한 번 몰아서 학습하는 것보다 전체 학습 시간을 쪼개서 매일 꾸준히 학습하는 것이 훨씬 효과적입니다. 이는 수학도 똑같습니다. 수학도 언어이기 때문에 한 번에 몰아서 공부하는 것보다 정기적으로 꾸준히 공부하는 것이 더 효과적입니다.

설이나 추석 명절 때 4~5일 정도 연휴를 보내다 다시 수학 공부를 시작하면 하루 이틀은 이전의 감을 찾는 데 투자해야 합니다. 수학도 영어처럼 언어이기 때문입니다. 국어, 사회, 과학은 각 과목의 전문 용어가 나오기는 하지만 글의 대부분은 평소에 항상 접하는 한글이기 때문에 며칠 쉬었다가 공부해도 금방 적응할 수 있습니다. 하지만 영어 단어나 수학 기호는 항상 접하는 한글이 아닌 낯선 기호들이기 때문에 매일 꾸준히 접하지 않으면 금방 낯설게 느껴집니다. 이처럼 수학은 언어적 특성도 가지고 있어서 짧은 시간이라도 1~2일 간격으로 꾸준히 공부하는 것이 효과적입니다.

엄마가 할 일은 Teaching이 아니라 Coaching

학창 시절에 수학 선생님이 이렇게 말씀하셨습니다. “한 문제를 풀더라도 네 힘으로 풀어라. 좀 어렵다고 해서 바로 해설을 펼치지 마라.” 선생님 말씀처럼 수학은 스스로 익혀야 실력이 향상됩니다. 선생님의 문제 풀이 과정을 보는 것은 실력향상에 큰 도움이 되지 않습니다. 그래서 더더욱 엄마는 Teaching이 아니라 Coaching을 해야 합니다. 엄마의 코칭이란 어떤 걸까요?

엄마의 수학 코칭은 코치가 운동선수에게 해 주는 것과 비슷합니다. 학습 스케줄을 짜줍니다. 일주일에 몇 번 할 것인지, 한 번에 몇 분할 것인지 등이죠. 그리고 적당한 도구를 골라 줍니다. 연산 문제집은 어느 것으로 할 것인지, 학교 시험 대비 문제집은 어느 것으로 할 것인지, 학습지를 할 것인지 등이죠.

가장 중요한 코칭은 내 아이의 수준을 파악하는 것입니다. 연산은 어느 단계로 할 것인지, 문제집은 어느 정도 수준의 문제집으로 할 것인지, 수학 경시대회에 나갈만한 실력인지 등이죠. 그리고 가끔 아이 스스로 학습하는 게 막혔을 때 시범을 보여 주거나 방법을 가르쳐 주는 것도 필요합니다.

이런 코치의 역할을 잘하려면 엄마부터 초등 수학을 잘 알고 있어야 합니다. **아이마다 성향도 다르고 수학적 지능도 다르기 때문에** 수학 전문가나 옆집 엄마의 말은 모두 참고 사항일 뿐입니다. 여러 가지 참고 사항 중에서 내 아이에게 적용할만한 것을 골라내기 위해서 엄마는 두 가지를 알고 있어야 합니다. 하나는 초등 수학을 알아야 하고요. 다른 하나는 내 아이의 성향과 실력을 알아야 합니다. 이런 코칭을 할 수 있는 사람은 엄마밖에 없습니다.

코치의 역할은 또 있습니다. 옆에서 아이가 학습하는 것을 지켜봐 주고, 시간을 체크해 주고, 아이의 컨디션에 따라 학습 분량도 조절해 주고, 틀린 문제는 모아 두었다가 다시 풀어볼 수 있게 해 주어야 합니다. 그리고 환경을 만들어 주어야합니다. 학습 습관을 들이는 데 방해가 되는 요소들은 최대한 제거하고, 내 아이에게 필요한 교재나 교구 등을 시기적절하게 준비해 주어야 합니다. 더불어 칭찬과 지적도 해 주어야 합니다. 열심히 노력해서 약속을 지켰을 때는 아낌없이 칭찬해 주고, 노력했는데 결과가 좋지 않을 때는 위로와 격려를 해 주고, 나태하게 굴거나 약속을 어겼을 때는 단호하게 지적하고 깨우쳐 줘야 합니다. **이러한 코치의 역할을 잘하기 위해서는 무엇보다 이 책을 여러 번 읽어야 합니다. 그리고 곁에 두고 그때그때 필요한 부분을 다시 찾아 읽고 아이에게 적용해 보아야 합니다.**

3 엄마가 이것 8가지만 알려주면 내 아이는 100% 성공하죠

(1) 초등학교 때 연산을 하는 이유는 계산력을 기르기 위해서다.

초등학교 때 연산을 많이 하는 이유는 '주로 계산력을 기르기 위해서'가 아니라 **'계산력, 수학적 사고력, 표현력을 기르기 위해서'**입니다. 그리고 전체적으로 보면 계산력보다 수학적 사고력과 표현력이 더 중요합니다. 그런데 '수학적 사고력과 표현력'은 빠지고 '계산력 기르기'에만 집중하여 예전 방식으로 연산 연습을 진행하면서 여러 가지 부작용이 나타나고 있습니다.

초등학교 교과서에는 **'방법을 이야기해 봅시다'** 또는 **'설명해 보시오'**가 자주 나옵니다. 가끔 나오는 것이 아니라 자주 나옵니다. 연산 단원에서도 자주 나옵니다. 그런데 제대로 설명하는 아이는 적습니다.

초등학교 때에 연산을 잘하는 것이 수학 시험에 도움이 되는 것은 분명합니다. 초등 시기에는 '수와 연산' 영역의 비중이 크기 때문입니다. 다만, 연산이 수학 실력에 절대적인 영향을 끼치는 것은 아닙니다. 고학년이 될수록 연산이 차지하는 중요도가 떨어집니다. 단순 계산문제의 출제 비중도 낮아지죠. 심지어 고등학교에서 계산기를 사용하는 방안까지도 검토할 정도입니다. 따라서 초등학교 때에는 **수와 연산 영역을 학습할 때 '계산력'과 함께 '사고력과 표현력' 훈련을 함께 병행해야** 하며, 특히 지나치게 많은 연산 연습으로 인해 수학을 지겹고 재미없는 과목으로 느끼지 않도록 해야 합니다. 이를 위해 연산의 목표를 다시 정리해 볼 필요가 있습니다.

대부분 연산의 목표를 '정확하게 계산하기, 빨리 계산하기'로 정합니다. 그리고 목표를 달성하기 위해 반복해서 많이 빨리 연산 문제 풀기를 진행합니다. 그랬더니 대체로 단순 연산은 잘하는데 연산 때문에 갈등을 겪는 경우가 많습니다. 계산은 잘하게 되지만 사고력, 표현력, 창의력은 길러지지 않고 수학을 지루하고 지겨운 과목으로 만들어버립니다. 정작 학년이 올라갈수록 중요한 것은 사고력, 표현력, 창의력, 수학에 대한 긍정적인 태도임에도 불구하고요.

연산의 목표는 '정확하게 계산하기, 느리지 않게 계산하기, 수학적 사고력과 표현력 기르기'로 정해야 합니다. 정확하게 계산하기 위해서는 개념을 적용해서 연산의 원리를 이해해야 합니다. 느리지 않게 계산하기 위해서는 적절한 만큼만 연산 연습을 꾸준히 진행해야 합니다. 수학적 사고력을 기르기 위해서는 개념을 적용해서 여러 가지 방법으로 계산해 봐야 합니다. 표현력을 기르기 위해서는 개념을 적용해서 자신이 계산한 방법을 설명해 봐야 합니다.

초등학교 때 연산을 훈련하는 이유는 계산력만을 기르기 위해서가 아닙니다.

초등학교 때 연산 훈련을 하는 이유는 계산력과 수학적 사고력을 기르기 위해서 입니다.

(2) 연산 문제는 빨리 푸는 것이 중요하기 때문에 시간을 재면서 연습해야 한다.

달라진 수학 교육 과정에서는 수학적 사고력과 표현력이 더 강조되고 있습니다. 단적으로 초등학교 1학년부터 서술형 주관식 문제가 출제되고 있는데요. 서술형 주관식 문제의 점수를 잘 받으려면 해당 문제를 푼 방법(과정)을 논리적으로 잘 설명(표현)해야 합니다. 그리고 전국 기준으로 수학을 잘한다는 것은 난이도가 높은 수학 문제도 잘 풀 정도로 생각을 잘한다는 것입니다. 즉, 서술형 주관식 문제를 잘 해결하는 수학적 표현력, 난이도가 높은 수학 문제를 잘 해결하는 수학적 사고력이 강조되는 것이고요. 그래서 **초등학교 저학년 때부터 수학적 표현력과 사고력을 중요하게 여기며 수학 학습을 진행해야 합니다.**

그런데… 혹시 연산 문제 빨리 풀기 대회가 있나요? 아직은 본 적이 없습니다. 그리고 연산이나 암산을 빨리하는 아이를 보면 신기하기는 하지만 그런 아이들이 수학을 잘한다고 단정 지어 말할 수는 없습니다. 달라진 수학 교육 과정에서는 빠른 연산 능력을 수학적 사고력과 표현력만큼 중요하게 강조하지도 않으며, 대학이나 회사에서 연산은 계산기나 컴퓨터가 하고 있습니다. 오히려 연산 연습을 지나치게 많이 하는 것에 대해 우려를 표하고 있습니다.

그럼… 혹시 시험 때 시간이 부족하지 않도록 연산을 빨리 해야 할까요? 아닙니다. 우선, 초등학교 때 수학 실력이 뛰어난 아이들은 연산까지 포함해서 모든 문제를 30분 안에 풉니다. 그리고 수학 실력이 떨어지는 아이들이 어려워하는 문제는 연산이 아니라 문장제 문제, 사고력 문제, 서술형 주관식 문제이며, 시간이 오래 걸리는 문제도 문장제 문제, 사고력 문제, 서술형 주관식 문제입니다. 결국 **시험 문제를 푸는 데 시간이 부족한 경우는 연산 속도가 느려서가 아니라 문장제, 사고력, 서술형 주관식 문제를 제대로 풀지 못하기 때문**입니다. 물론 어느 정도의 연산 속도는 나와야 합니다. 다만, 연산 속도를 높이기 위해 필요 이상으로 연습을 많이 하는 것이 문제입니다.

아이가 수학 문제를 풀 때 식은 잘 세웠는데 연산 실수로 틀리면 속도가 느리기 때문이라고 생각하시나요? 아닙니다. 이런 경우는 거의 대부분 정확성의 문제이지 속도의 문제가 아닙니다. 특히, 문장제 문제의 식을 잘 세우는 아이는 수학 실력이 뛰어난 아이이기 때문에 시험 시간이 부족해서 실수하는 일은 없습니다. 즉, 식 잘 세워놓고 연산 실수를 하는 것은 속도가 느려서가 아니라 딴생각을 하거나 성급하게 판단했기 때문입니다. 이는 능력의 문제가 아니라 **태도의 문제**이고, 태도의 문제는 연산 연습을 더 많이 한다고 해서 해결되지 않으며, 오히려 태도에 좋지 않은 영향만 줄 뿐입니다.

그뿐만 아니라 연산 문제 빨리 푸는 연습을 지나치게 많이 하면 심각한 부작용이 생깁니다. 많은 아이들이 연산 문제를 빨리 푸는 연습을 하고 있습니다. 그런 아이들은 수학이라는 과목을 '문제를 빨리 풀어야 하는 과목'으로 인식해 버립니다. 좋지 않은 태도가 생기는 거죠. 이렇게 되면 **문장제 문제나 사고력 문제를 만났을 때 문제를 꼼꼼하게 읽고 차분하게 풀이 계획을 세우는 것이 아니라 빨리 읽고 빨리 판단해 버립니다.** 아래 문제는 초등학교 1학년 문장제 문제입니다.

> 고리가 13개, 공이 5개 있습니다. 고리는 공보다 몇 개 더 많은지 식을 만들어 알아보시오.

이 문제를 '13+5=18'로 푸는 아이는 문제를 빨리 읽고 빨리 판단해 버린 아이입니다. 이 부작용은 습관에 가깝기 때문에 초등학교 저학년 때 형성되면 나중에 바로잡기 어렵습니다.

연산 문제는 빨리 푸는 것이 중요하지 않습니다. **연산 문제는 정확히, 느리지 않게 풀면 되기 때문에 특정 시간을 정해놓고 그 시간 내에 풀어내는 연습을 할 필요는 없습니다.**

(3) 연산을 할 때 손가락은 최대한 사용하지 않는 것이 좋다.

이제 막 더하기를 시작한 아이에게 '4+3='은 쉽지 않은 문제입니다. 하지만 '손가락 4개에 손가락 3개를 더하면 몇 개?'는 쉽게 풀 수 있습니다. 차이가 뭘까요?

'4+3=' 이 문제는 모두 추상 기호로만 되어 있습니다. '4, 3, +, ='은 모두 약속으로 정한 추상 기호들입니다. 하지만 '손가락 4개 더하기 손가락 3개?' 이 문제는 구체적인 상황과 구체적인 물체(손가락)로 되어 있습니다.

〈서울교육대학교 수학교육과 백석윤 교수님〉

"아동에게 개념을 가르칠 때는 추상적인 수식보다는 구체물로 접근하는 게 좋다 구체물인 사과 2개와 3개를 놓고 더하면 몇 개냐고 물으면 아이는 자연스럽게 사과를 모아서 차례로 센다."

처음에 수를 세고, 숫자를 배우고, 수를 숫자로 나타내고, 수 사이의 관계를 이해할 때에는 사탕이나, 사과, 손가락처럼 구체물을 이용하는 것이 좋습니다.

아니, 구체물을 이용해야 합니다. 이때 손가락은 다른 어떤 구체물보다 훨씬 유용한 구체물입니다. 우선 때와 장소를 가리지 않고 사용할 수 있습니다. 손가락은 계란판이나 수막대처럼 따로 챙길 필요가 없기 때문에 언제 어디서나 바로 사용할 수 있습니다. 그리고 5 단위를 구분할 수 있는 가장 확실한 구체물입니다. 연산을 할 때 5는 매우 유용한 수이며, 손가락은 5를 익히기에 가장 적합한 구체물입니다. 그리고 손가락의 가장 강력한 효과는 자릿값 개념을 이해할 때 나타납니다. 자릿값 개념을 이해할 때는 손가락이 계란판이나 수막대보다 더 유용한 구체물입니다.

그래서 연산 초기에는 손가락을 사용하는 것이 더 좋습니다. 연산의 초기 단계에서 5와 10 만들기를 이해할 때는 손가락이 매우 유용한 도구입니다. 손가락을 이용해 5와 10 만들기를 이해했다면 바둑알이나 사탕 같은 구체물 그림 카드와 숫자 카드를 함께 사용하면서 덧셈과 뺄셈의 원리를 이해하고 어느 정도 익혀야 합니다. 그 후에 숫자로만 되어 있는 문제 풀기로 넘어가야 합니다. 이렇게 하면 연산 학습을 좀 더 쉽게 체계적으로 진행할 수 있으며 정확도도 높아집니다.

그런데 구체물 활용을 생략하고 숫자로만 연산을 하면 수학이 어렵게 느껴집니다. 내 아이가 더하기나 빼기를 할 때 머뭇거리거나 헷갈려 하면 왠지 발달 속도가 느린 듯해서 불편함을 느끼는데요. 그건 부모의 욕심입니다. 아이 입장에서는 모두 처음 보는 기호들, 익숙하지 않은 기호들이기 때문에 당연히 쉽지 않습니다. 따라서 연산 초기에는 손가락과 구체물을 적절히 활용해서 수와 연산에서 알아야 할 개념과 원리를 충분히 이해할 수 있게 해야 합니다. 연산 초기 이해 단계에서는 손가락을 사용하는 것이 좋습니다. 그러면 수학이 쉽게 느껴집니다.

(4) 덧셈과 뺄셈은 앞자리부터 계산하는 것이 더 좋다?

이 주장은 받아올림이나 받아내림이 없는 경우에는 맞을 수 있습니다.

23 + 35 =

이 문제는 일의 자리 덧셈에서 10이 만들어지지 않기 때문에 앞자리부터 계산하든 뒷자리부터 계산하든 차이가 없습니다.

- 십의 자리 : 2 + 3 = 5
- 일의 자리 : 3 + 5 = 8

그런데 받아올림이 생기면 이야기는 달라집니다. 아래 문제를 앞자리부터 계산한다면 어떻게 될까요?

23 + 38 =

- 십의 자리 : 2 + 3 = 5
- 일의 자리 : 3 + 8 = 11

여기까지 했더니 일의 자리 덧셈에서 10이 하나 생겼습니다. 그러면 십의 자리 계산을 또 해야 합니다.

- 십의 자리 : 5 + 1 = 6

그다음 일의 자리에 들어가는 1까지 포함해서 61이라고 써야 합니다. 십의 자리 구하고 일의 자리로 갔다가 다시 십의 자리로 가서 쓰고 다시 일의 자리로 와야 합니다. 두 자리수 덧셈은 그나마 괜찮은 편입니다. 그런데 수가 커지면요? 수가 커지면 문제는 심각해집니다.

2746 + 4797 =

이 문제를 앞자리부터 계산해 보면 천의 자리를 먼저 계산해서 2+4=6을 구한 다음, 백의 자리로 가 보니 1000이 하나 생깁니다. 백의 자리에 들어갈 값 4를 구하고 다시 천의 자리로 가서 6+1=7로 바꾼 다음, 십의 자리로 가 보니 100이 하나 생깁니다. 십의 자리에 들어갈 값 3을 구하고 다시 백의 자리로 돌아가서 4+1=5로 바꾼 다음 일의 자리로 가 보니 10이 하나 생깁니다. (아… 정신없다… @.@)

뺄셈은 훨씬 더 복잡해집니다.

7342 - 3768 =

천의 자리를 먼저 계산해서 7-3=4를 구한 다음, 백의 자리로 가 보니 1000이 하나 내려와야 합니다. 천의 자리를 4-1=3으로 바꾼 다음, 백의 자리로 가서 13-7=6을 구합니다. 그다음 십의 자리로 가 보니 100이 하나 내려와야 합니다. 다시 백의 자리로 가서 6-1=5를 구한 다음… (으아… 안 할란다… T.T)

덧셈과 뺄셈은 앞자리부터 계산하는 것보다 뒷자리부터 계산하는 것이 더 좋습니다.

(5) 연산 틀리는 이유는 연습이 부족했기 때문일까?

"어려운 문제 식 잘 세워놓고 계산에서 틀리면 정말 화가 나요!" 맞습니다. 저도 그랬습니다. 이런 일을 겪으면 대체로 연산 연습 분량이 늘어납니다. 그런데 시간이 지나면 이렇게 얘기합니다. "연산에서 틀리지 않게 하려고 연산 문제를 많이 풀어도 계속 실수를 해요. 혼내보기도 하고, 실수하면 문제를 더 많이 풀게도 해 봤지만 계속 실수를 하더라고요. 그러면서 아이와의 관계에도 좋지 않은 영향을 주고, 매일 지겨운 연산 연습 때문에 수학을 점점 싫어하게 만드는 거 같아 걱정이에요." 저도 똑같은 시행착오를 겪었습니다. 시험 때 실수하지 않는 것이 중요하기 때문에 연산 실수를 줄이는 데 신경을 써야 하는데요. 다만 제대로 해야 하고요. 먼저 연산에서 틀린 이유가 무엇인지부터 정확히 파악해야 합니다.

연산에서 틀리는 첫 번째 경우는 계산력 부족 때문입니다. 계산 능력 자체가 충분히 훈련되지 않은 경우인데요. 진단 방법은 간단합니다. 같은 난이도의 연산 문제 10문제를 푸는 데 절반 이상 틀리거나 시간이 오래 걸리면 그 단계의 연산 훈련이 부족한 것입니다. 그 단계의 연산 연습을 더 많이 해야 하는데요. 하루 연습량을 늘리는 것이 아니라 연습 기간을 늘려야 합니다. 그렇게 매일 꾸준히 연습하면 계산력은 자연스럽게 향상됩니다.

연산에서 틀리는 두 번째 경우는 시간 부족 때문입니다. 시험 문제를 푸는 데 시간이 부족해서 성급하게 연산을 하는 경우입니다. 그런데 학교 시험에서 시간이 많이 걸리는 것은 연산이 아니라 문제를 해결하는 방법을 생각해 내고 그 과정을 수식화하는 것입니다. 따라서 문제 해결 능력을 잘 훈련하면 시간이 부족한 상황 자체가 생기지 않기 때문에 이런 실수도 하지 않게 됩니다. 즉, 이 경우는 연산 연습을 더 할 것이 아니라 문제 해결 능력 훈련을 더 해야 합니다.

연산에서 틀리는 세 번째 경우는 집중하지 않았기 때문입니다. 연산 연습도 되어 있고, 문제 해결 방법도 잘 찾고, 그래서 시간도 충분했는데 틀린 경우입니다. 이 경우가 진짜 연산 실수이며, 수학 성적이 좋은 아이들의 실수는 거의 대부분 이 경우에 해당합니다. 이 경우에는 연산 연습을 더 많이 할 것이 아니라 최소한 학교 시험 때라도 집중력을 유지하는 훈련을 해야 합니다.

문장제 문제에서 식을 잘 세우고 연산에서 틀리는 이유가 연산 연습 부족 때문인 경우는 거의 없습니다. 그런데 이 오해 때문에 연산 연습량을 늘리는 순간, 아이는 수학을 재미없고 지루한 과목으로 인식하기 시작합니다. 연습량 부족이 아니라 집중력 훈련이 필요하다는 점을 기억해야합니다.

(6) 문제 풀이 강의를 많이 보면 수학 실력이 좋아질까?

문제 풀이 강의를 많이 보는 것은 학교 시험 성적만 생각하면 분명 효과적인 방법입니다. 제 경우 이 전에 출판사에 다닌 적이 있는데요. 참고서나 학원 교재를 만들 때 목표는 문제를 최대한 많이 넣는 것이었습니다. 시험에 나올만한 문제는 모두 접해보게 하기 위함이었죠. 그래서 학원 교재를 만들 때 문제를 집필하는 저자 선생님이 이렇게 말했습니다. "아이들이 학교에서 배우는 내용은 많지 않은데 문제를 많이 만들다 보니까 그 문제가 그 문제예요. 왜 비슷비슷한 문제를 이렇게 많이 만들어야 하나요?"

어떤 학원 선생님에게 똑같은 질문을 하자 이렇게 말했습니다. "아이들을 학원에 보내는 이유는 학교 성적을 올리기 위해서예요. 그런데 단기간에 성적을 끌어올리지 않으면 학원을 옮기거든요. 단기간에 성적을 끌어올리는 가장 좋은 방법은 시험에 나올만한 모든 문제를 다 풀어주는 거예요." 물론 모든 학원이 다 그런 건 아니라고 생각하고요.

초등학교 수학 시험 문제의 난이도는 높지 않습니다. 만약 난이도가 높은 문제를 많이 출제하면 아이들의 시험 점수가 낮게 나오고요. 그러면 선생님도 학부모도 난감해지기 때문에 학교 시험에는 전국 기준 난이도 중 이하의 문제들이 출제됩니다. 이렇게 난이도가 낮은 문제들은 문제 풀이 강의를 많이 보면 어렵지 않게 풀 수 있게 됩니다. 즉, 초등학교까지는 학교 시험에 나올 만한 문제에 대한 풀이 강의를 학원이나 동영상으로 보면 어느 정도 도움이 됩니다.

그런데 한계는, **수업 때 보지 못한 문제가 나오면 풀지 못한다**는 점입니다. 학교 시험 잘 보는 아이들에게 난이도가 좀 높은 문제집을 풀게 하면 정답률이 뚝 떨어지는데요. 그 문제집의 난이도가 높아서이기도 하지만, 처음 보는 문제를 혼자 풀어본 경험이 적기 때문이기도 합니다. 그리고 난이도가 높은 문제에 대한 문제 해결력은 풀이 과정 강의를 보는 것만으로는 충분히 길러지지 않습니다.

〈수능 수학 만점을 받은 고3 학생의 인터뷰 내용〉

수학이야말로 스스로 공부할 때 효율성이 가장 높아요. 혼자 개념을 익히고 어려운 문제를 푸는 과정에서 수학적 사고력도 넓어지고 문제를 푸는 방법도 보이기 시작하죠. 그래서 수학은 '배울 학'보다 '익힐 습'이 더 중요한 과목이에요. 그런데 많은 아이들이 수학을 학(學)에만 의존하려 해요. 배움은 학교에서 하고 나머지 시간엔 스스로 문제를 풀어보는 시간을 갖아야 진짜 실력을 기를 수 있는데 말이죠…

예전에 교과부에서 수학 학습법 강연회를 개최한 적이 있습니다. 그 당시 교과부 장관님과 국내 수학 전문가분들이 참석한 자리였는데요. 그때 수학 학습법 강사로 나온 분이 이렇게 말했습니다. "진짜 수학 실력은 고등학교 3학년 첫 번째 수능 모의고사 시험인 3월 전국 모의고사 시험 때 드러납니다. 모의고사 수학 점수를 100점 만점으로 계산했을 때, 3월 전국 모의고사 수학 시험의 평균은 몇 점일까요? 안타깝게도 50점을 넘지 못합니다."

전국 모의고사는 전국의 학생들을 대상으로 하는 일반적인 평가 시험입니다. 그런데 고등학교 3학년 3월에 치러지는 첫 번째 전국 모의고사의 수학 평균이 100점 만점에 50점 아래인 것입니다. 이것이 우리나라 수학 교육의 모습입니다. 사교육비의 30% 이상을 수학에 투자할 정도로 수학 공부에 시간과 돈을 많이 들임에도 불구하고 이런 결과가 나옵니다.

대입 수능 시험에서는 문제를 출제할 때 가급적 지금까지의 수능 시험에 출제되었던 문제와 비슷한 문제는 내지 않습니다. 그리고 참고서 문제와 유사한 문제도 내지 않습니다. 수능 시험은 거의 새로운 문제이거나 많이 변형시킨 문제입니다. 따라서 처음 보는 문제를 많이 해결해 본 아이들이 수능에 유리합니다. 그런데 수능 대비 전국 모의고사 평균이 50점 아래라는 것은, 많은 아이들이 새로운 문제를 만났을 때 풀어내지 못한다는 것입니다.

스스로 문제를 많이 풀어 본 아이는 처음 보는 문제를 만나도 문제 해결 능력을 발휘해서 풉니다. 하지만 문제 풀이 강의를 많이 본 아이는 기억해 놓은 몇 가지 풀이 방법을 검색해서 문제를 풀려고 합니다. 다행히 기억에 해당하는 풀이 방법이 있으면 문제를 풀지만, 풀이 방법이 없으면 포기하게 됩니다. 이것이 고3 때 전국 모의고사 평균이 50점 이하인 이유 중 하나입니다. 효과적인 수학 학습 방법은 문제 풀이 강의를 많이 보는 것이 아닙니다. 그보다는 혼자 힘으로 문제를 많이 풀어보는 것이 좋은 방법입니다.

(7) 수학은 공식만 정확히 외우면 어느 정도 점수를 받을 수 있다?

예전에는 수학도 공식이나 요령만 정확히 외우면 어느 정도 점수를 받을 수 있었습니다. 그래서 수학을 암기 과목이라고 말하는 사람도 있었고요. 지금도 기억하는 대표적인 공식이 있습니다.

- 사각형의 넓이 구하는 공식 : 가로 × 세로
- 삼각형의 넓이 구하는 공식 : 밑변 × 높이 ÷ 2
- 분수 곱셈 공식 : 분자는 분자끼리 곱하고, 분모는 분모끼리 곱하기

- 분수 나눗셈 공식 : ÷를 ×로 바꾸고 뒤에 있는 분수의 분자와 분모를 바꿔서 곱하기

그런데 상황이 달라졌습니다. 이제는 왜 그것이 정답인지를 설명할 수 있어야 합니다. 서술형 주관식 문제가 출제되면서 정답을 구하는 능력뿐만 아니라 개념을 적용해서 풀이 과정을 설명하는 능력도 중요해졌습니다. 문제를 풀면 정답만 쓰는 것이 아니라 풀이 과정과 정답을 모두 쓸 수 있어야 합니다.

게다가 풀이 과정을 설명해야 하는 서술형 주관식 문제의 출제 비중이 높아졌습니다. 특히, 이런 현상은 학년이 올라갈수록 두드러지죠. 무엇보다 문제는 수능인데요. 이제 수능 시험에서는 공식에 단순히 숫자를 대입해 푸는 문제는 전혀 출제 되지 않습니다. 옛날에는 공식만 정확히 외우면 어느 정도 수학 점수를 받을 수 있었습니다. 하지만 이제는 수학 공식만으로는 좋은 점수를 받기가 어렵습니다.

(8) 수학 문제집에 있는 문제는 처음부터 끝까지 다 풀어보는 것이 좋다.

유명한 운동선수가 이런 말을 했습니다. "수많은 시합을 해 왔지만 가장 재미있는 경기는 나보다 실력이 약간 위인 선수와의 시합이다. 나보다 실력이 월등한 선수를 만나면 질 가능성이 매우 크기 때문에 초반에 약간 노력해 보다가 금방 포기하게 된다. 반대로 나보다 실력이 많이 떨어지는 선수를 만나면 이길 가능성이 매우 크기 때문에 긴장감이 생기지 않는다. 그런데 나보다 실력이 약간 위인 선수를 만나면 팽팽한 긴장감이 흐르면서 이길지도 모른다는 기대감으로 최선을 다하게 된다. 그리고 그런 경기에서 승리했을 때의 기쁨은 다른 어떤 것과도 비할

수가 없다.”

공부도 이와 비슷합니다. 유명한 교육학자 비고츠키의 근접 발달 이론에 따르면, **근접 발달 영역에 해당하는 과제가 가장 학습 효과가 높다**고 합니다. 근접 발달 영역에 해당하는 과제는 학습자의 현재 실력으로 해결할 수 있는 과제이거나 약간 어려운 과제입니다. 따라서 근접 발달 영역에 해당하는 과제는 혼자의 노력만으로도 해결할 수 있거나 약간의 코치를 받아 해결할 수 있습니다. 그리고 이때의 문제 해결 과정은 도전해 보고 싶은 동기가 유발되고, 문제를 해결했을 때의 재미를 느낄 수 있는 과정입니다.

수학도 내 실력이 나아지는 것을 느낄 때 재밌습니다. **① 전혀 알지 못했던 것을 처음 배울 때**에는 배우는 것만으로도 재미를 느낄 수 있습니다. 열심히 배워서 알게 되었는데, 그것을 또 배우라고 하면 더 이상 재미를 느낄 수 없습니다. 그다음 단계로 넘어가야 합니다.

그다음 단계는 **② 배운 내용을 처음으로 적용해 보는 단계**입니다. 처음 적용해 보기 때문에 아주 단순한 문제일지라도 재미를 느낄 수 있습니다. 이제 단순한 적용은 익숙해졌습니다. 그런데 계속 단순한 적용만 하라고 하면 더 이상 재미를 느낄 수 없습니다. 다음 단계로 넘어가야 하죠.

그다음 단계는 **③ 좀 더 다양한 유형의 문제를 해결해 보는 단계**입니다. 새로운 유형의 문제를 만나면 처음에는 문제를 해결하는 재미를 느낄 수 있습니다. 그런데 다양한 유형이라고 해도 유형의 종류는 한정적입니다. 한번 해결해 본 유형의 문제를 또 해결하라고 하면 재미가 없어집니다. 다음 단계로 넘어가야 합니다.

마지막 단계로 **④ 난이도가 높은 문제를 해결해 보는 단계**입니다. 앞에서 다양한 유형의 문제를 해결하면서 어느 정도 문제 해결력을 쌓아왔기 때문에 도전해 볼만합니다. 그리고 더 큰 성취감도 느낄 수 있습니다.

단순 연산 연습을 매일 반복해서 하면 왜 많은 아이들이 재미없어할까요? 이미 그 정도 수준의 문제는 풀 수 있어서 그 문제를 풀때에는 재미를 느끼지 못하는데 매일 반복해서 풀게 하기 때문입니다. 새로운 지식을 알게 되는 것도 아니고, 새로운 유형의 문제를 푸는 것도 아니며, 좀 더 난이도가 높은 문제를 푸는 것도 아니기 때문에 재미를 느낄 수가 없습니다. 따라서 연산 연습을 할때에도 아이가 일정 수준에 도달하면 바로 다음 단계 연산으로 넘어가야 합니다.

그리고 수학 문제집에는 수학 문제가 많이 있습니다. **그런데 수학 문제집에 있는 문제를 반드시 다 풀 필요는 없습니다.** 아이가 문제집에 있는 문제를 대부분 잘 푸는데, 문제 푸는 것을 지겨워한다면 난이도가 더 높은 문제집으로 바꿔야 합니다. 그리고 개념 설명 다음에 나오는 개념 확인 문제나 기초 유형 문제들은 홀수 번 문제만 풀게 하거나 짝수 번 문제만 풀게 하는 것도 방법입니다. **수학 문제집, 특히 연산 문제집에 있는 문제를 반드시 다 풀 필요는 없습니다. 내 아이의 수준에 맞는 문제 위주로 풀게 해야 합니다.**

아주 쉽게 알려주는 영역별 코칭 방법

PART 02

1. 개념 - 쉽고 재밌게 이해하기

2. 연산 - 실수 안하는 방법

3. 문제집 - 난이도와 선택 방법

4. 문장제 문제 - 4가지 방법이면 끝

5. 서술형 주관식 - 쓰기보다 말부터 시작해야 해

6. 사고력 수학, 꼭 해야 할까? 한다면 언제부터?

7. 내 딸을 서울대에 보낼 수 있었던 초등 수학 공부 방법

1 개념 - 쉽고 재밌게 이해하기

(1) 수학 학습의 첫 단계는 '개념 이해'예요.

앞에서 언급했듯이 수학 학습에서 기본은 개념 이해입니다. 예를 들어 '8과 12의 약수를 각각 구하고 두 수의 최대공약수를 구하시오.'라는 기초 문제가 나왔을 때 약수와 최대공약수의 개념을 알면 쉽게 풀 수 있지만, 개념을 모르면 기초 문제인데도 풀 수 없습니다. 이는 초등뿐만 아니라 중등과 고등 수학에도 똑같이 적용됩니다. 그래서 수학 학습의 첫 번째 단계는 개념을 이해한 다음, 이해한 개념을 적용해서 간단한 문제를 해결하는 것입니다. 그리고 초등학교 1학년 수학 때부터 이 단계 공부를 진짜 잘해야 합니다.

[문제] 3+2 =

이 덧셈을 할 수 있으려면 무엇을 알아야 할까요? 2가 무엇인지(2의 개념), 3이 무엇인지(3의 개념), +가 무엇인지(+의 개념), =이 무엇인지(=의 개념)를 알아야 합니다. 즉, 자연수의 덧셈과 뺄셈을 하려면 수의 개념(1, 2, 3, 4, 5…)과 기호(+, -, =)의 개념을 알아야 합니다. 이를 개념 학습이라 합니다.

'3'의 개념은 무언가가 ●●● 만큼 있다는 겁니다.

'2'의 개념은 무언가가 ●● 만큼 있다는 겁니다.

'+'는 더하기를 나타내는 기호로 '2개 이상의 수나 식을 합하는 것'입니다.

'='는 '같음'을 나타내는 기호로 '= 기호의 좌우에 있는 수가 서로 같다'입니다.

위 개념을 적용해서 "3+2= 는 +의 앞에 있는 3과 +의 뒤에 있는 2를 합한 전체의 수를 구하라는 거야."라고 알려주면 아이가 쉽게 이해할 것입니다. 이렇게 개념을 알았다면, 이제 개념을 적용해서 문제를 해결해야 합니다.

[문제] 3+2 =

앞에는 ●●● 만큼 있고, 뒤에는 ●● 만큼 있습니다. 전체는 ●●●●● 만큼이고요. ●●●●● 만큼의 수는 '다섯'이라고 부르고, '5'라고 쓰고, '오'라고 읽습니다. 그래서 '3+2 = ' 이라는 문제의 답은 5가 됩니다.

뺄셈도 마찬가지입니다. 먼저 각각의 개념을 알아야 하고요. 그다음 각각의 개념을 적용해서 문제를 해결할 수 있어야 합니다.

[문제] 5-4 =

'5'의 개념은 무언가가 ●●●●● 만큼 있다는 겁니다.

'4'의 개념은 무언가가 ●●●● 만큼 있다는 겁니다.

'-'는 뺄셈에서 빼기를 나타내는 기호로 '- 기호의 앞의 수에서 뒤의 수를 덜어내는 것'입니다.

앞에 있는 ●●●●● 만큼에서 뒤에 있는 ●●●● 만큼을 덜어내면 ● 만큼이 남습니다. ● 만큼의 수는 '하나'라고 부르고, '1'이라고 쓰고, '일'이라고 읽습니다. 그래서 '5-4 = ' 이라는 문제의 답은 1이 됩니다.

(2) 초등 수학에서 가장 중요한 것은?

앞에서 본 것처럼 수학 학습의 첫 번째 단계는 '개념'을 정확히 이해하고 적용하는 것입니다. 분수의 곱셈을 하려면 먼저 '분수'가 무엇이고 '곱하기'가 무엇인지를 알아야 합니다. 소수의 나눗셈을 하려면 '소수'가 무엇이고 '나누기'가 무엇인지를 알아야 합니다. 이처럼 수학은 개념을 알아야 그다음 단계의 학습을 진행할 수 있으며 **초등학교 1학년부터 6학년까지 매 학년마다 새로운 기초 개념이 등장합니다.** (초등학교 1~6학년 교과서에 나오는 개념들은 책 Part Ⅲ에 모두 정리해 놓았습니다.)

수학은 벽돌 쌓기라고 했습니다. 초등학교 때 잘한 아이가 중학교 때에도 잘하고 고등학교 때에도 잘합니다. 그리고 수학 학습의 첫 번째 단계는 '개념'을 정확히 이해하는 것이고, 초등학교 6년 동안 기초 개념을 학습하게 됩니다. 따라서 **초등학교 6년 동안 기초 개념 학습을 탄탄하게 한 아이가 중학교와 고등학교 때에도 수학을 잘하게 됩니다.**

(3) 많은 아이들이 개념 공부를 힘들게 하는 이유

개인적으로 초등학생과 중학생 수학을 가르치기도 했습니다. 그중에서 "수학 머리는 괜찮은데 성적은 안 나와요."라고 평가받는 중2 남자아이가 있었고요. 그 아이의 가장 큰 문제점은 개념 공부를 제대로 하지 않는 것이었습니다. 그리고 많은 아이들이 이 아이처럼 개념 공부를 힘들게 하기 때문에 수학을 어렵게 느끼는 것입니다. 왜 이런 현상이 생기는 걸까요?

수학 교과서와 문제집을 보면 '약수'의 개념이 이렇게 정리되어 있습니다. 그리고 많은 부모님과 아이들은 아래의 개념 정리 내용(텍스트)을 최대한 똑같이 기억(암기)하는 것이 개념 공부라고 생각하고요. 그래서 개념 공부가 힘들어지는 것입니다.

◆ 약수 : 어떤 수를 나누어떨어지게 하는 수를 그 수의 약수라고 합니다.

위 약수의 개념 정리 내용(텍스트)은 최종 결론이며 추상적인 표현입니다. 이 결론이 나오기까지의 과정이나 구체적인 사례는 모두 생략되어 있습니다. 그런데 개념을 공부할 때 중요한 부분은 결론이 아니라 과정과 사례입니다. 약수의 개념 공부도 마찬가지입니다.

6의 약수를 구해보겠습니다. 6은 무언가의 수가 ●●●●●● 만큼 있는 것입니다. 6을 1개씩 묶으면 6묶음이 되고 남는 것은 없습니다.

6 ⇒ ● ● ● ● ● ●

6을 2개씩 묶으면 3묶음이 되고 남는 것은 없습니다.

6 ⇒ ●● ●● ●●

6을 3개씩 묶으면 2묶음이 되고 남는 것은 없습니다.

6 ⇒ ●●● ●●●

6을 4개씩 묶으면 1묶음이 만들어지고 2개가 남습니다.

6 ⇒ ●●●● ●●

6을 5개씩 묶으면 1묶음이 만들어지고 1개가 남습니다.

6 ⇒ ●●●●● ●

6을 6개씩 묶으면 1묶음이 되고 남는 것은 없습니다.

6 ⇒ ●●●●●●

6을 똑같은 수로 묶었을 때 남는 것이 없으면 그 수는 6의 약수라고 합니다. 그래서 1, 2, 3, 6은 6의 약수이지만 4, 5는 6의 약수가 아닙니다. 그리고 약수의 개념은 이렇게 정리할 수 있습니다.

◆ 약수 : 어떤 수를 나누어떨어지게 하는 수를 그 수의 약수라고 합니다.

* 어떤 수 : 6

* 나누어떨어지게 하는 수 : 1, 2, 3, 6

위 사례처럼 개념 공부를 할때에는 그 개념이 정리되기까지의 과정이나 구체적인 사례를 충분히 읽고 이해하고 해석하고 적용해 봐야 합니다. 그래야 최종 결론인 개념 정리 내용도 이해할 수 있습니다. 그런데 많은 아이들이 과정이나 사례는 대충 본 상태에서 최종 결론인 추상적인 정리 내용만 암기하려고 하니까 잘 기억되지도 않고, 문제에 적용하는 것도 잘되지 않습니다. 당연히 문제를 푼 과정을 설명할 때 개념을 적용해서 설명하는 것도 잘되지 않는 것입니다.

(4) 개념 중심 학습이란 이런 것이에요.

"1, 2, 3, 4, 5… 는 그냥 알면 되는 거 아니에요? 숫자도 개념이 있어요? 개념 이해를 하라고 하는데, 감이 잡히지 않네요." 이렇게 이야기하는 부모님이 적지 않습니다. 당연한 현상입니다. 저를 포함해 우리 부모 세대는 개념 중심의 학습을 충분히 경험하지 못했기 때문입니다. 개념보다는 공식이 먼저 떠오릅니다. 하지만 **우리 아이들은 개념 중심으로 공부해야 합니다.** 그래야 요즘 수학을 잘할 수 있습니다. 개념 중심 학습의 예를 하나 더 들어 보겠습니다.

낱개는 혼자 있는 것을 말합니다.

● ← 혼자 있는 낱개입니다.

이 낱개의 수는 '하나'라고 부릅니다. 숫자로는 '1'이라고 쓰고 '일'이라고 읽습니다. 그런데 낱개와 낱개가 모이면 더 이상 낱개가 아니라 모임이 됩니다.

●● ← 혼자가 아닙니다. 날개도 아니죠. 이제 모임이 되었습니다.

'하나'보다 '하나' 더 많은 이 모임의 수는 '둘'이라고 부릅니다. 숫자로는 '2'라고 쓰고 '이'라고 읽습니다.

●●● ← '둘'보다 '하나' 더 많은 모임입니다.

이 모임의 수는 '셋'이라고 부릅니다. 숫자로는 '3'이라고 쓰고 '삼'이라고 읽습니다.

반대로 말하면 이렇게 됩니다.

'1'이란 무언가가 하나(●)만큼 있는 것입니다.

'2'란 무언가가 둘(●●)만큼 있는 것이고요.

'3'이란 무언가가 셋(●●●)만큼 있는 것입니다.

이렇게 1~9까지의 숫자 각각의 개념을 정확히 이해하는 것이 개념 중심 학습의 시작이고요. 개념을 이해했다면 다음으로 개념을 적용하고 활용하는 연습을 해야 합니다.

●	●●	●●●	●●●●	●●●●●
♥	♥♥	♥♥♥	♥♥♥♥	♥♥♥♥♥
★	★★	★★★	★★★★	★★★★★
⊙	⊙⊙	⊙⊙⊙	⊙⊙⊙⊙	⊙⊙⊙⊙⊙

위와 같이 여러 모임을 뒤섞은 다음에 이 중에서 셋 또는 3에 해당하는 것을 모두 찾게 합니다. 다 찾으면 다시 섞고 다른 수에 해당하는 모임을 찾게 합니다. 또는 ★을 여러 개 주고 숫자를 보여주면서 해당하는 숫자의 수만큼 모임을 만들게 합니다. 숫자 4를 보여주면 아이는 여러 개의 ★로 ★★★★을 만들어야 합니다. 그리고 찾거나 만드는 중간 중간에 왜 그렇게 했는지 이유를 이야기하게 합니다.

"4는 넷이잖아. ★ 4개가 있는 거니까 ★을 4개 모은 거야." 이런 식으로 떠올랐던 생각을 말로 표현하게 합니다.

이처럼 이해한 개념을 적용해서 간단한 문제를 해결하게 하면 개념에 대한 이해도가 더 높아지는 효과도 있고, 가장 기초 단계의 문제 해결력이 길러지게 되며, 수학적 사고력과 표현(설명하기) 능력의 기초도 길러지게 됩니다.

(5) 학년이 올라가도 개념 중심으로 학습해야 해요.

수학 문제는 요령으로 풀 수도 있고 공식을 암기해서 풀 수도 있습니다. 하지만 기초 단계에서는 반드시 개념 중심으로 문제를 풀어야 합니다. 특히 초등학교 때에는 고학년이 되더라도 기초 단계에서 반드시 개념 중심으로 학습해야 하며, 고학년 때에도 개념을 이해하고 적용하는 기초 단계에서는 구체물을 활용하는 것이 좋습니다.

물론 예외는 항상 존재합니다. 부모님의 DNA 영향으로 수학적 사고력이 아주 좋은 일부 소수의 아이들은 예외에 해당합니다. 그런 경우라면 "어? 우리 아이는 그냥 숫자로도 잘 풀던데요?" 이런 말씀은 하지 않으셨으면 좋겠습니다. 그냥 조용히 흐뭇하게 미소만 지으시는 걸로요. ^^!

그런데 내 아이의 수학적 사고력이 어느 정도인지는 금방 알 수 없습니다. 함부로 단정 짓는 것도 위험하고요. 사고력이 좋은 것인지, 약간 똘똘하면서 눈치가 빠른 것인지 구분하는 것도 쉽지 않습니다. 따라서 아이의 사고력 수준을 정확히 판단하기 전까지는 개념 학습을 할 때 구체물을 활용하는 것이 좋습니다.

분수의 덧셈도 마찬가지입니다. '$\frac{2}{5}+\frac{1}{5}$'이란 문제를 보여주고 피자 그림 조각을 이용해서 문제를 풀고 설명하게 합니다. "$\frac{2}{5}$는 피자 한 판을 5조각 낸 것 중에 2조각이고, $\frac{1}{5}$은 피자 한 판을 5조각 낸 것 중에 1조각이야. +는 모아서 세는 거니까 2조각이랑 1조각을 더하면 3조각이야. 피자 한 판을 5조각 낸 것 중에 3조각이니까 분수로 쓰면 $\frac{3}{5}$이야.” 이렇게요.

그런데 지금까지의 분수 덧셈은 “분모가 같으면 분모는 그대로 두고 분자끼리 더한다.”라는 요령만 배웠습니다. 요령만 배우면 단순 계산은 잘할지 몰라도 “왜 그런지 이유를 쓰시오”같은 서술형 문제를 만나면 막막해집니다. 따라서 처음에는 개념 중심 학습을 충분히 한 다음, 나중에 요령을 익히는 것이 좋습니다.

(6) 정리해 볼게요.

고등학교 때 수학을 잘하려면 초등학교 때 수학을 잘해야 합니다. 그런데 특히 초등 시기에는 기초 개념을 제대로 공부한 다음, 정확히 이해한 개념을 자유자재로 적용할 수 있어야 합니다. 더 나아가 개념 적용을 다른 사람에게 설명도 할 수 있어야 합니다.

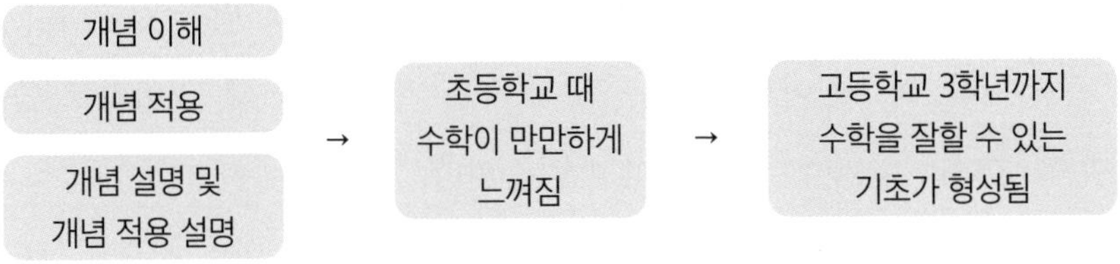

개념을 적용해서 설명하는 시험이 서술형 주관식 문제입니다. 서술형에는 ‘왜 그렇게 나타낼 수 있는지 그 까닭을 설명하시오.’라는 문제가 있습니다. 이 문제를 조금만 바꿔서 말하면 ‘왜 그렇게 나타낼 수 있는지 개념을 적용해서 설명하시오.'와 같습니다. **서술형 문제를 잘 풀기 위해서는 초등학교 때 개념을 적용해서 설명하는 능력을 훈련해야 합니다.**

2. 연산 - 실수 안하는 방법

(1) 연산, 어떻게 해야 하나?

① 수, 숫자의 개념 알기

첫 번째 단계는 개념과 원리 알기입니다. '익히기'가 아니라 '알기'입니다. 별이 ★★★ 만큼 있습니다. ★★★ 만큼 있는 별의 수는 '셋'이라고 부릅니다. '셋'이라는 말의 개념을 아는 거죠. '셋'이라는 말은 무언가가 ●●● 만큼 있다는 겁니다. 무언가는 별일 수도 있고, 빵일 수도 있고, 사탕일 수도 있죠. 그게 무엇이든지 ●●● 만큼 있으면 그것의 수를 '셋'이라고 부릅니다.

이제 숫자라는 기호의 개념을 알아야 합니다. 별이 ★★★ 만큼 있습니다. 별의 수는 '셋'입니다. 이 '셋'이라는 수는 '숫자'라는 기호로 쓸 때 '3'이라고 씁니다. 그리고 이 '3'이라는 기호는 '삼'이라고 읽습니다. '3'이라는 기호의 개념을 알고, '3'이라는 기호를 '삼'이라고 읽는다는 것을 알아야 합니다. 이런 식으로 '하나~아홉, 1~9, 일~구' 각각의 개념을 알게 합니다.

② 수, 숫자의 개념 익히기

'하나~아홉, 1~9, 일~구' 각각의 개념을 알았다면 이제 익히기에 들어갑니다.

아래 그림을 보면서 각각의 수를 말하고, 숫자로 쓰고, 숫자를 읽어보게 합니다.

별	수(말로~)	숫자	숫자 읽기
★	하나	1	일
★★	둘	2	이
★★★	셋	3	삼
★★★★	넷	4	사
★★★★★	다섯	5	오
★★★★★ ★	여섯	6	육
★★★★★ ★★	일곱	7	칠
★★★★★ ★★★	여덟	8	팔
★★★★★ ★★★★	아홉	9	구

위와 같이 순서대로도 익히고, 별의 수 여러 가지를 섞어 놓고 무작위로 익히는 연습도 합니다. (익숙해지면 '1은 하나 또는 일'이라고 읽는다고 확장해서 알려주세요.)

③ 덧셈식에서 더하기의 개념 알기

'+'라는 기호도 마찬가지입니다. 먼저 개념을 알게 해야 합니다. 이렇게요~

'3+2 = ' 라는 식이 있습니다. '+'는 '더하기'라고 부르는 기호입니다. '+'라는 기호의 개념은 무엇일까요?

'덧셈에서 +는 +의 앞에 있는 것과 뒤에 있는 것을 모두 모아서 전체 수를 세시오.'입니다. 그리고 말로만 알려주는 것보다 실제 시범을 보여 주는 것이 좋고요. 시범을 보일 때에는 구체물을 적용하는 것이 좋습니다. 먼저 아래와 같이 숫자와 기호 카드를 만들고요. 수식 아래에 구체물(사탕)을 놓습니다. 숫자 대신 사탕으로 수식을 만드는 거죠.

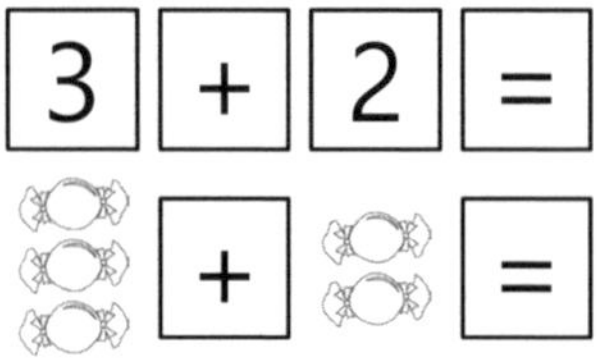

이렇게 만들고 아이에게 이야기해 줍니다. "덧셈에서 +는 +의 앞에 있는 것과 뒤에 있는 것을 모두 모아서 전체 수가 몇인지를 구하라는 거야. 엄마가 해 볼게." 그리고 엄마가 +의 앞과 뒤에 있는 사탕을 모두 모은 다음 전체 수를 세어 봅니다.

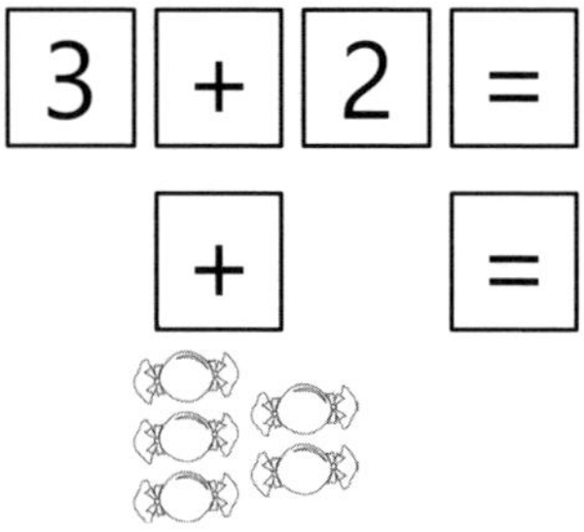

"하나, 둘, 셋, 넷, 다섯! 모두 세었더니 다섯이다. 다섯이면 숫자로 몇이지? 5지. 그래서 3 더하기 2는 5란다."라고, 이야기하면서 아래 그림과 같이 카드를 놓습니다. 사탕도 원래 위치에 놓고요.

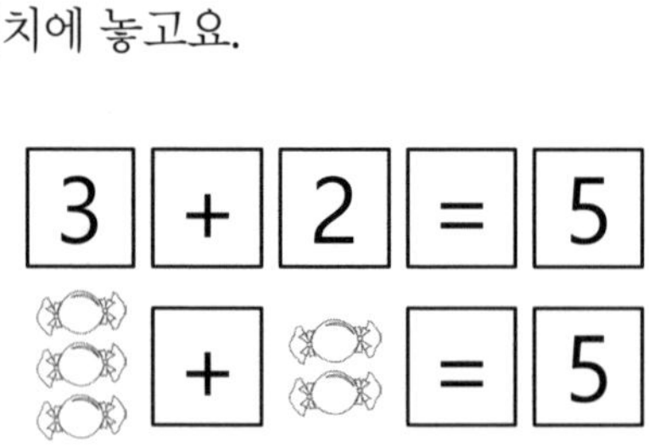

④ 더하기의 개념 익히기

아이는 엄마의 시범을 통해 +의 개념을 알게 되었습니다. 알았다면 이제 충분히 익혀야 합니다. 문제를 다르게 하고 사탕을 이용해서 아이가 문제를 해결하게 합니다.

1+4 = , 2+3 = , 4+1 = , 2+2 =

이처럼 사탕을 이용해 문제를 해결하는 것에 익숙해지면 사탕을 빼고 문제를 해결해 보게 합니다.

⑤ 숫자 밑에 그림 그리며 계산하기

다음과 같이 문제를 주고 이렇게 이야기해 줍니다. “이제 사탕을 빼고 숫자로만 계산해 보렴. 그런데 혹시 잘 모르겠으면 숫자 밑에 동그라미를 그리면서 하고.” 아이는 숫자만으로 계산할 수도 있고 숫자 밑에 동그라미를 그리며 계산할 수도 있습니다.

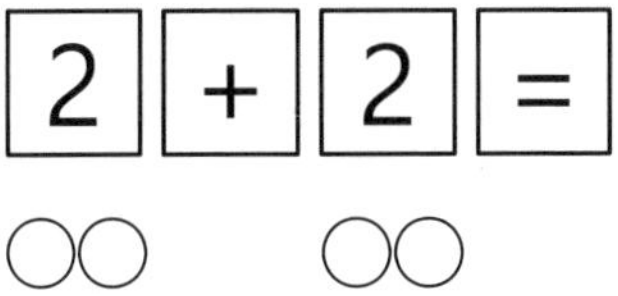

숫자 밑에 동그라미를 그리는 것은, 숫자를 봤을 때 그 숫자가 몇 개를 의미하는지를 바로 떠올리지 못하기 때문인데요. 이는 ‘수 감각’이 아직 숙달되지 않았기 때문입니다. ‘수 감각’이란 숫자를 봤을 때 그 숫자가 의미하는 양을 떠올리는 것 또는 양을 봤을 때 그 양을 의미하는 숫자가 무엇인지 떠올리는 감각입니다. 이 감각은 반복 훈련을 통해 길러지는 것이기 때문에 충분히 연습할 필요가 있습니다.

조심해야 하는 것은, 수 감각이 충분히 훈련되지 않은 상태에서 숫자 기호만으로 계산을 하는 경우입니다. 아이들이 손가락으로 수를 세는 이유가 바로 '수 감각'이 아직 충분히 훈련되지 않았기 때문입니다. 그런데 무조건 손가락을 쓰지 못하게 하면, 아직 숫자만으로는 계산을 힘들어하는 아이에게 도움은 주지 않으면서 어렵게 느껴지는 문제를 알아서 해결하라고 요구하는 게 됩니다.

⑥ 숫자만으로 계산하기

숫자 아래에 동그라미 그리며 계산하는 것에 익숙해지면 이제 숫자만으로 계산해 봅니다. 이때 숫자만으로 계산하는 것을 완벽하게 숙달할 필요는 없습니다. 한 자리 수 덧셈은 두 자리수 덧셈을 할 때 또 해야 하기 때문에 첫 단계부터 기계적으로 빨리 답을 구할 만큼 연습하면 지루하게 느껴 집중력도 떨어지고, 효율성도 떨어지고, 수학에 대한 부정적인 태도도 생기고, 엄마와의 관계에도 상처를 주게 됩니다. 아이가 약간 생각하는 시간을 가지면서 계산하더라도 숫자만으로 계산해 내면 다음 단계 연산으로 넘어가는 것이 좋습니다.

⑦ 다음 단계 연산은 다시 개념 알기부터

덧셈에서 두 수의 합이 10을 넘지 않는(9 이하) 연산을 ⑥번 단계까지 진행했다면 그다음은 두 수의 합이 10 이상인 연산을 해야 합니다. 이때 '10'이라는 새로운 개념이 등장하고요. 새로운 개념이 등장하면 다시 ①단계부터 차근차근 단계를 밟아 가야 합니다. 그리고 −, ×, ÷ 등의 새로운 연산 기호나 분수와 소수 같은 새로운 수 개념이 나왔을 때도 가급적 ①단계부터 단계를 밟는 것이 좋습니다.

(2) 연산, 학습 목표부터 바로 잡아야 해요!

아래 자료를 읽어보세요.

〈교육부〉

수학 학습에 들이는 시간은 많으나 대부분 수학 지식과 문제들을 **보다 많이, 보다 빨리 익히고 풀기 위해 반복적으로 훈련**하는 데 초점이 맞추어져 있기 때문에, 수학과 교육 과정에서 표방하고 있는 **사고력과 창의력 등을 키우는 데는 미흡**한 실정이다.

위 자료에서 언급했듯이 대부분의 아이들이 하는 연산 연습은 목표 설정부터 잘못되어 있습니다. '수와 연산' 영역은 수학의 한 영역이기 때문에 초등학교 수학과 학습 목표와 동일한 학습 목표를 가집니다.

〈초등학교 수학과 학습 목표 = 수와 연산 영역의 학습 목표〉

(1) 수학의 기초적인 **개념, 원리, 법칙을 이해하는 능력**을 기른다.
(2) 수학적으로 **사고**하고 **의사소통(표현)**하는 능력을 기른다.
(3) 생활 주변에서 일어나는 **문제를 합리적으로 해결하는 능력**을 기른다.
(4) 수학에 대한 **긍정적인 태도**를 기른다.

거의 대부분의 아이들이 경험하는 단순 연산으로는 위 목표를 이룰 수 없습니다. 단순 연산은 생활 주변에서 일어나는 현상을 수학적으로 관찰하고 조직하는 경험이 아닙니다. 그렇다고 수학의 기초적인 개념, 원리, 법칙을 이해하는 능력을 길러주는 것도 아닙니다. 수학적으로 사고하고 의사소통하는 능력을 길러주지도 않습니다. 생활 주변에서 일어나는 문제를 합리적으로 해결하는 능력도 길러주지 않습니다. 수학에 대한 흥미를 가지게 하거나 수학의 가치를 이해하게 하지도 않습니다. 그렇다고 수학에 대한 긍정적인 태도를 길러주는 것도 아닙니다.

그런데 초등학교 저학년 때 가장 많은 시간과 노력을 들이는 것이 단순 연산 연습입니다. 단순 연산으로는 4가지 목표 중 하나도 이뤄지지 않는데도요… 무언가 잘못된 것은 아닐까요? 연산의 목표를 다시 잡아야 합니다.

〈수와 연산 영역 학습 목표〉

(1) **생활 주변**에서 일어나는 **연산**을 수학적으로 관찰하고 조직하는 경험을 통하여 **수, 자릿값, 덧셈, 뺄셈 등**의 **개념과 원리를 이해**하고, 이를 통해 수학의 기초적인 **개념, 원리, 법칙을 이해하는 능력**을 기른다.
(2) **사고력 연산**을 통해 **수학적으로 사고하는 능력**과 **의사소통하는 능력**을 길러 생활 주변에서 일어나는 문제를 합리적으로 해결하는 능력을 기른다.
(3) **연산에 대한 흥미**를 가지고, **연산의 가치**를 이해하며, **연산에 대한 긍정적 태도**를 기른다.

이렇게 정리하니까 연산으로도 '초등학교 수학과 목표'를 달성할 수 있습니다. 이 내용을 참고로 해서 연산의 목표를 다시 정해야 합니다.

〈연산의 목표〉

(1) 개념과 구체물로 연산의 정확도 높이기
(2) 적당한 속도가 나올 만큼만 연습하기

(3) 여러 가지 방법 계산하기로 사고력 기르기
(4) 계산 방법 설명하기로 표현력 기르기

연산은 무엇이 문제였을까요? 목표 설정이 잘못되어 있었습니다. **목표부터 바로잡아야 합니다.**

(3) 연산, 시작은 어떻게 해야 하나?

연산의 처음 **시작은 개념을 알고 적용하는 능력을 기르는 것**이라고 했습니다. 이 사실을 구구단을 통해 다시 한번 확인해 보겠습니다.

학습에는 '기초' 단계가 있고 '응용' 단계가 있습니다. 물론 기초가 먼저이고 응용은 나중입니다. 그리고 기초가 탄탄할수록 응용력도 좋아집니다. 연산도 마찬가지로 기초 단계가 있고, 응용 단계가 있습니다. 개념을 적용한 연산이 기초 단계이며, 요령을 적용한 연산이 응용 단계입니다. 연산을 빠르고 정확하게 하려면 당연히 기초 단계인 개념 적용 연산을 충분히 학습한 다음에 응용 단계인 요령 연산을 해야 합니다. 그런데 기초 단계는 대충 하고 바로 응용 단계로 넘어가는 경우가 비일비재합니다.

대표적인 경우가 곱하기인데요. 곱하기하면 떠오르는 것이 무엇인가요? 대부분 구구단을 떠올립니다. 그리고 열심히 구구단을 외우게 합니다. 왜 구구단을 외워야 하는지는 알려주지 않고 무조건 외우게 합니다. 그렇게 구구단을 외우고 나면 바로 곱하는 요령을 배웁니다.

'23×4 = ' 이 문제를 푸는 요령은 먼저의 일의 자리 곱하기인 '3×4 = 12'에서 일의 자리에는 2를 쓰고, 십의 자리 위쪽에 작게 1 표시해 놓습니다. 그다음 십의 자리 곱하기인 '2×4 = 8'인데 표시한 1이 있으니까 '8+1 = 9'해서 십의 자리에는 9를 씁니다. 그러면 정답은 92입니다. 이렇게 요령을 적용해서 반복 연습하면 빠르고 정확한 계산이 가능합니다. 하지만 개념과 원리를 이해한 것도 아니고, 수학적 사고력과 표현력이 길러지지도 않습니다.

요령을 익히기 전에 개념을 적용해서 곱하기를 이해해야 합니다. '곱하기'란 무엇일까요? '곱하기'의 개념은 무엇일까요? '×'라는 기호는 무슨 의미의 기호일까요? 3가지 질문 모두 똑같은 질문입니다. 그런데 곱하기의 개념을 정확히 대답할 수 있는 사람이 그다지 많지 않습니다. 왜냐하면, 그렇게 공부하지 않았기 때문입니다. 곱하기의 개념은 **'어떤 수나 식을 여러 번 더하는 것'**입니다. 처음에는 구구단을 외울 것이 아니라 곱하기의 개념을 정확히 이해해야 합니다.

'3×4 = ' 이 문제는 셋(●●●)을 4번(뒤의 수) 더하라는 뜻입니다. 그러면 '3+3+3+3 = '이 됩니다. 모두 더하면 12죠. 이렇게 개념을 이해했다면, 이해한 개념을 숙지하도록 간단한 문제 몇 개를 개념을 적용해서 풀어보게 합니다.

7×3 = 7+7+7 = 5+2+5+2+5+2 = 5+5+5+2+2+2 = 15+6 = 21

6×3 = 6+6+6 = 5+1+5+1+5+1 = 5+5+5+1+1+1 = 15+3 = 18

13×4 = 13+13+13+13 = 10+3+10+3+10+3+10+3 = 10+10+10+10+3+3+3+3 = 40+12 = 52

이렇게 하면 아래와 같은 문제 풀이 과정도 이해가 됩니다. 아이의 사고력이 확장되는 거죠. ^^

7×3 = 7+7+7 = 5+2+5+2+5+2 = 5+5+5+2+2+2 = (5×3)+(2×3) = 15+6 = 21

13×4 = 13+13+13+13 = 10+10+10+10+3+3+3+3 = (10×4)+(3×4) = 40+12 = 52

이렇게 개념을 적용하고 활용하는 연습을 통해 기초를 탄탄히 하면 나중에 학년이 올라갔을 때 다음과 같은 문제도 똑똑하게 잘 풀 수 있습니다.

3995×3 =

만약 곱하기를 요령으로만 연습하면 위 문제도 요령으로 풀 생각만 할 것입니다. 그러면 수가 커지고 복잡해지면서 시간도 오래 걸리고 실수할 확률도 높아집니다. 하지만 개념을 적용하는 기초 연습을 충분히 했다면 아래와 같은 풀이 과정도 생각해 낼 수 있습니다.

3995×3 = (4000×3) - (5×3) = 12000-15 = 11985

연산도 기초 단계가 있고, 응용 단계가 있습니다. 개념을 적용한 연산이 기초 단계이며, 요령을 적용한 연산이 응용 단계입니다. 연산을 빠르고 정확하게 하려면 당연히 **기초 단계인 개념 적용 연산을 충분히 연습한 다음 응용 단계인 요령 적용 연산을 연습**해야 합니다.

(4) 적당한 연산 속도의 기준은?

오랫동안 수학 강사로 지낸 선생님이 이렇게 말했습니다.

> 초등학교 때에는 특히 연산이 중요해요. 수와 연산 영역에서는 자연수, 소수, 분수의 덧셈, 뺄셈, 곱셈, 나눗셈을 해야 하고요. 측정 영역에서도 시간과 각도에서 시와 초 계산, 각도 계산 등을 해야 해요. 이렇게 수와 연산 영역뿐만 아니라 다른 영역에서도 연산을 해야 하기 때문에 초등학교 때에는 연산을 충분히 연습해야 해요.

그리고 교육부에서는 이렇게 말했습니다.

〈교육부〉

계산 능력 배양을 목표로 하지 않는 경우의 복잡한 계산 수행을 위하여 계산기, 컴퓨터, 교육용 소프트웨어 등의 공학적 도구와 다양한 교구와 활용을 장려한다.

교육부의 발표 내용을 간단히 요약하면 보면, "계산력 훈련이 목표가 아닌데 복잡한 계산이 나오면 계산기를 사용하도록 하자."입니다. 둘 중 어느 쪽 이야기에 비중을 더 두어야 할까요? 계산력이 중요할까요? 사고력이 중요할까요?

당장은 수학 선생님의 이야기가 더 현실에 가깝게 들립니다. 하지만 상위권 아이들의 수학 실력을 봤을 때는 교육부의 발표 내용을 의미 있게 새겨들어야 합니다. 즉, 당장의 현실 때문에 계산력 훈련도 어느 정도 해야 하지만 궁극적으로 수학을 잘하기 위해서는 연산에서도 수학적 사고력이 충분히 훈련되도록 해야 합니다.

그렇다면 현실적으로 요구되는 계산력의 속도는 어느 정도가 적당할까요? 단순합니다. 시험에서 문장제 문제나 사고력 문제를 풀 때 **계산 속도가 방해되지 않을 만큼만** 되면 충분합니다. 연산 몇 문제를 30초 안에 풀어야 하는 것이 아니라 계산을 하면서 오래 생각하거나 헤매지 않으면 됩니다. 30초나 40초나 별 차이가 없기 때문에 반드시 30초 안에 문제를 풀어야 하는 것은 아닙니다. 초시계로 시간을 재면서 빨리 계산할 것을 요구하면 자칫 깊이 생각하지 않고 빨리 판단해버리는 습관이 들 수도 있습니다. 계산 때문에 시간이 오래 걸리는 것도 문제이지만, 기계적으로 빠르게 숙달할 필요도 없습니다. 그리고 적당한 속도는 **보통 난이도의 학교 시험에서 계산 시간 때문에 시험 시간이 부족하지 않을 만큼**이면 충분합니다.

(5) 적당한 연산 연습 분량은 어느 정도인가?

연산 연습을 할 때 하루에 몇 문제를 풀게 해야 하는지, 다음 단계 연산으로는 언제 넘어가야 하는지 고민하는 분들이 많은데요. **하루에 20~30문제 정도가 적당**하다고 봅니다. 문제 수보다 더 중요한 건 꾸준히 하는 거고요.

연산 연습은 정기적으로 꾸준히 지치지 않고 하는 것이 핵심입니다. 그런데 연산 문제는 단순하기 때문에 문제 푸는 재미를 느끼기가 어렵습니다. 재미는 없는데 실수하지 않으려면 집중해야 합니다. 엄마를 의식해서 처음에는 집중해서 계산을 합니다. 하지만 20문제 정도가 넘어가면 집중력이 떨어지기 시작합니다. 그러다 실수로 틀리면 10문제를 더 풀라고 합니다. 한두 번은 효과가 있을 수 있지만 이것도 반복되면 추가 문제를 풀면서 또 실수합니다. 그러면서 엄마와 감정 대립을 하게 되고요. 아이는 수학을 점점 싫어하게 됩니다. 깊이 생각하면서 문제를 해결해 냈을 때의 재미를 느껴보기도 전에 '수학은 지겹고 재미없고 엄마한테 혼나는 과목'으로 인식하게 됩니다.

연산은 정기적으로 꾸준히 지치지 않고 해야 합니다. 그러기 위해서는 아이가 집중력을 유지할 수 있는 만큼만 문제를 풀게 해야 합니다. 그러면서 계산력을 기르는데 부족하지도 않아야 하고요. 아이에 따라 다소 차이가 있을 수 있지만 **적당한 연산 문제 분량은 하루 20~30문제 정도입니다.**

(6) 연산 문제 단계 조정은 언제 해야 하나?

연산에도 단계가 있습니다. 순서와 난이도 차이가 있습니다. 연산에서 단계 조정은 언제 해야 할까요?

두 수의 합이 10 미만인 덧셈은 이런 문제들입니다.

1+5 = , 2+6 = , 3+4 = , 4+5 =

이 단계의 연산 연습을 하고 있는데 속도도 제법 나옵니다. 거의 머뭇거리지 않고 문제를 풀고요. 틀리지도 않습니다. 그런데 연산 문제집에서 이 단계 문제가 5장 남았습니다. 그러면 아직 풀지 않은 5장은 그대로 두고 바로 다음 단계로 넘어가야 합니다. 이미 아이는 이 단계의 연산 연습이 되었기도 하고, 다음 단계에서 이런 덧셈을 또 하기 때문에 더 연습할 필요가 없습니다.

다음 단계는 한 자리 수 덧셈이면서 합이 10 이상인 덧셈입니다. 이런 문제들입니다.

2+9 = , 5+8 = , 6+9 = , 8+8 =

문제의 난이도가 올라가기 때문에 아이는 10이 넘지 않는 덧셈 때와는 다르게 느낍니다. 변화가 생겼기 때문에 한동안은 지루함이 덜할 것입니다. 하지만 이 단계의 연산도 속도가 제법 나오고 틀리지 않으면 그다음 단계로 바로 넘어가야 합니다.

이제 '두 자리수 + 한 자리수'이면서 합이 20 미만인 덧셈입니다. 이런 문제들이죠.

11+8 =, 12+6 =, 13+5 =, 14+2 =

문제에 변화가 생겼기 때문에 아이에게는 새롭게 집중할 이유가 생겼습니다. 역시나 연산 속도가 제법 나오고 틀리지 않으면 다음 단계로 바로 넘어가야 합니다.

단계가 올라가서 세 자리수 덧셈을 하더라도 이전 단계의 연산 연습은 계속됩니다. 예를 들어 '344+187 =' 덧셈을 할 경우, 일의 자리 덧셈은 '4+7'입니다. 합이 십 이상인 덧셈이죠. 이처럼 연산은 단계가 올라가도 이전 단계의 연산이 계속 반복되기 때문에 굳이 각 단계에서 오래 머물러 있을 필요가 없습니다.

연산 연습은 좋아하는 아이보다 지겨워하는 아이가 더 많습니다. 지겨워하는 이유는 이미 그 단계에서 배우고 익힐 것을 다 끝냈는데 계속 해야 하기 때문입니다. 따라서 **단계마다 어느 정도 수준에 도달하면 바로 다음 단계 연산을 진행**하면서 자신의 연산 실력이 빠르게 발전하고 있음을 느끼게 해 주어야 합니다.

(7) 연산에서 실수하지 않으려면 어떻게 해야 하나?

"식 잘 세우고 연산에서 틀리면 화가 나요." 맞습니다. 어려운 문장제 문제의 식을 잘 세워 놓고 정작 쉬운 연산에서 틀리면 정말 안타깝습니다. 그런 실수를 반복하지 않기 위해서 연산 연습을 더 많이 하게 합니다. 하기 싫어하는 아이를 달래기도 하고 혼내기도 하면서 어떻게든 연산 연습을 시킵니다. 그런데 실수는 계속됩니다. 심지어는 연산 연습 때에도 실수로 틀리기까지 합니다. 연습이 부족한가 싶어 문제의 양을 늘려 봅니다. 아이는 더 힘들어하고, 시키는 엄마도 더 힘들어집니다. 그런데 실수는 계속 반복됩니다. 왜 그럴까요?

실수는 왜 하는 걸까요? 실수로 틀렸다는 것은 몰라서 틀리거나 능력이 부족해서 틀린 것이 아닙니다. 이미 알고 있거나 할 수 있는데 틀린 것입니다. 능력이 되는데 왜 틀리는 걸까요? **실수를 하는 이유는 능력의 문제가 아니라 집중력의 문제**입니다. 스포츠 경기 때 코치나 감독이 선수들에게 자주 하는 말이 있습니다. "끝까지 경기에 집중해라. 실수를 줄여야 이긴다. 결국 집중력 싸움이다." 라고요.

즉, 식까지 잘 세워 놓고 단순 연산에서 실수하는 이유는 실력이 부족해서가 아니라 끝까지 집중하지 않기 때문입니다. 따라서 실수를 하지 않으려면 끝까지 집중하는 연습을 해야 합니다.

그런데 집중력을 유지하는 연습을 하는 것이 아니라 집중력을 흐트러뜨리는 연습을 하는 경우가 많습니다. 이미 연산을 잘하는 아이에게 같은 수준의 연산 문제를 자꾸 풀게 하면 아이 입장에서는 문제 푸는 재미를 느낄 수가 없습니다. 재미없는데 자꾸 하라고 하니까 지겹게 느껴집니다. 지겹게 느껴지니까 더 집중할 수가 없습니다. 더 집중할 수 없으니까 실수가 반복됩니다. 그럼 어떻게 해야 집중력을 훈련하게 시킬 수 있을까요?

참고서를 만들 때의 일입니다. 출판사에서 참고서를 만들 때 담당 편집자는 참고서 내용 전체를 처음부터 끝까지 한 글자도 빼지 않고 적어도 세 번 이상 읽어야 합니다. 그리고 매번 읽을 때마다 글자가 틀리지는 않았는지, 문장이 이상하지 않은지, 문제와 정답에 오류는 없는지를 확인해야 합니다. 이렇게 글자와 문장과 문제의 오류를 확인하려면 처음부터 끝까지 집중해서 읽어야 합니다. 평소에 글을 읽을 때는 한 글자 한 글자를 확인하면서 읽지 않습니다. 그런데 참고서 편집을 할 때는 평소와는 다르게 오탈자까지 생각하면서 집중해서 읽어야 합니다. 글을 읽는 동안 잠시라도 다른 생각을 하면, 틀린 글자가 있어도 맞는 것으로 착각하고 지나치게 됩니다.

이렇게 참고서 한 권을 처음부터 끝까지 집중해서 읽는 것이 처음에는 무척 힘들었습니다. 하지만 참고서 내용에 오류가 생기면 막중한 책임이 따르기 때문에 힘들어도 참아내야 했습니다. 그렇게 시간이 흐르고 흐르자 서서히 적응이 되기 시작했습니다. 경험이 쌓이면서 점점 집중하는 힘이 길러진 것입니다.

아이들도 마찬가지입니다. **시험 때 끝까지 집중하려면 평소에 집중하는 경험을 많이 해 봐야** 합니다. 각 연산 단계마다 처음에는 틀릴 수 있습니다. 아직 연산 연습을 충분히 한 상태가 아니니까요. 그러다 시간이 지나 어느 정도 실력이 쌓이면 집중력을 유지하는 연습을 진행합니다.

집중력 훈련을 위한 연산 문제도 하루에 20~30문제만 풀게 합니다. 이미 실력이 쌓인 상태이므로 목표는 실수하지 않고 100점 맞기입니다. 초시계로 시간을 재지 않고 그냥 계산하게 합니다. 실수 없이 100점 맞으면 다음 날 또 20문제를 풀게 합니다. 이렇게 3~4일 동안 집중력 훈련을 진행합니다.

만약 실수로 틀리면 다음 날 20문제를 풀게 하는데, 10문제 풀고 채점하고 다시 10문제 풀고 채점합니다. 실수 없이 100점 맞으면 다음 날에도 10문제 풀고 채점하고 10문제 풀고 채점합니다. 이렇게 3~4일 동안 진행합니다.

20문제를 풀 때 실수를 한다는 것은 20문제 푸는 동안 집중력을 유지하지 못한다는 것입니다. 그러면 20문제를 풀 때 10문제 먼저 풀고 채점하고 추가로 10문제 풀고 채점하면서 10문제 푸는 동안에만 집중력을 유지하게 합니다. 만약 10문제 풀 때도 실수하면 5문제 당 한 번씩 채점을 합니다. 하루에 풀어야 하는 문제 수는 똑같이 하되 **집중력을 유지하는 문제 수를 조절하면서 연습을 시킵니다.**

연산 연습을 할 때 아이에게도 학습 목표를 알려 주어야 합니다. 두 수의 합이 10과 19 사이인 덧셈을 시작합니다. '저번에 자릿값 개념을 배웠으니까 오늘부터는 자릿값 개념을 적용해서 두 수의 합이 10과 19 사이인 덧셈을 시켜야겠다. 2주 정도 진행하면 충분하겠지?'라고 생각한 엄마는 아이에게 문제를 풀게 합니다. 그런데 엄마만 목표를 알고 당사자인 아이는 목표를 모르는 경우도 종종 있습니다. 그냥 엄마가 시키는 대로 주어진 문제만 푸는 것입니다.

아이가 학습 목표를 아는 것과 모르는 것은 차이가 있습니다. 아이에게도 학습 목표를 알려주세요. "오늘부터는 두 수의 합이 10과 19 사이인 덧셈을 풀어보자. '3+4 =' 이 덧셈은 합이 7이지. 두 수의 합이 10보다 작잖아. 이런 연산은 네가 열심히 연습한 덕분에 아주 잘하게 됐어. 그래서 오늘부터는 좀 더 어려운 연산을 하는 거야. '6+9 =' 이 덧셈은 합이 15란다. 두 수의 합이 10과 19 사이의 수야. 이 덧셈처럼 두 수의 합이 10과 19 사이인 덧셈을 공부할 거란다. 저번 연산보다는 좀 어렵지만 노력하면 충분히 할 수 있어."

집중력을 유지하는 연습을 할 때도 목표를 정확히 알려 주어야 합니다. 이 경우는 이미 많이 풀어본 문제를 풀어야 하기 때문에 목표 의식이 뚜렷하지 않으면 집중해서 풀기가 어렵습니다. 아이에게 이렇게 말해 주세요. "네가 열심히 노력한 덕분에 연산 실력이 또 늘었어. 잘했고. 오늘부터 3~4일 동안은 집중해서 계산하는 연습을 할 거야. 이 문제들은 네가 충분히 풀 수 있는 문제들이야. 그런데 풀게 하는 이유는, **아는 문제가 나왔을 때도 실수하지 않고 집중해서 푸는 연습을 하기 위해서**란다." 이렇게 학습 목표를 아이에게 정확히 알려주는 것이 아이의 학습 동기 유발 측면에서 매우 바람직합니다.

(8) 사고력 연산도 해야 하나?

초등학교 수학과 교육 목표에서는 수학적 사고력 훈련을 중요하게 여기고 있습니다. 그래서 교과서의 '수와 연산' 영역에서도 수학적 사고력을 기르게 되어 있습니다. 이런 문제로요~

57+28을 여러 가지 방법으로 계산하시오.
53-36을 여러 가지 방법으로 계산하시오.

57+28의 답만 구하는 것이 아니라 답을 구하는 여러 가지 방법을 생각해 보는 문제입니다. 어떤 방법이 있을까요?

50+20+7+8 = , 55+2+28 = , 60+28-3 = , 57+30-2 = , 60+30-3-2 = , 55+25+2+3 = 등등

6가지 방법이 나왔고 또 다른 방법이 있을 수 있습니다. 이처럼 수학 교과서는 수학적 사고 능력 향상을 고려해서 만들어져 있습니다. 이런 사고 훈련은 왜 하는 걸까요?

실제 문제를 가지고 단순 연산과 사고력 연산의 차이를 알아보겠습니다.

29995×3 =

이 문제를 어떤 아이는 아무런 고민 없이 세로셈으로 식을 다시 쓴 다음 일의 자리부터 곱하기를 시작합니다. '3×5 = 15' 일의 자리에 5 쓰고 십의 자리 9 위에 작게 1 써 놓고, '3×9 = 27'… 이에 비해 수학적 사고력이 어느 정도 훈련되어 있는 아이는 잠시 문제를 바라보며 생각에 잠깁니다. '29995는 30000과 딱 5 차이가 난다. 그러면 30000×3에서 5×3 만큼을 빼는 것이 더 쉬운 계산 방법이지.' 그리고는 이렇게 문제를 풉니다.

29995×3 = (30000×3)-(5×3) = 90000-15 = 89985

이것이 단순 연산과 사고력 연산의 차이이고요. 연산에서도 사고력 훈련이 병행되어야 하는 이유입니다. 그리고 그 출발점이 개념을 이해하고 적용하는 연산입니다.

수학 시험은 문제 해결력과 직결됩니다. 시험 문제를 잘 푸는 아이가 결국 시험 점수를 잘 받게 됩니다. 그런데 학년이 올라갈수록 문제의 난이도가 높아지면서 문제 푸는 시간이 점점 부족해집니다. 결국 문제를 빨리 풀어야 하는데요. 이때 핵심은 **연산 속도가 아니라 가장 효율적인 문제 해결 전략을 생각해 내는 것**이고요. 이 능력을 **수학적 사고력** 또는 **문제 해결력**이라고 부릅니다. 물론 연산 속도가 어느 정도는 나와야 합니다. 하지만 단순히 빨리 계산만 하라는 문제는 많지 않습니다. 그래서 연산에서도 사고하는 연산 능력이 중요합니다.

교육부에서는 수학과 교육 과정에서 사고력과 창의력 발달을 중요하게 생각하고 있습니다. 그래서 새로운 수학 교과서와 수학 시험에서는 추론 능력, 문제해결 능력, 표현 능력 등을 평가하는 유형의 시험 문제들이 다수 출제될 것입니다. 따라서 연산 영역에서도 단순 계산을 통해 정답만을 구할 것이 아니라, **여러 가지 계산 방법을 생각해 보고, 좀 더 효율적인 계산 방법으로 문제를 해결해 보고, 내가 생각한 방법으로 다른 사람에게 계산 과정을 설명해 보는 등 다양한 연산 학습을 진행**해야 합니다. 그렇다면 사고력 연산은 어떻게 연습하는 것이 좋을까요?

57+28을 여러 가지 방법으로 계산하여 보시오. 이 문제는 가르치는 선생님도 힘들어하고 배우는 아이들도 힘들어하는 문제입니다. 왜 그럴까요? 이유는 간단합니다. 해본 적이 없기 때문입니다. 매일 한 가지 방법으로 정답만 빨리 계산했었는데, 어느 날 갑자기 '정답'이 아니라 '방법'을 생각해 내라고 합니다. 그것도 여러 가지를요. 한 가지 방법밖에 떠오르지 않는데 5가지나 있다고 합니다. '답을 구했는데 왜 다른 방법을 생각하라는 거야?'라고 생각합니다. 절름발이 수학을 하고 있는 거죠.

어떻게 하면 좋을까요? 대안도 간단합니다. 자꾸 해 봐야 합니다. 연산 연습을 꾸준히 해야 하는 것처럼 사고력 연산도 꾸준히 연습해야 합니다. '7+8 = '을 여러 가지 방법으로 계산할 줄 알아야 '57+28 ='도 여러 가지 방법으로 계산할 수 있고 세 자리수 덧셈도 여러 가지 방법으로 계산할 수 있으니까요. 단, 사고력 연산 문제집을 반드시 추가로 해야 하는 것은 아닙니다. 이미 교과서가 연산할 때 사고력 훈련이 되도록 만들어져 있기 때문에 교과서 학습만 제대로 하고, 아이의 수준에 맞는 교과서 학습 대비 문제집 1~2권만 풀어도 연산에서 요구되는 사고력 훈련이 충분히 이루어집니다.

그런데 현실에서는 안타까운 경우가 많습니다. 교과서가 어떻게 되어 있는지 모르는 상태에서 연산이 중요하다는 말과 사고력이 중요하다는 말만 듣고 연산에 사고력 수학에 학교 시험 대비 문제집 풀기까지 모두 하다가 질려버리는 경우이고요. 교육에 관심이 많은 지역에 사는, 수학 머리가 괜찮은, 성향은 순종적인 아이들이 종종 겪는 큰 시행착오입니다. 다시 한번 강조해서 말씀드립니다. 계산력과 사고력 둘 다 중요한데요. 계산력은 앞에서 정리한 것처럼 연산 연습을 진행하면 해결되고요. **사고력 훈련은 교과서 학습과 적당한 내신 대비 문제집만 제대로 하면 충분합니다!**

3 문제집 - 난이도와 선택 방법

부모님들께 "수학을 잘하려면 무엇을 해야 할까요?"라고 질문을 드리면 다양한 대답을 들을 수 있습니다. 연산이 중요해요, 교구 수업을 받아야 해요, 주산을 하면 좋아요, 사고력 수학 학원에 다녀야 해요, 문제집을 많이 풀어봐야 해요, 수

학 전문 학원에 다니는 게 좋아요. 등등

만약 저에게 "수학, 어떻게 하면 잘할 수 있나요?"라고 질문하시면 "문제 해결력을 잘 길러야 합니다."라고 답변 드립니다. "수학 잘하는 아이들은 어떤 아이들인가요?"라고 질문하시면 "문제 해결력을 잘 훈련한 아이들입니다."라고 답변 드립니다. "문제집을 왜 풀게 해야 하 나요?"라고 질문하시면 "문제 해결력을 기르기 위해서입니다."라고 답변 드립니다. 수학 학습의 핵심을 최대한 간단히 표현한다면 '문제 해결력 기르기'입니다. 수학을 잘한다는 것은 최종적으로 난이도가 높은 수학 문제도 잘 푸는 것이고요. 그렇게 되려면 '문제 해결력'을 난이도 상 수준까지 잘 길러야 합니다!

'문제 해결력'은 말 그대로 '문제를 해결하는 능력'입니다. 문제를 해결하는 것은 '하는 것'입니다. '아는 것'이 아니죠. '문제를 해결안다.'라고 하지 않잖아요. '문제를 해결한다.'라고 하죠.

'하는 것'은 자꾸 해 봐야 잘합니다. 요리가 그렇고, 수영이 그렇고, 설명이나 토론이 그렇습니다. 문제 해결력도 마찬가지인데요. 단, 스스로 내 능력으로 문제를 해결해야 합니다. 나 아닌 다른 사람이 문제 해결하는 것을 많이 본다고 해서 문제 해결력이 자동으로 충분히 길러지지는 않습니다. 요리도 그렇죠. 유명한 요리사가 음식 만드는 것을 많이 보면 요리 실력에 분명 도움은 되지만 결국은 직접 많이 해 봐야 합니다. 수학도 마찬가지입니다. 물론 가끔은 다른 사람의 문제 풀이 과정을 보면서 팁을 얻을 수는 있습니다. 하지만 그건 가끔 필요한 것입니다.

스스로 문제를 풀면서 문제 해결력을 기를 때 가장 좋은 기초 교재가 교과서입니다. 그리고 문제 해결력을 더 기르기 위해 학교 내신 대비 수학 문제집을 풀어봐야 합니다. 이때 중요한 것은 '한 문제를 풀더라도 제대로 풀어야 한다는 것'

과 '문제집을 고를 때 내 아이의 현재 수학 실력에 맞는 문제집을 잘 고르는 것'입니다.

많은 아이들이 수학 학원을 다니는데 소수의 아이들만 수학을 잘하는 이유를 곰곰이 생각해 보세요. 수학은 선생님이 문제를 풀어주는 강의를 많이 듣는다고 해서 잘하게 되지 않습니다.

다음은 초등학교 3학년 수학 문제 사례입니다.

[문제] 크기가 같은 원 6개가 있습니다. 각 원의 중심을 이어 삼각형을 만들었습니다. 이 삼각형의 세 변의 길이의 합이 12cm일 때, 원의 지름은 몇 cm입니까?

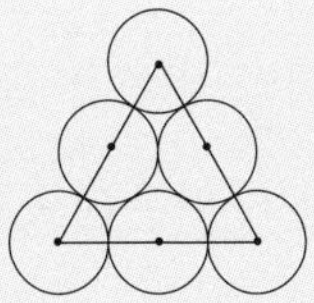

위 문제를 풀려면 먼저 원이 무엇인지, 원의 중심이 무엇인지, 지름이 무엇인지, 변이 무엇인지를 알아야 합니다. 원, 원의 중심, 지름, 변 각각의 개념을 알아야 하는 거죠. 그리고 반지름의 길이는 지름의 절반이라는 것도 알아야 합니다. 본격적으로 문제를 풀기 전에 가장 기본적인 개념 학습이 탄탄하게 이뤄져야 합니다.

그럼, 교과서와 문제집 중에서 어느 것이 더 좋은 개념 학습서일까요? 교과서입니다. 교과서가 문제집보다 개념 설명이 더 잘 되어 있습니다. 물론 문제집에도 개념 설명이 되어 있습니다. 하지만 교과서만큼 체계적으로 자세히 정리되어 있지는 않습니다. 게다가 교과서는 몇 년을 간격으로 계속 바뀝니다. 새 교과서를 만들 때마다 교육부에서 강조하는 내용이 달라지고요. 이때 교육부에서 새롭게 강조한 내용을 가장 잘 반영한 것이 교과서입니다. 예를 하나 들어보겠습니다.

〈초등학교 2학년 수학〉

57+28을 여러 가지 방법으로 계산하여 보시오. 계산한 방법을 설명해 보시오.

위 내용 중에서 부모님들이 보기에 낯선 내용들이 있습니다. 하나는 '**여러 가지 방법**'이고요. 또 하나는 '**설명해 보시오**'입니다. '여러 가지 방법'은 **수학적 사고력**을 훈련하기 위한 것이고요. '설명해 보시오'는 **표현 능력**을 훈련하기 위한 것입니다.

이런 변화를 교과서에서는 중요하게 다루고 있습니다. 당연히 시험 문제로도 출제가 되는데요. 바로 서술형 주관식 문제입니다. 이처럼 교육부에서 새롭게 강조한 내용을 가장 잘 반영한 것이 교과서와 학교 수업이기 때문에 교과서를 제대로 학습하는 것이 매우 중요합니다.

다만, 안타까운 현실이 있습니다. 학교에서는 선생님 한 분이 20~30여 명의 아이들을 모두 지도해야 하기 때문에 수업 시간에 위 문제에 대한 활동을 아이 한 명 한 명 충분히 진행할 수가 없습니다. 그런데 "교과서는 쉽기도 하고, 학교에서 수업도 받았으니까 빨리 문제집 풀기를 시작해서 여러 권 풀게 해야겠다."라고 생각해서 교과서 학습이 충분히 되어 있는지 확인하지 않은 상태에서 바로 문제집 풀기로 들어가는 경우가 상당히 많습니다. 그러면서 한층 한층 탄탄히 쌓아 올려야 하는 수학 학습에 구멍이 생기기 시작하고, 학년이 올라가면서 점점 더 수습하기 힘든 상황으로 가게 됩니다.

수학 학습을 시작할 때 가장 좋은 기초 교재는 교과서입니다. 그리고 **교과서에 있는 활동 하나하나를 소홀히 넘기지 말고 아이가 충분히 경험해 볼 수 있게 해야**

합니다. 그다음에 내 아이의 현재 수학 실력에 맞는 난이도의 문제집을 잘 선택해서 본격적으로 문제 해결력을 길러야 합니다.

문제 해결력을 기를 때 1차 목표는 전국 기준 상위권까지일 것입니다. 물론 모든 아이들이 상위권이 되지는 않습니다. 최상위권인 1~3% 이내를 목표로 하게 되는 아이도 있고, 중상위권 수준을 목표로 하게 되는 아이도 있습니다. 다만, 초등학교 중학년까지는 수학 실력의 최종 목표를 아직 확정지을 수 없기 때문에 일단은 상위권을 염두에 두어야 합니다. 그리고 문제 해결력을 상위권까지 기르려면 교과서 학습부터 제대로 하면서 차근차근 탄탄하게 실력을 쌓아 올려야 하는데요.

그렇다면 학기마다 교과서 학습 제대로 하고, 기초 단계 문제집 풀고, 실력 단계 문제집 풀고, 심화 단계 문제집 풀고, 경시대회 수준의 문제집까지 풀게 해야 할까요? 그건 아닙니다. 그렇게 하면 수학에 너무 많은 시간을 빼앗겨 초등 저학년 때 수학보다 더 중요한 책읽기 시간을 확보할 수 없게 됩니다. 그리고 초등 3~4학년 때에는 영어에 집중해야 하기 때문에 수학에만 많은 시간을 쏟을 수도 없습니다. 수학만 열심히 한다고 해서 다른 과목 실력도 자동으로 좋아지는 건 아니니까요. 그러면 어떻게 해야 할까요?

① 연산 문제집 선택 기준

연산 연습은 문제집의 종류가 중요한 것이 아니라 **지치지 않고 꾸준히 하는 것이 훨씬 중요합니다.** 중간에 문제집을 바꾸는 것도 괜찮고요. 어느 문제집을 선택하든 큰 차이는 없는데요. 그래도 한 가지를 선택한다면 학기당 1권짜리 연산 문제집으로 먼저 진행해 보는 것을 추천합니다.

연산 문제집은 크게 단계가 세분화 되어 있는 문제집과 학기당 한 권짜리 문제집으로 구분할 수 있습니다. 단계가 세분화 되어 있는 문제집의 대표적인 사례가 연산 학습지 교재입니다. 그리고 학기 당 문제집은 '쎈 연산 1(초등 1-1)' 같은 문제집입니다. 각각의 장단점이 있는데요. 경험적으로 봤을 때 학기 당 문제집 중에서 문제 분량이 많은 문제집을 선택하면 한 학기 연산 연습은 충분히 할 수 있습니다. 만약 어떤 연산 단계에서 연습이 더 필요하다고 생각될 경우에는 다른 출판사의 연산 문제집을 병행하면 쉽게 보충할 수 있습니다.

② 내신 문제 해결력 훈련용 문제집

교과서로 기초 개념 학습을 탄탄히 한 다음에는 문제집을 풀면서 문제 해결력도 기르고 학교 시험 대비도 해야 하는데요. 이 문제집은 연산 문제집도 아니고, 사고력 문제집도 아닙니다. 학교 공부 대비, 내신 대비 문제집입니다. 그런데 출판사 한 곳에서 만든 초등학교 3학년 1학기 내신 대비 수학 문제집 종류가 8가지나 될 정도로 문제집 종류가 많아서 학부모 입장에서는 선택이 쉽지 않습니다. 그래서 최소한의 선택 기준을 정리했습니다.

일단 문제집의 난이도를 기준으로 5단계로 구분합니다. (이해를 돕기 위해 디딤돌 출판사의 문제집을 예로 들었습니다. 예일 뿐이고요. 디딤돌 출판사의 문제집이 더 좋다는 뜻은 아닙니다.)

- 난이도 하하 문제집 : 기초 개념 문제집 (디딤돌 초등수학 원리)
- 난이도 중하 문제집 : 개념 응용 문제집 (디딤돌 초등수학 기본+응용)
- 난이도 중중 문제집 : 응용, 실력 문제집 (디딤돌 초등수학 응용)
- 난이도 중상 문제집 : 심화 전 단계 문제집 (디딤돌 초등수학 최상위S)
- 난이도 상상 문제집 : 심화 문제집 (디딤돌 초등수학 최상위)

내신 문제집은 위 난이도의 문제집 중에서 한 학기에 2권을 풀게 합니다. 어떤 아이는 한 학기에 1권 풀기도 쉽지 않을 수 있습니다. 하지만 그런 경우는 극소수이고요. 거의 대부분의 아이들은 한 학기에 2권은 충분히 풀 수 있으며, 굳이 한 한기에 3권까지 풀 필요는 없습니다. 한 한기에 내신 문제집 2권만 제대로 풀면 학교에서 배운 개념 복습도 충분히 되고요. 내신 문제 해결력도 필요한 만큼 훈련할 수 있으며, 독서나 영어 등 다른 공부 진행에도 큰 영향을 주지 않을 수 있습니다. 그럼, 아이에 따라 내신 문제집 2권을 어떻게 골라야 할까요?

아이가 초등학교 1학년인 경우, 학기 당 첫 번째 문제집은 난이도 중하 수준을 추천하는 편입니다. 7세와 초등학교 1학년 시기에는 문해력이 수학 공부에 큰 영향을 끼치는데요. 수학 교과서 공부는 잘했지만, 문해력이 약해서 문제 자체를 읽지 못해 틀리는 경우가 빈번한 편입니다. 그리고 7세와 초등학교 1학년은 공부 자체에 아직 익숙하지 않기 때문에 공부에 대한 자신감을 길러주는 것이 매우 중요합니다. 그래서 1학년 때에는 난이도가 쉬운 문제집부터 진행하면서 문제도 잘 풀리고, 문제집 진도도 빠르게 나가게 해야 수학 공부 시간을 부담 없이 받아들이게 됩니다.

그리고 두 번째 문제집은 첫 번째 문제집의 진행 상황을 보고 선택해야 하는데요. 만약 첫 번째 문제집을 아주 잘 풀었고, 문해력도 좋은 편이라면 1학년이라고 하더라도 두 번째 문제집은 난이도 중중 문제집을 진행해 보고요. 첫 번째 문제집을 그럭저럭 풀기는 했지만, 잘 진행된 것은 아니라면 같은 난이도의 문제집을 한 권 더 풀어보는 것이 좋습니다.

초등학교 2학년부터는 전국 기준으로 상위권인가, 중상위권인가, 중위권 밑인가에 따라 문제집 선택이 달라집니다. 우선 전국 기준 상위권이라면 첫 번째 문제집은 난이도 중상, 두 번째 문제집은 난이도 상상을 선택합니다. 전국 기준 중상위권이라면 첫 번째 문제집은 난이도 중중, 두 번째 문제집은 난이도 중상을 선택합니다. 전국 기준 중위권 밑이라면 첫 번째 문제집은 난이도 중하, 두 번째 문제집은 같은 난이도인 중하 또는 중중 문제집을 선택합니다.

〈학기 당 문제집 선택 기준〉

- 전국 기준 상위권 : 난이도 중상 문제집 + 난이도 상상 문제집
- 전국 기준 중상위권 : 난이도 중중 문제집 + 난이도 중상 문제집
- 전국 기준 중위권 밑 : 난이도 중하 문제집 2권

즉, 현재 아이의 수학 실력이 전국 기준 상위권이거나 중상위권이라면 첫 번째 문제집으로 난이도 하하 또는 중하 문제집을 선택하지 말아야 합니다. 그 문제집들은 아이에게 너무 쉽기 때문에 실력 향상에 별 도움이 되지 않고 시간만 낭비하게 됩니다. 심지어 확실한 상위권 실력의 아이라면 첫 번째 문제집으로 난이도 중중 문제집도 너무 쉬울 수 있습니다. 그런 아이들은 난이도 중상 문제집부터 시작해야 실력 향상이 될 수 있습니다.

그리고 확실한 상위권은 아니라고 하더라고 수학 실력이 괜찮은 아이라면 첫 번째 문제집으로 난이도 중중 이상의 문제집을 진행하는 것이 좋습니다. 역시나 난이도 중중 밑의 문제집은 아이에게 너무 쉬울 수 있습니다. 이렇게 강조하는 이유는, 수학 실력이 괜찮음에도 불구하고 첫 번째 문제집을 아이에게 너무 쉬운 문제집으로 선택하는 경우가 많기 때문입니다.

만약 아이가 초등학교 2학년인데 여전히 수학 공부 시간을 부담스러워한다면

1년 더 1학년 때처럼 진행해도 괜찮습니다. 하지만 초등학교 3학년부터는 현재 아이의 전국 기준 실력을 기준으로 해서 적절한 난이도의 문제집을 선택해야 합니다.

그렇다면 한 학기당 수학 문제집은 몇 권이 필요할까요? 총 3권이고요. 연산 문제집 1권과 내신 문제집 2권이 필요합니다. 그리고 교과서 공부부터 제대로 하고요. 연산 문제집과 내신 문제집을 동시 진행하고요. 내신 문제집은 먼저 1권을 끝낸 다음에 두 번째 문제집을 진행합니다.

횟수는 일주일에 3회가 좋습니다. 월수금도 좋고, 화목토도 좋습니다. 시간은, 초등학교 1학년~2학년은 한 번에 40분 정도, 초등학교 3학년~4학년은 1시간 정도, 초등학교 5학년은 1시간~1시간 20분 정도, 초등학교 6학년은 1시간 30분~2시간 정도를 추천합니다. 이 정도의 횟수와 시간이면 한 학기에 연산 문제집 1권과 내신 문제집 2권은 충분히 풀 수 있습니다.

내 아이의 문제집 선택 기준은 옆집 아이도 아니고 반에서 1등인 아이도 아닙니다. **내 아이의 현재 수학 실력이 선택의 기준입니다.** 선생님에게 문제집을 정해달라고 할 수도 없습니다. 옆집 엄마는 내 아이의 수학 실력을 알지 못합니다. 결국 부모님이 선택해야 합니다. 그래서 초등 중학년까지는 **엄마가 내 아이의 수학 실력을 잘 알아야 합니다.**

내 아이에게 적당한, 적합한 문제집인지 아닌지는 정답률로 판단해야 하는데요. 이때 정답률은 문제집 한 권 전체에 대한 정답률이 아닙니다. 왜냐하면 문제집 한 권 안에서도 문제의 난이도 차이가 있기 때문입니다. 가장 쉬운 문제집 안에는 주로 쉬운 문제들이 있지만 생각을 좀 해야 하는 문제도 있습니다. 중간 난이도의 문제집 안에도 쉬운 문제와 좀 복잡한 문제와 좀 어려운 문제가 있고요. 심화 문제집이라고 해서 문제집에 있는 모든 문제가 어려운 것은 아닙니다.

그리고 문제집 안에서의 문제 난이도 구성은 각 문제집마다 다소 차이가 있지만 대체로 대단원별로 이렇게 되어 있습니다.

〈대단원별 문제 난이도 구성〉

- 개념 정리 : 해당 문제집에서 가장 쉬운 기초 문제
- 기본 유형 문제 : 해당 문제집에서 중간 난이도 문제
- 실력 향상 문제 : 해당 문제집에서 높은 난이도 문제
- 단원 평가 문제 : 기초 문제 + 기본 유형 문제 + 실력 향상 문제

이때 **내 아이에게 적합한 난이도의 문제집인지를 판단하는 기준은, 해당 문제집에 있는 문제 중 실력 향상 문제의 정답률로 판단해야 하고요. 그 정답률이 70~80% 정도인 문제집이 내 아이에게 적합한 문제집**입니다. 만약 실력 향상 문제의 정답률이 90% 이상이라면 너무 쉬운 문제집이고요. 정답률이 50% 이하라면 너무 어려운 문제집입니다. **단, 단순 실수는 정답률 계산을 할 때 틀린 문제로 하지 않아야 하고요.** 틀린 문제 중에 아무 도움도 주지 않고 다시 풀어보라고 했는데 잘 푼 문제도 틀린 문제로 하지 않아야 합니다. 그리고 심화 문제집의 경우에는 각 단원의 마지막 단계가 단원 평가 문제가 아니라 하이레벨 문제 또는 경시대회 문제인 경우도 있는데요. 이런 문제집은 하이레벨이나 경시대회 문제 바로 앞 단계의 문제들을 가지고 정답률 체크를 해야 합니다. 참고로 하이레벨이나 경시대회 문제의 정답률이 50% 이하로 나온다고 해서 그 문제집을 제대로 풀지 못했다고 보기는 어렵습니다. 말 그대로 아주 많이 어려운 문제이기 때문입니다.

그리고 문제집 한 권에서도 단원에 따라 정답률에 차이가 있을 수 있습니다. 도형이 쉽다는 아이도 있고 어렵다는 아이도 있고, 수와 연산 단원은 잘하는데 측정 단원에서 유독 헤매는 아이도 있습니다. 따라서 한 단원의 정답률만 가지고 문제집이 적합한지를 판단할 수는 없고요. 최소한 3~4개 대단원 이상을 진행해 보면서 정답률과 아이의 반응을 살펴보는 것이 좋습니다.

수학은 틀린 문제를 다시 풀어보면서 더 많이 배운다고 합니다. 그래서 문제집에 있는 문제 중 40~50% 정도는 교과서 공부만 잘했다면 충분히 풀 수 있는 문제, 20~30% 정도는 생각을 좀 해야 풀 수 있는 문제, 20~30% 정도는 생각을 많이 해야 풀 수 있는 문제로 구성되어 있어야 합니다. 그러면 충분히 풀 수 있는 문제를 풀면서 문제 해결력을 훈련하고, 약간 어려운 문제를 풀면서 성취감도 느끼고, 일부 문제는 틀렸다가 다시 풀기도 하면서 새로운 문제 해결 전략을 습득하는 것입니다. 그래서 정답률이 90% 이상인 문제집은 결코 좋은 문제집이 아닙니다.

4 문장제 문제 - 4가지 방법이면 끝

(1) 왜 문장제 문제를 어려워하나?

초등학교 시험에서 빠지지 않고 나오는 문제가 문장제 문제입니다. 다음은 초등학교 1학년과 2학년 문장제 문제입니다.

〈초등학교 1학년 문장제 문제〉

토끼에게 줄 당근을 상자에 담아 놓았습니다. 토끼 9마리에게 당근을 1개씩 나누어 주어야 합니다. 당근이 모자라서 당근 4개를 더 가져와 다 나누어 주었습니다. 상자에는 당근이 몇 개 들어 있었는지 알아봅시다.

이 문제를 풀기 위해 초등학교 1학년 아이는 이런 생각을 해야 합니다.

- 토끼 9마리
- 당근 1개씩 나눠주려면 9개 필요함
- 당근이 모자라서 4개 더 가져옴
- (상자에 들어 있던 당근)+(더 가져온 당근 4개) = 9개
- (상자에 들어 있던 당근 수) = 9-4 = 5개

우선 문장을 읽으면서 의미 파악을 해야 합니다. 그리고 문장 속에 들어 있는 정보를 찾아야 하고요. 정보 간에 관계를 파악해야 합니다.

〈초등학교 2학년 문장제 문제〉

놀이터에서 어린이들이 놀고 있었습니다. 잠시 후 7명이 더 와서 함께 놀다가, 12명이 집으로 돌아가고 10명이 남았습니다. 처음에 놀이터에 있던 어린이들이 몇 명인지 알아봅시다.

이 문제를 풀기 위해 초등학교 2학년 아이는 이런 생각을 해야 합니다.

- (처음에 놀이터에 있던 어린이 ?명)
- (처음에 놀이터에 있던 어린이 ?명)+7

- (처음에 놀이터에 있던 어린이 ?명)+7-12 = 10
- (처음에 놀이터에 있던 어린이 ?명)-5 = 10
- (처음에 놀이터에 있던 어린이 ?명) = 15명

문장제 문제를 잘 풀려면 **읽기 능력, 연산 능력, 문제 해결력** 3가지를 모두 갖추어야 하는데요. 대부분의 아이들은 연산 연습을 충분히 하기 때문에 연산 능력이 부족한 경우는 드문 편입니다. 연산에서 실수로 틀리는 경우는 연산 능력이 부족해서가 아니라 집중하지 않기 때문이라고 했습니다. 즉, **문장제 문제를 어려워하는 이유는 연산 능력이 부족해서가 아니라 읽기 능력 또는 문제 해결력 훈련이 부족했기 때문**입니다.

(2) 수학책 읽기로 수학 텍스트 읽기 능력을 기를 수 있을까?

문장제 문제를 풀기 위해서는 읽기 능력이 필요하고, 읽기 능력을 기르기 위해서는 책을 많이 읽어야 합니다. 문장제 문제뿐만 아니라 수학 교과서를 읽기 위해서라도 책을 많이 읽어야 합니다. 그럼, 수학책을 많이 읽으면 수학 텍스트 읽기 능력을 충분히 훈련하게 시킬 수 있을까요? 수학책을 많이 읽지 않으면 수학 텍스트 읽기에 문제가 생길까요?

> 개 한 마리가 우연히 고기 한 덩어리를 주웠습니다.
> 개는 고깃덩어리를 물고 신이 나서 달려갔습니다.
> 다리를 건너던 개는 문득 강물이 흐르는 다리 밑을 내려다보게 되었습니다.
> 그런데 다리 밑에는 자기보다 더 큰 고깃덩어리를 물고 있는 개가 있었습니다.
> '저 녀석의 고깃덩어리가 더 크잖아? 저것을 빼앗아야지.' - 이하 생략 -

이 텍스트는 이솝우화 중 일부입니다. 언뜻 생각해도 수학 읽기 능력과는 관계가 멀어 보입니다. 전반적인 읽기 능력, 문학 읽기 능력과는 관계가 깊지만, 수학 문장제 문제나 수학 교과서 읽기 능력과는 관계가 깊어 보이지 않습니다. 그렇다면 이 텍스트는 어떨까요?

〈받아올림이 두 곳 있는 계산〉

일의 자리에서 십의 자리로 받아올림이 일어나는 경우와 십의 자리에서 백의 자리로의 받아올림이 일어나는 경우가 있습니다. 이와 같은 계산에서 가장 간단한 예는 24×7입니다.

- 이하 생략 -

이 텍스트는 어느 수학 단행본 내용 중 일부입니다. 수학 내용을 다루고 있어서 언뜻 보면 수학 읽기 능력과 관계가 깊어 보입니다. 하지만 곱하기를 처음 배우는 아이가 혼자 읽고 이해하기에는 어려워 보입니다. 그리고 이야기처럼 재미있지도 않습니다.

수학책은 교과서보다 쉽고 재밌어야 합니다. 교과서보다 쉽지도 않고 재밌지도 않다면 차라리 교과서를 반복해서 읽는 것이 더 좋습니다. 좋은 수학책은 수학 내용을 다루면서 교과서보다 쉽고 재미있어야 합니다. 그런데 그런 책이 아직까지는 그리 많지 않은 듯합니다. 그래서 수학책만으로 수학 텍스트 읽기 능력을 기르는 것은 어렵습니다. 그보다는 다양한 책을 많이 읽으면서 기본적인 읽기 능력을 기르고, **기본적인 읽기 능력을 바탕으로 수학 교과서 읽기를 한두 번 더 하면서 수학 텍스트 읽기에 익숙해지는 것이 좋습니다.**

수학책에 대한 기대를 많이 하지 마세요. 수학책을 많이 읽혀 수학 텍스트 읽기 능력을 기른다기보다는, 그냥 **책을 고르게 많이 읽으면 문해력이 좋아지고 수학 텍스트 읽기 능력에도 기본적인 도움이 된다.** 정도로 보는 게 좋습니다. 책을 많이 읽는 것은 중요합니다. 하지만 수학책은, 반드시 많이 읽어야 하는 것은 아닙니다.

(3) 문장제 문제 해결 능력은 어떻게 길러야 하나?

사고력이 좋다는 것은 생각(사고)을 잘한다는 것입니다. '생각을 잘 **안다**'가 아니라 '생각을 잘**한다**'입니다. 생각은 아는 것이 아니라 **하는 것**입니다. 어떻게 하면 생각을 잘할까요? 수영이나 줄넘기처럼 **하는 것은 스스로 자꾸 해 봐야 잘합니다.** 생각도 하는 것이기 때문에 자꾸 해 봐야 잘하게 됩니다. 그리고 문장제 문제를 해결하는 능력도 하나의 사고입니다. 결국 이 능력을 기르려면 스스로 문장제 문제를 자꾸 해결해 봐야 합니다. 이때 해결 순서는 이 순서대로 해야 합니다.

① 문제 읽고 이해하기

② 문제에서 조건 찾기

③ 조건을 이용해 문제를 어떻게 풀지 방법 찾기

④ 생각한 방법대로 식을 세우거나 조건 정리하기

⑤ 계산해서 답 구하기

위와 같은 순서대로 사고를 하면서 문제를 하나씩 직접 해결해 봅니다. 이때 중요한 것은 '어떤 문제를 언제 어떤 순서로 풀게 하느냐'입니다. 수영이나 줄넘기를 배울 때 처음부터 어려운 동작을 배우지 않습니다. 수영 초보라면 가장 기본적인 동작부터 배우면서 서서히 난이도를 높여 갑니다. 문장제 문제를 푸는 연습도 수영이나 줄넘기처럼 해야 합니다. 처음에는 쉽게 풀 수 있는 문제로 시작해서 차츰 난이도를 높여 가야 하고요. 실력이 좋아지면 현재 내 아이의 문제 해결력에 적합한 난이도의 문제집을 선택해서 꾸준히 풀게 합니다. 그러면 자연스럽게 문장제 문제를 해결하는 능력도 탄탄하게 길러집니다. 그러면서 문장제 문제를 해결하는 몇 가지 방법(전략)을 알려주는 게 좋습니다. 다음은 문장제 문제를 해결하는 대표적인 방법(전략)들입니다.

<방법 1> 식을 세워 해결하기

가장 간단한 방법이고 문제를 푸는 속도도 빠릅니다. 다만 복잡한 문제는 식을 세우는 과정에서 실수가 일어날 수 있으므로 꼭 이 방법만을 고집할 필요는 없습니다.

[문제] 사탕이 36개 있습니다. 그중에서 18개를 먹었고, 9개를 사 왔습니다. 남아 있는 사탕은 모두 몇 개인가요?

처음 사탕 수는 36개입니다. 먹은 사탕은 처음 사탕에서 빼야 하고요. 산 사탕은 처음 사탕에 더해야 합니다. 식을 세워 해결하면

36-18+9 = 27

[답] 남아 있는 사탕은 27개

<방법 2> 그림으로 해결하기

문제를 읽었는데 무슨 문제인지 이해가 되지 않는 경우도 있고, 어떻게 풀어야

할지 막막한 경우도 있습니다. 이럴 경우 문제를 간단한 그림으로 표현하면 쉽게 해결되기도 합니다.

[문제] 풍선이 20개 있습니다. 그중에서 빨간 풍선은 15개입니다. 빨간 풍선을 상자 한 개에 3개씩 담았습니다. 남은 풍선도 상자에 똑같이 나누어 담았습니다. 상자는 모두 몇 개가 필요한가요? 그리고 상자 한 개에는 풍선이 몇 개 들어 있나요?

이 문제는 식을 세워서 푸는 것보다 그림을 그려 푸는 것이 좋습니다.

- 빨간 풍선 15개랑 다른 풍선 5개를 구분해서 그립니다.
- 빨간 풍선을 3개씩 묶어 네모 상자를 그립니다.
- 네모 상자 안에 다른 풍선을 1개씩 그리면서 처음에 그린 다른 풍선 5개에서 1개씩 지워 나갑니다.

여기까지 그리면 답을 알 수 있습니다. 상자는 5개가 필요하며, 상자 한 개에는 풍선이 4개 들어 있습니다. 그림을 그릴 때는 자세히 그리거나 예쁘게 그릴 필요가 없습니다. 간단한 동그라미나 네모, 선 등으로 알아볼 수 있게만 그리는 것이 좋습니다.

<방법 3> 표를 만들어 해결하기

[문제] 100원짜리, 50원짜리, 10원짜리 동전으로 160원을 만들 수 있는 방법은 모두 몇 가지일까요?

이 문제처럼 여러 가지 경우를 따져봐야 할 때는 아래처럼 표를 만드는 것이 좋습니다.

	경우 1	경우 2	경우 3	경우 4	경우 5
100원짜리	1개	0개	0개	0개	0개
50원짜리	1개	3개	2개	1개	0개
10원짜리	1개	1개	6개	11개	16개

<방법 4> 거꾸로 생각하여 해결하기

[문제] 놀이터에서 어린이 5명이 놀고 있었습니다. 잠시 후 8명이 더 와서 함께 놀다가, 6명이 집으로 돌아갔습니다. 놀이터에 남아 있는 어린이는 몇 명인가요?

이 문제는 처음부터 순서대로 식을 세워 해결하면 됩니다.

5+8 = 13, 13-6 = 7

[답] 놀이터에 남아 있는 어린이는 7명

그런데 이 문제는 거꾸로 생각하여 해결해야 합니다.

[문제] 놀이터에서 어린이들이 놀고 있었습니다. 잠시 후 7명이 더 와서 함께 놀다가, 12명이 집으로 돌아가고 10명이 남았습니다. 처음에 놀이터에 있던 어린이들이 몇 명인지 알아봅시다.

10+12 = 22 (거꾸로 생각해서 집으로 돌아간 12명을 놀이터로 돌아오게 합니다.)

22-7 = 15 (거꾸로 생각해서 더 왔던 7명은 되돌려 보냅니다.)

[답] 처음에 놀이터에 있던 어린이는 15명

(4) 정리해 볼게요.

초등학교 시험 문제에서 아이들이 어려워하는 문제는 문장제 문제와 서술형 주관식 문제입니다. 이 중 문장제 문제를 잘 풀려면 꾸준히 책을 읽으면서 기본적인 읽기 능력을 길러야 하고, 기본적인 문장제 문제 해결 방법을 배운 후 다양한 유형의 문장제 문제를 풀어봐야 합니다.

책을 꾸준히 읽었고 수학 교과서를 제대로 공부했다면 웬만한 문장제 문제는 어렵지 않게 파악을 할 수 있고요. 문제를 이해했다면 어떤 방법으로 풀 것인지를 정해야 합니다. 위에서 살펴본 4가지 방법 중 한 가지를 선택할 수도 있고, 두 가지 방법을 함께 사용할 수도 있습니다. 배운 방법을 응용해서 새로운 방법으로 문제를 풀 수도 있습니다.

문장제 문제 해결 능력은 단기간에 길러지는 능력이 아닙니다. 교과서 공부부터 확실하게 해야 하고, 꾸준히 연산 연습도 해야 하고, 적합한 난이도의 수학 문제집을 학기당 2권 정도 풀어봐야 합니다. 이런 노력이 종합적으로 쌓였을 때 난이도가 높은 문장제 문제, 처음 보는 문장제 문제도 풀어낼 수 있게 됩니다. 이는 수영이나 자전거 타기 같이 몸이 익히는 능력이기 때문에 제대로 갖추기만 하면 단기간에 쉽게 사라지지도 않습니다. 가장 좋은 방법이면서 동시에 유일한 방법이니 잘 진행하시기를 바랍니다.

5 서술형 주관식 - 쓰기보다 말부터 시작해야 해

(1) 서술형 주관식 문제란 이런 것이에요.

아이들이 학교 시험에서 가장 어려워하는 문제는 서술형 주관식 문제입니다. 그런데 수학에서 서술형 주관식 문제는 초등학교 1학년 때부터 나옵니다. 1~2학년 때에는 국어와 수학 시험에서 서술형 주관식 문제를 만나게 되고요. 3학년 이후부터는 국어, 수학, 사회, 과학 시험에서 만나게 됩니다. 아이들은 왜 서술형 주관식 문제를 어려워할까요?

서술형 주관식 문제는 글쓰기 문제입니다. 그리고 원래 쓰기는 어렵습니다. 듣기, 말하기, 읽기, 쓰기 중에서 가장 어려운 것이 쓰기입니다. 게다가 수학 서술형 주관식 문제는 자유로운 글쓰기가 아니라 정해져 있는 정답을 써야 하기 때문에 내 맘대로 쓰지도 못하며, 글도 논리적으로 써야 합니다. 초등학교 중학년까지는 쓰기는커녕 논리적으로 생각하기도 어려운데, 초등학교 1학년 때부터 논리적으로 생각도 하고, 생각한 것을 글로 쓰라고 하니까 어려운 것입니다. 다음은 어느 초등학교 1학년 수학 시험에 출제된 서술형 주관식 문제입니다.

〈초등학교 1학년 서술형 주관식 문제〉

성진이는 연필을 7개 가지고 있고, 현서는 연필을 성진이보다 5개 더 많이 가지고 있습니다. 성진이와 현서가 가지고 있는 연필은 모두 몇 개인지 풀이 과정을 쓰고 답을 구하세요.

[풀이 과정] 성진이가 가지고 있는 연필은 7개인데 현서는 성진이보다 연필을 5개 더 가지고 있으므로 현서가 가지고 있는 연필은 7+5=12로 12개이다. 그리고 연필 전체의 수는 성진이의 연필과 현서의 연필을 더해야 하므로 7+12=19로 19개이다.

[답] 19개

이 서술형 주관식 문제에서 연산은 덧셈뿐입니다. 연산 자체는 쉽습니다. 그보다 어려운 것은 몇과 몇을 더해야 하는지 생각하는 것(사고)과 자신이 한 생각들을 차근차근 논리적으로 쓰는 것입니다. 즉, **수학적 사고력과 글쓰기 능력이 핵심**입니다. 따라서 연산 훈련이 잘되어 있더라도 수학적 사고력과 글쓰기 능력이 훈련되어 있지 않으면 서술형 주관식 문제를 제대로 풀 수 없습니다. 이러한 서술형 주관식 문제의 출제 비중은 30~50% 정도입니다. 심지어 100% 서술형 주관식 문제가 출제되는 학교도 있습니다. 아래 문제는 교육청에서 발표한 초등학교 4학년 서술형 주관식 예시 문제입니다.

다음 수직선을 보고 물음에 답하시오.

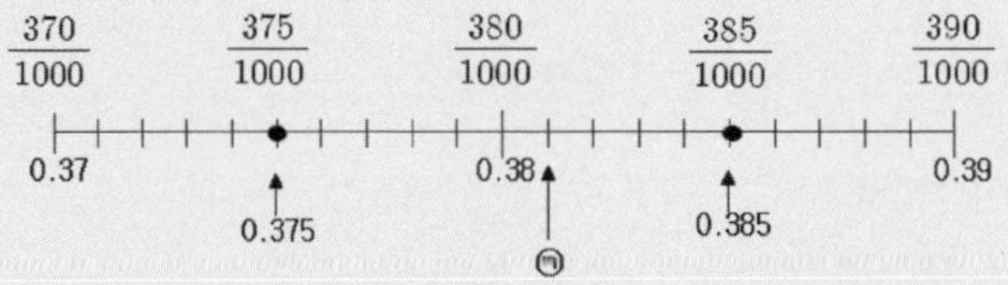

1. ㉠에 알맞은 수를 분수와 소수로 나타내고, 소수를 읽어 보시오.

분수 : ________ 소수 : ________ 읽기 : ________

2. 왜 그렇게 나타낼 수 있는지 그 까닭을 설명하시오.

____

2번 문제는 우리 부모들이 배웠던 수학에서는 낯선 문제입니다. ㉠은 0.381이죠. '0.381을 0.381이라 하는데 왜 0.381이라 하냐고 물으면 뭐라 해야 하나?' 싶습니다. 답은 이렇게 써야 합니다.

[답] 분수 : $\frac{381}{1000}$ 소수 : 0.381 읽기 : 영점삼팔일

0.38에서 0.39까지가 0.01이다. 0.38에서 ㉠까지는 0.01을 10개로 나눈 것 중 하나이므로 0.001이다. ㉠은 0.38보다 0.001이 더 많은 것이므로 0.381이다. 0.381은 1을 똑같은 크기로 1000개로 나눈 것 중 381개에 해당하므로, 이를 분수로 나타내면 $\frac{381}{1000}$이다.

이 문제의 채점 기준은 이렇습니다.

4점	분수와 소수로 나타낼 수 있으며 그 이유도 정확히 설명한 경우
2점	분수와 소수로 나타내었으나 그 이유가 정확히 설명되지 않은 경우
1점	분수와 소수는 나타내었으나 이유를 쓰지 못한 경우

아래 문제는 초등학교 2학년 서술형 주관식 문제입니다.

〈초등학교 2학년 서술형 주관식 문제〉

'4×3= '의 풀이 과정과 답을 쓰세요.

이 문제의 답은 12입니다. 그런데 우리 부모들이 배웠던 수학 입장에서 보면 '12인 것을 12라고 했는데 풀이 과정을 쓰라고 하면 뭘 써야 하나?' 싶습니다.

(2) 서술형 주관식 문제 해결 연습은 개념을 적용해야 해요.

수학은 벽돌 쌓기입니다. 기초 단계부터 탄탄하게 차곡차곡 실력을 쌓아 올려야 계속 잘할 수 있습니다. 문장제 문제 해결 능력과 서술형 주관식 문제 해결 능력도 마찬가지입니다. 기초 단계, 쉬운 단계부터 직접 문제를 해결하는 경험을 차곡차곡 쌓아 올려야 합니다. 따라서 간단한 덧셈을 시작하면 단순 연산이 어느 정도 익숙해졌을 때 간단한 서술형 주관식 문제를 풀어보게 해야 합니다. 예를 들어 '2+3 ='과 같은 간단한 덧셈 문제에서 '2+3이 왜 5인지'를 설명하게 합니다. 여기서 중요한 것은! 개념을 적용해야 설명할 수 있다는 것입니다. 그래서! 개념 적용 학습이 중요합니다!!!

- '2'는 둘입니다.
- '3'은 셋입니다.
- 덧셈식에서 '+'는 '+의 앞에 있는 것과 뒤에 있는 것을 모은 다음, 모두 몇 개인지 수를 세는 것'입니다.
- '+'의 앞에 있는 둘과 뒤에 있는 셋을 모두 모아 세면 다섯입니다. 다섯은 숫자로 '5'입니다. 따라서 2+3 = 5입니다.

이처럼 '2+3이 왜 5인지'를 설명할 수 있으려면 개념을 적용해야 합니다. 2가 무엇이고, 3이 무엇이고, +가 무엇이고, 2와 3을 더하면 모두 몇 개이고, 그 수를 니디내는 숫지(기호)는 무엇인지 등등

아래 문제도 개념을 적용하면 쉽게 해결할 수 있습니다.

〈초등학교 2학년 서술형 주관식 문제〉

'4×3= '의 풀이 과정과 답을 쓰세요.

위 문제도 '×'의 개념을 적용하면 쉽게 해결할 수 있고요. '×'는 '어떤 수나 식을 여러 번 더하는 것'입니다.

[답] 4×3은 4를 3번 더하는 것입니다. 4를 3번 더하면 4+4+4=12입니다.

따라서 4×3=12입니다.

이처럼 서술형 주관식 문제 해결력을 제대로 훈련하려면 **기초 단계에서 개념을 적용해 설명하는 연습을 함께 진행**해야 합니다.

(3) 서술형 주관식 문제 해결 연습은 말하기 위주로 해야 해요.

초등학교 2학년 서술형 주관식 문제를 한 번 더 보겠습니다.

〈초등학교 2학년 서술형 주관식 문제〉

'4×3= '의 풀이 과정과 답을 쓰세요.

위 문제는 아래와 같이 풀이 과정을 수식으로 써도 답으로 인정하기도 합니다.

[답] 4×3 = 4+4+4 = 12

하지만 서술형 주관식 문제는 가급적 수식과 글을 섞어서 쓰는 것이 좋습니다. 풀이 과정을 수식만으로 쓸 수 있는 문제도 있지만 풀이 과정을 글로 써야 하는 문제도 있기 때문입니다. 이 경우처럼요.

과거에 직사각형의 넓이를 구하는 문제는 가로 곱하기 세로를 해서 답을 구하면 끝이었다. 하지만 지금은 정사각형 1개 단위 넓이를 1로 주고 직사각형 안에 정사각형이 몇 개 들어가는지를 논리적으로 설명해야 답으로 인정받게 됐다.

이처럼 서술형 주관식 문제의 답은 글로 써야 하지만, 아이가 어렸을 때는 서술형 주관식 문제를 연습할 때 글로 쓰지 말고 말하기로 하는 것이 좋습니다. 왜 그럴까요?

서술형 주관식 문제도 기초 단계부터 자꾸 풀어봐야 잘하게 됩니다. 그럼, 기초 단계 때부터 서술형 주관식 문제를 풀 때마다 쓰기를 해야 할까요? 아닙니다. 쓰지 말고 말하게 합니다. 말하기와 쓰기는 어떤 차이가 있을까요? 말하기는 자기 생각을 말로 표현하는 것이고, 쓰기는 자기 생각을 글로 표현하는 것입니다. 말하기와 쓰기는 둘 다 '자기 생각'이라는 콘텐츠(내용)를 외부로 표현하는 방법입니다. 다른 점은 말하기가 쓰기보다 쉽다는 것입니다.

초등학교 중학년까지는 생각하는 것도 쉽지 않은데 생각을 글로 쓰라고 하면 아이들에게는 너무 큰 부담이 됩니다. 생각을 잘해야 말도 잘할 수 있고, 글도 잘 쓸 수 있으므로 초등학교 중학년까지는 생각하기를 더 중요하게 여겨야 합니다. 그래서 서술형 주관식 문제를 풀때에는 글보다는 말로 설명하게 하는 것이 좋습니다. 게다가 초등학교 1~2학년은 말로 설명하는 것도 힘들어하는 시기입니다. 그래서 서술형 주관식 문제가 4~5문제 정도 있다면 초등학교 1~2학년 때에는 1~2문제 정도만 말로 설명해 보게 하고요. 초등학교 3~4학년 때에는 1~2문제는 말로 설명하고, 1문제 정도만 글로 쓰게 하는 것이 좋습니다. 근데 이렇게만 연습하면 초등학교 1~2학년 때 학교 시험에 나오는 서술형 주관식 문제에서 점수가 깎일 수도 있는데요. 점수 몇 점 깎이는 게 더 중요할까요? 수학이 싫어지지 않게 하는 게 더 중요할까요? 초등학교 1~2학년 시기는 주어진 문제 잘 읽고, 잘 이해하고, 잘 생각해서 답만 잘 구해도 훌륭하게 생각해야 하는 시기입니다.

그리고 아이가 풀이 과정을 글로 썼을 때 가장 중요한 것은 내용입니다. 하지만 엄마 눈에는 삐뚤삐뚤한 글씨 모양도 보이고, 맞춤법에 맞지 않는 부분도 보이고, 매끄럽지 않은 표현도 보입니다. 이는 모두 엄마의 욕심입니다. 아이에게 너무 많은 것을 요구하지 마세요. 글을 쓴다는 것 자체가 진짜 어렵고 힘든 일입니다. **글 내용에 초점을 맞춰서 아낌없이 격려해 주며 천천히 이끌어 주어야 합니다.**

6 사고력 수학, 꼭 해야 할까? 한다면 언제부터?

(1) 사고하지 않는 수학도 있나?

'사고력 수학'이란 무엇일까요?

* 사고 ⇒ 생각 사(思) + 생각할 고(考)

'사고'란 '생각하고 생각하는 것'인데요. 사고(생각)하지 않는 학습은 없습니다. 사고(생각)하지 않는 수학도 없습니다. 사고력 수학만 생각하는 수학은 아니고요. 연산을 할 때조차도 사고를 합니다. 그럼, 사고력 수학이란 뭔가 다른 생각을 하는 수학이 아닐까요? 두 문제를 비교해 보겠습니다.

[문제 1] 38+45 =

[문제 2]

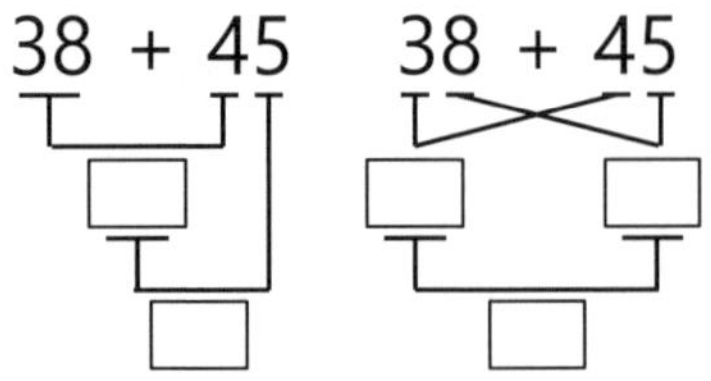

첫 번째 문제는 단순 계산 문제이고요. 두 번째 문제는 생각을 꽤 해야 하는 문제입니다. 두 문제 모두 학교 시험에 나올 수 있는 문제이며, 당연히 두 문제 모두 풀 수 있어야 합니다. 어쨌든 둘 다 사고를 해야 하는 문제이고요. 사고의 양과 난이도에 차이가 좀 있습니다. 문제 사례를 더 보겠습니다.

[문제 1] 가로, 세로 1cm의 정사각형을 이용해서 넓이가 $4cm^2$인 정사각형을 그리시오.
[문제 2] 가로, 세로 1cm의 정사각형을 이용해서 넓이가 $2cm^2$인 정사각형을 그리시오.

넓이가 $4cm^2$인 정사각형은 이렇게 그리면 됩니다. 금방 생각해 낼 수 있죠.

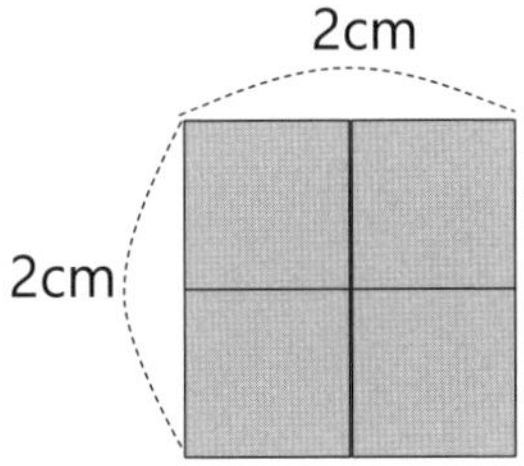

그럼, 넓이가 $2cm^2$인 정사각형은 어떻게 그려야 할까요? 정사각형이기 때문에 가로와 세로의 길이가 같아야 합니다. 가로 길이가 2cm이고, 세로 길이가 1cm인 사각형의 경우, 넓이는 $2cm^2$이지만 정사각형은 아니기 때문에[문제 2]의 답이 아닙니다. 이 문제는 답을 쉽게 생각해 내는 아이도 있지만 대부분은 풀더라도 시간이 많이 걸리고요. 답을 구하지 못하는 아이들이 더 많습니다. [문제 2]의 정답은 다음과 같습니다.

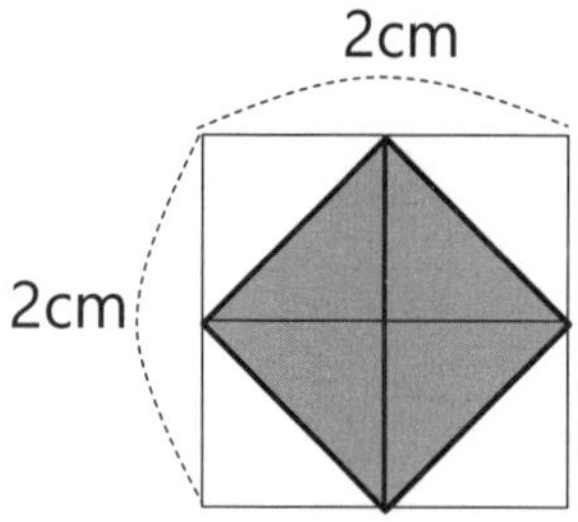

[문제 1]에 비해 [문제 2]는 창의적인 사고력을 필요로 합니다. 그럼, [문제 1]은 중요하지 않을까요? 아닙니다. [문제 1]은 기초 단계의 문제인데요. 기초가 탄탄해야 [문제 2]도 풀 수 있습니다. 따라서 두 문제 모두 중요하고요. [문제 1]은 전형적인 내신 문제 유형이고, [문제 2]가 전형적인 경시대회 유형, 사고력 수학 유형의 문제입니다. 즉, 수학 문제는 모두 사고를 요구하는 문제인데 문제 유형에 따라 내신 문제와 사고력 수학 문제로 구분하는 것입니다.

(2) 사고력 수학이 제일 중요한가?

아래 문제를 다시 보세요.

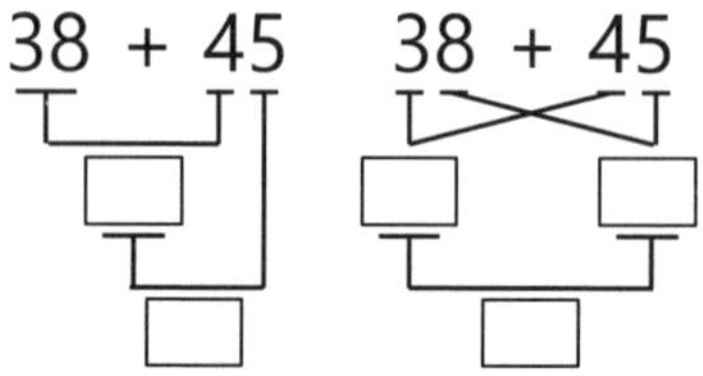

이 문제를 풀려면 덧셈을 할 줄 알아야 하고, 자릿값의 개념을 정확히 알고 있어야 합니다. 이 문제도 다시 보세요.

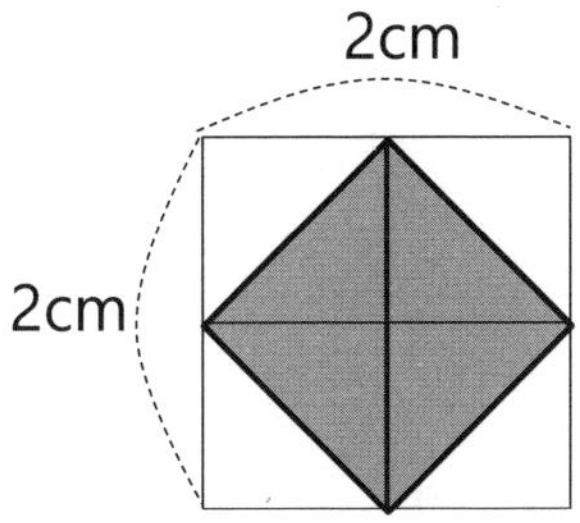

이렇게 그림을 그리려면 넓이의 개념과 정사각형의 개념을 알고 있어야 하고, 직사각형을 대각선으로 나누었을 때 양쪽의 넓이가 같다는 것을 알아야 합니다. 이처럼 사고력 수학의 기초는 교과서 수학입니다. 따라서 **교과서 수학 학습이 제대로 되어 있지 않으면 사고력 수학 학습도 제대로 될 수가 없습니다.** 즉, 먼저 해야 하는 것은 사고력 수학이 아니라 교과서 수학이고요. 더 중요한 것은 사고력 수학이 아니라 교과 수학입니다. 그런데 안타까운 것은, 교과서 수학 학습이 충분하게 진행되지 않고 있는데 사고력 수학까지 병행하는 경우가 꽤 많다는 것입니다.

(3) 사고력 수학은 언제 어떻게 해야 하나?

앞에서 말씀드렸듯이 사고력 수학의 기초는 교과서 수학입니다. 따라서 교과서 수학 학습을 제대로 하는 것이 최우선입니다. 교과서 수학 학습을 제대로 한다는 것은 어떻게 하는 걸까요?

우선 책을 꾸준히 읽어야 하고요. 개념 중심 학습을 탄탄히 해야 합니다. 그다음 적당한 난이도의 내신 문제집을 풀면서 문제 해결력을 길러야 합니다. 연산 연습도 꾸준히 해야 하고요. 그리고 서술형 주관식 문제 연습도 종종 해야 합니다.

여기까지만 충실히 해도 일정 수준 이상의 수학적 사고력이 길러집니다. 그리고 대부분의 아이들은 이 이상으로 수학 공부를 더 하는 것을 부담스러워할 것입니다. 만약 아이가 ① 수학에 많은 관심을 보이고, ② 수학을 잘하고, ③ 수학 학습을 더 하는 것을 감당할 수 있다면! ①~③까지의 3가지 조건을 모두 만족한다면 사고력 수학을 추가로 진행하는 것이 좋습니다. 반대로 3가지 조건 중 하나라도 맞지 않는다면 굳이 사고력 수학을 할 필요는 없습니다.

초등학교 입학 전에 사고력 수학을 진행하는 경우도 적지 않은데요. 이 시기의 사고력 수학은 본격적인 사고력 수학이라기보다는 '수학'을 소재로 한 사고력 기르기로 생각됩니다. 사고력 수학의 기초가 교과서 수학이므로 본격적인 사고력 수학은 교과서 수학 학습을 진행한 다음에 해야 합니다. 예를 들어 초등학교 1학년 1학기 수학 교과서 학습을 진행했다면 그다음 초등학교 1학년 1학기 교과서 내용으로 만든 사고력 수학을 진행해야 합니다. 1부터 9까지의 수의 개념을 학습했다면 1부터 9까지의 수를 사용한 사고력 수학을 진행해도 되지만 10의 개념을 학습하지 않은 상태에서 10을 사용한 사고력 수학은 진행하지 말아야 합니다. 이처럼 사고력 수학을 언제 할 것인가는 5세나 6세 등의 나이로 정하는 것이 아니라 기초 단계의 수학 학습 진행 상황을 보고 정해야 합니다.

개인적으로는, 사고력 수학은 진짜 수학을 잘하는, 수학 학습 능력이 그냥 상위 수준이 아니라 최상위 수준의 아이들에게만 필요하다고 생각합니다. 그리고 그런 아이들은 소수입니다. 그렇지 않은 다수의 아이들은 교과서 학습부터 제대로 하고, 전국 단위의 수학 시험에서 상위권을 차지하기 위해 난이도 최상위의 내신 대비 문제집만 풀어도 충분하다고 생각합니다.

사고력 수학 문제집을 선택할 때는 주의 사항이 있습니다.

첫째, 이름은 사고력 문제집인데 안에 있는 문제들은 학교 시험 대비 내신 문제와 비슷한 경우입니다. 이 경우라면 내신 문제집을 또 푸는 것이 되기 때문에 굳이 선택할 이유가 없습니다.

둘째, 학습 분량을 잘 조절해야 합니다. 사고력 문제집도 영역별, 단계별로 세분화되어 있습니다. 초등학교 수학은 5가지 영역으로 구분합니다. 수와 연산, 도형, 측정, 규칙성, 자료와 가능성인데요. 만약 사고력 문제집이 나이별 그리고 영역별로 구분되어 있다면 7세용 사고력 문제집만 5권이 될 수도 있고요. 한 해에 사고력 문제집 5권을 모두 풀리는 것은 아이에게 지나친 학습 분량이 될 수 있습니다.

셋째, 독서나 영어 진행에 영향을 주지 않는 선에서 활용해야 합니다. 예를 들면 초등학교 1학년인데 교과 수학에 창의 수학에 사고력 수학까지 하면서 책 읽을 시간이 나오지 않는 경우입니다. 초등학교 1학년 때 가장 중요한 것은 독서에 집중하면서 문해력을 최대한 끌어올리는 것입니다. 그런데 수학 때문에 독서 시간이 나오지 않는다는 것은, 덜 중요한 것 때문에 더 중요한 것을 놓치고 있는 것이 됩니다.

넷째, 수학 영재 수준의 아이라면 적극적으로 사고력 수학을 진행해야 합니다. 수학 학습에서 사고력 수학이 교과나 내신 수학만큼 중요한 아이들도 있습니다. 바로 수학 영재에 가까운 아이들인데요. 고등학교 진학 때 영재고나 유명한 자사고나 특목고 과학고에 진학하는 아이들입니다. 이 아이들은 타고난 수학 머리도 좋고, 노는 것만큼이나 수학 문제 푸는 걸 좋아하며, 고난이도 문제가 나오면 쉽게 포기하지 않는 아이들입니다. 이런 아이들은 교과 수학과 사고력 수학을 병행하는 것이 좋은데요. 다만 그 수가 극소수이며, 내 아이가 해당할 확률은 매우 낮습니다.

아이가 5~6세라면 사고력 수학을 하면 좋습니다. 다만 아이가 재밌게 할 수 있는 사고력 수학이어야 하고요. 즐거운 수학 경험 정도로만 생각하고 진행하는 것이 좋습니다. 그리고 7세부터는 교과 수학과 내신 수학을 1순위에 두고 진행해야 하고요. 일주일에 1회 정도 가볍게 사고력 수학을 병행하는 것은 괜찮습니다. 아이가 수학 영재 수준 또는 전국 기준 최상위권 수준이 아니라면, 사고력 수학은 메인이 아닌 서브로 가볍게 활용만 하시길 추천합니다.

7 내 딸을 서울대에 보낼 수 있었던 초등 수학 공부 방법

(1) 매일 꾸준히? 일주일에 한두 번 몰아서?

수학은 일주일에 한두 번 몰아서 하는 것보다 정기적으로 꾸준히 하는 것이 좋고, 그 이유는 수학도 하나의 언어이기 때문이라고 했습니다. 국어는 언어입니다. 영어도 언어입니다. 근데 수학도 언어입니다. 언어를 사용하는 활동은 듣기, 말하기, 읽기, 쓰기 활동입니다. 이 중 읽기라는 것은 약속한 기호를 읽는 것입니다. 단순히 기호만을 읽은 것이 아니라 기호에 담겨 있는 의미를 파악하며 읽어야 합니다. 그리고 쓰기라는 것은 약속한 기호로 표현하는 것입니다. 단순히 기호를 쓰기만 하는 것이 아니라 기호에 의미를 담아 표현해야 합니다. ㄱ, ㄴ, ㄷ, ㄹ, ㅏ, ㅑ, ㅓ, ㅕ 등의 기호를 사용해서 '철수는 영희를 사랑합니다.'라고 쓰면 '철수'라는 사람이 '영희'라는 사람을 사랑한다'는 의미가 담깁니다.

수학도 비슷합니다. 1, 2, 3, 4, +, -, = 등은 모두 약속한 기호입니다. 이 기호를 사용해서 '9-4 = 5'라고 쓰면 기호에 의미를 담아 표현한 것이 됩니다. '(뭔지는 모르겠지만 무언가) 아홉 개가 있었는데 그중 네 개가 없어져서 다섯 개가 남았다.'라는 의미를 표현한 것입니다. '8÷2 = 4'라고 쓰면 '(뭔지는 모르겠지만 무언가) 여덟 개가 있는데 두 사람이 나누어 가지면 한 사람의 몫은 4개이다.'라는 의미를 표현한 것입니다. 이처럼 약속한 기호를 사용해서 의미를 담아 표현한다는 측면에서 보면 수학도 국어나 영어처럼 언어라고 할 수 있습니다. 그런데 언어는 일주일에 한두 번 몰아서 하는 것보다 매일 꾸준히 하는 것이 훨씬 효과가 크죠. 그래서 수학도 매일 꾸준히 해야 좋습니다. 다만, 초등 때 독서에 영어에 수학까지 매일 하면 좀 부담스럽기 때문에, 수학은 일주일에 3일 정도 진행을 추천하는 편입니다.

그러면 국어를 잘하는 사람이 수학도 잘할 수 있지 않을까요? 국어를 잘하는 사람은 잘 읽고 잘 쓰는 사람입니다. 잘 읽는다는 것은 기호를 읽어 그 속에 담겨 있는 의미를 잘 파악하는 것입니다. 그리고 잘 쓴다는 것은 내 생각을 기호로 잘 표현하는 것입니다. 수학은 어떨까요? 수학도 기호를 잘 읽고, 생각을 기호로 잘 표현하는 사람이 잘합니다. 게다가 글쓰기의 일종인 서술형 주관식 문제까지 출제되고 있기 때문에 수학도 국어처럼 읽기 능력과 쓰기 능력이 중요합니다. 그래서 요즘은 국어를 잘하는 사람이 수학 학습에 더 유리한 측면도 있습니다. 국어, 영어, 수학 세 과목은 모두 언어 또는 언어적 성격이 강한 과목입니다. 그래서 일주일에 한두 번 몰아서 하는 것보다 매일 꾸준히 하는 것이 훨씬 효과적입니다.

(2) 하루 학습 분량은 시간으로? 문제 수로?

하루 수학 학습 분량을 시간으로 정하는 것이 좋을까요? 문제 수로 정하는 것이 좋을까요? 연산은 문제 수로 정하는 것이 좋습니다. 하루에 20~30문제 정도를 매일 꾸준히 풀게 합니다. 반대로 문제집을 풀 때에는 시간으로 정하는 것이 좋습니다. 만약 하루에 40분 수학 학습을 진행한다면 먼저 연산 20문제를 풀게 합니다. 그다음 남은 시간 동안 문제집을 풀게 합니다.

그런데 아이가 문제집에 있는 문제를 풀다가 중간 중간에 딴생각을 하거나 딴짓을 한다면 실제로 수학 학습을 진행한 시간은 30분보다 적을 것입니다. 이는 아이의 잘못이 아닙니다. 거의 대부분의 아이들은 초등학교 1학년 때부터 매일 정해진 시간 동안 스스로 집중력을 유지할 준비가 되어 있지 않습니다. 집중력을 유지하는 것도 훈련이 필요합니다. 따라서 수학 학습을 하는 동안에는 가급적 엄마가 옆에 있어 주는 것이 좋습니다.

아이가 문제집을 푸는 동안 엄마는 옆에서 책을 봅니다. 이는 아이를 감시하는 것이 아니라 **집중력을 유지하는 데 도움이 되는 환경을 만드는 것입니다.** 주변이 시끌벅적할 때, 주변에 아무도 없고 혼자 있을 때, 주변 사람들이 모두 공부하고 있을 때 중에서 학습에 집중하기 좋은 환경은 주변 사람들이 모두 공부하고 있을 때입니다.

그리고 하루 학습 분량을 문제 수로 정하면 단원에 따라 문제가 생길 수 있습니다. 수 영역은 쉽게 학습하는 데 유독 도형 영역을 어려워하는 아이도 있습니다. 이 아이의 경우 하루에 10문제씩 풀기로 하면, 수 영역은 잘하므로 학습 시간이 30분을 넘기지 않습니다. 그런데 도형 문제를 만나자, 시간이 오래 걸리기 시작합니다. 5문제 풀었는데 벌써 30분이 지났습니다. 아이는 지치기 시작하고요. 집중력도 현저히 떨어집니다. 그 모습을 보면 엄마는 아이가 이해되는 것이 아니라 집중력 부족부터 생각하게 됩니다.

그래서 하루 학습 분량을 시간으로 정하는 것이 좋습니다. 쉬운 단원은 문제를 많이 풀고, 어려운 단원은 문제를 적게 풀게 됩니다. 몇 문제를 풀었느냐가 중요하지 않습니다. **정해진 시간 동안 집중해서 열심히 학습했느냐가 중요**합니다.

(3) 초등학교 수학 시험 점수는 거품인가?

강연회 때 만난 한 부모님이 이렇게 말씀하셨습니다. "집 근처 학원에 보냈더니 3개월 만에 학교 성적이 오르던데요." 물론 학교와 학원에서 열심히 '배울 학'을 한 아이에게는 가능한 이야기입니다. 그런데 중요한 것은, 최종 목표가 초등학교 시험이 아니라는 거죠. 일단 초등학교 시험은 난이도가 낮습니다. 학교 시험이 어려우면, 아이들 성적이 좋지 않게 나오고요. 그러면 부모님들이 불안해져서, 학원에 보내려는 부모님이 많아지고, 그러면 사교육비가 증가하고, 여론이 시끄러워집니다. 이런 이유 때문에 초등학교 수학 시험 문제는 난이도가 낮은 편입니다.

그리고 출판사에서는 학교 시험에 나올 만한 문제를 최대한 많이 만들어서 문제집과 학원 교재에 담아 놓습니다. 그래서 아이가 학교와 학원에서 문제 풀이 강의를 열심히 들었다면, 학교 시험에 나올 만한 문제는 모두 풀이 과정을 보았기 때문에 시험을 잘 볼 수밖에 없습니다. 그런데 상위권 대학교에 입학하기 위해서는 난이도가 높은 문제들을 풀 수 있어야 합니다. 즉, 초등학교 때 학교 시험 잘 봤다고 해서 아이가 전국 기준으로 상위권 수준이라고 판단할 수는 없습니다.

그리고 초등학교 때 학교 시험 점수만을 중요하게 생각하고 시험 잘 보게 하려고 문제 풀이 강의식 학원 수업을 많이 받게 할 경우에는 자칫 부작용이 생길 수도 있습니다. 학년이 올라가면서 아이가 이런 말을 할 수도 있습니다. "전에 보았던 문제는 풀 수 있는데, 처음 보는 문제는 풀지 못하겠어요." 학원에서 문제 풀이 강의를 많이 들었기 때문에 강의에서 본 문제나 비슷한 유형의 문제는 해결하지만, 문제 풀이 과정을 본 적이 없는 새로운 유형의 문제나 복잡한 문제는 해결하지 못하게 된 겁니다.

그래서 초등학교 때에는 **학교 시험 점수 몇 점 몇 점에 큰 의미를 둘 필요가 없습니다.** 물론 학교 시험 점수마저 낮게 나온다면 기초 학습 단계부터 문제가 없는지 다시 점검을 해야 합니다. 하지만 학교 시험 점수가 90점, 95점 이상이라고 해서 내 아이가 수학을 아주 잘하는 아이라고 판단하는 것은 위험하고요. 점수 몇 점 더 끌어올리기 위해 문제 풀이 강의를 많이 보게 하는 것은 아이의 수학 실력 향상에 그다지 도움이 되지 않습니다.

(4) 초등 수학에서 핵심은 성적일까? 엉덩이의 힘 기르기일까?

수학 공부와 관련해서 아이들을 3가지 유형으로 나눌 수 있습니다.

첫 번째 유형은 수포! **수학을 포기한 아이**입니다. '일반고의 절반이 수포자'라는 말까지 있을 정도로 심각합니다. 이 아이들은 학교와 학원 수업 시간에 집중하지 못합니다. 집중해도 이해가 잘되지 않습니다. 물론 이해한 것이 없으니 익힐 수도 없습니다. 그러다 결국 수포자(수학 포기자)가 됩니다.

두 번째 유형은 **새로운 문제나 난이도가 높은 문제를 어려워하는 아이**입니다. 학교와 학원 수업 시간에는 집중해서 배우지만, 스스로 익히는 시간이 부족한 아이들입니다. 새로운 문제나 어려운 문제는 잘 풀지 못합니다. 학년이 올라갈수록 점수는 점점 떨어집니다.

세 번째 유형은 **새로운 문제나 난이도가 높은 문제도 해결하는 아이**입니다. 학교나 학원 수업 시간에 집중해서 배운 다음, 스스로 꾸준하게 익히는 아이들입니다. 복잡한 문제도 잘 풀어냅니다. 학년이 올라가도 성적이 떨어지지 않습니다. 그렇다면! 어떻게 해야 세 번째 유형의 아이가 될 수 있을까요?

간단합니다. 학교나 학원에서 선생님이 문제 푸는 것을 많이 보는 것보다 스스로 문제를 해결하는 시간이 더 많아야 합니다. 그러려면 스스로 문제를 해결했을 때의 재미를 자꾸 느껴봐야 합니다. 꿀맛을 많이 본 곰이 더 끈질기게 벌집에 매달리는 것처럼, 수학 문제를 해결했을 때의 즐거움을 많이 경험한 아이일수록 인내심과 끈기를 가지고 수학 문제를 해결하려 합니다. 흔히 말하는 **'엉덩이의 힘'**이 생기는 것입니다. 그래서 수학 공부를 처음 시작할 때 중요한 것 중 하나가 **문제 해결의 즐거움을 경험하는 것**입니다. 그러기 위해서는 몇 가지 주의할 사항이 있습니다.

첫째, **무언가를 빨리 기억할 필요가 없습니다.** "아이가 이제 5살인데 벌써 50까지 세요!" 50까지 세는 것은 핵심이 아닙니다. 순서대로 50까지 나열하는 것이라면 단순히 암기한 것이며, 암기한 것은 기억에서 금방 사라집니다. 수학은 기억이 아니라 문제 해결력이 핵심입니다. 많이 기억하는 것보다는 많이 생각하는 것이 더 중요합니다.

둘째, **수학 문제는 양보다 질이 더 중요합니다.** 이미 충분히 풀 수 있는 문제를 10문제 더 푸는 것보다, 처음 보는 조금 어려운 문제를 1문제 풀어보는 것이 학습 효과가 훨씬 높습니다.

셋째, **혼자 힘으로 풀어야 합니다.** 다른 사람이 5문제 푸는 것을 보는 것보다 혼자 힘으로 1문제를 풀었을 때 학습 효과가 더 높습니다.

수학 문제를 해결했을 때의 즐거움을 많이 맛본 아이는 수학에 대해 이렇게 생각합니다. "문제가 잘 풀리지 않으면 좀 답답할 때도 있지만 그럴수록 문제를 풀었을 때 기분은 더 좋아요." 또는 "어떤 문제든 풀 수 있는 방법은 있어요. 쉽고 어렵고의 차이가 있을 뿐이죠." 또는 "문제가 너무 쉬우면 시시해요. 좀 복잡해야 '어디 한번 해 보자!'라는 생각이 들죠." 또는 "좀 풀어보다 막힌다고 해서 풀이를 보면 안 돼요. 그것도 습관이거든요. 금방 포기하는 습관이요. 끝까지 내 힘으로 풀어야 나중에 더 어려운 문제도 풀게 돼요." 수학에 대해 이와 같은 태도를 가지고 있는 아이들이 수학 마라톤에서 좋은 성적을 내게 됩니다.

(5) 여우가 잘할까? 곰이 잘할까?

수학 학습은 초등학교 1학년부터 고등학교 3학년까지 12년 동안 해야 하는 기나긴 마라톤 경주입니다. 마라톤 경주를 보면, 처음부터 반드시 1등을 할 필요는 없지만 초반에 선두권과 너무 많이 벌어지면 중후반에 따라잡거나 역전하는 것이 불가능합니다. 수학도 마찬가지입니다. 사회나 과학은 초등학교나 중학교 때 좀 못했더라도 고등학교 때 집중해서 열심히 공부하면 어느 정도는 만회할 수 있습니다. 하지만 수학은 다릅니다. 초등학교 때 어느 정도 선두권을 유지하지 못하면 중학교 때 따라잡는 것이 쉽지 않습니다. 중학교 때에도 선두권 안에 들지 못하면 고등학교 때 따라잡는 것은 거의 불가능합니다. 그래서 수학은 마라톤 경주처럼 **처음부터 선두권을 유지하거나 바로 뒤를 따르면서 내 페이스를 꾸준히 끌어올려야 합니다.**

출발 지점인 초등 저학년 때에는 타고난 '논리-수학적 지능'이 높은 아이들이 유리한 건 분명한 사실입니다. 하지만 '논리-수학적 지능'이 높더라도 꾸준히 노력하지 않으면 금방 중위권으로 추락하게 됩니다. 12년 동안 뛰어야 하는 수학 마라톤에서는 지능만으로 계속 선두권을 유지할 수 없습니다. 반대로 '논리-수학적 지능'이 아주 뛰어난 편은 아니더라도 어느 정도의 지능을 갖추고 있으면, 인내심과 끈기를 가지고 꾸준히 노력한 아이가 끝까지 좋은 성적을 받는 편입니다. 그렇다면! 무엇이 수학 공부에 대한 인내심과 끈기를 유지하게 시켜줄까요?

오랜 기간 동안 아이들을 지도해 온 선생님이 이렇게 말씀하셨습니다. "고3 때까지 수학을 잘하는 아이들은 대체로 아주 똑똑한 아이들이 아니에요. 수학을 잘하는 아이들은 여우 같은 아이들이 아니라 곰 같은 아이들이에요. **곰처럼 어느 정도 지혜도 있으면서 우직한 아이들이 수학을 잘해요.** 여우 같은 아이들은 요령을 금방 익혀서 순간적으로는 수학을 잘하는 것처럼 보여요. 하지만 요령으로 하는 수학은 한계가 있거든요. 반대로 곰 같은 아이들은 때로는 좀 답답해 보일지라도 끈질기게 문제와 씨름을 해요. 그리고 결국은 풀어내지요."

수학 문제를 해결하려면 문제를 이해하고 분석한 다음, 문제 해결 계획을 세우고 수행하고, 때로는 계획을 수정해서 다시 수행해야 합니다. 이 과정이 힘들게 느껴지기도 하지만 끝까지 포기하지 않으면 문제를 해결했을 때의 즐거움을 맛볼 수 있습니다. 이 즐거움이 수학 공부에 대한 인내심과 끈기를 유지하게 시켜줍니다. 수학은, 여우보다는 곰 같은 아이들이 더 잘합니다. ^^

(6) 초등 때 수학 공부 너무 많이 시키지 마세요.

우리나라 수학은 어렵습니다. 그래서 수학이 아이의 성적을 좌우합니다. 그러면 어려서부터 수학 공부를 많이 시켜야 할까요? 아닙니다. 수학 학습량이 부족한 경우보다는 지나치게 많은 경우가 대부분입니다. 특히 순종적인 성향의 아이들은 초등 때 엄마의 지시에 잘 따르기 때문에 자신이 소화할 수 있는 학습량보다 많더라도 엄마가 원하면 거부하지 않고 받아들이는 편입니다.

태어날 때부터 수학적 사고력이 좋은 아이가 있습니다. 당연히 다른 아이들보다 수학 문제를 잘 해결합니다. 엄마는 '내 아이의 재능을 잘 살려줘야 한다.'고 생각합니다. 그래서 놀이 수학도 시키고, 사고력 수학도 시키고, 연산 연습도 시키고, 시험 대비 문제집도 풀리고, 가베나 은물 수업도 시킵니다. 어려서부터 수학 학습만 하루에 2~3시간씩 합니다.

처음에는 잘 따르지만, 시간이 지나면서 아이는 점점 지쳐갑니다. 그렇게 과부화 상태가 지속되다가 정작 달리기를 시작해야 하는 초등 고학년 시기에 시작도 못해보고 지쳐 쓰러져 버립니다. 수학 학습량을 늘려야 할 시기가 되었는데 수학을 놓아버리는 것입니다. **수학 달리기는 초등 고학년 때에 해야 하고요. 그전까지는 학습량과 학습 시간을 서서히 늘려가야 합니다.** 초등 수학의 첫 번째 포인트는, **'너무 많이 시키지 마세요!'**입니다.

수포자 부모? 걱정 말고 학년별 이것만 알려주세요

PART 03

1. 초등학교 1~2학년

- 1~2학년 수학 교육방법
- 1~2학년 수학 단행본
- 단원별 개념설명

2. 초등학교 3학년~4학년

- 3~4학년 수학 교육방법
- 3~4학년 수학 단행본
- 단원별 개념설명

3. 초등학교 5학년~6학년

- 5~6학년 수학 교육방법
- 5~6학년 수학 단행본
- 단원별 개념설명

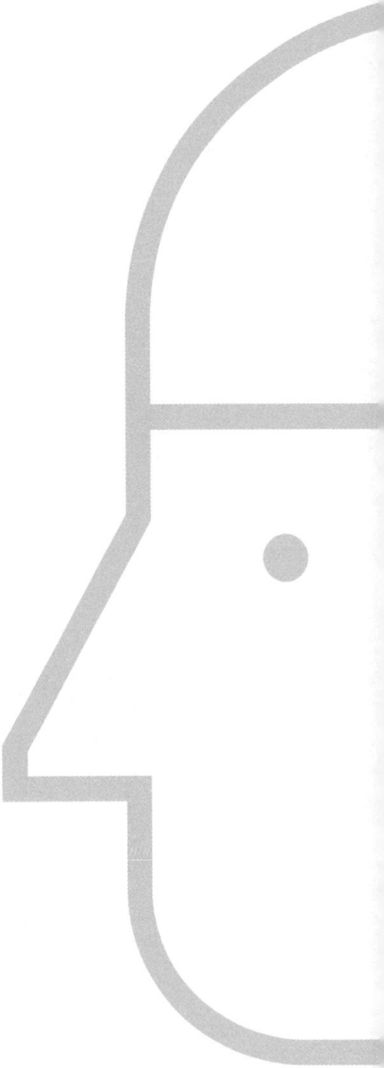

1 1~2학년 수학 교육방법

(1) 예비초(7세) 수학 학습은 이렇게!

아래 내용은 7세 여름 기준입니다. 아이마다 차이가 있을 수 있으니 적절히 적용하셔야 합니다. 7세 여름은 똘망똘망할 때입니다. 말도 꽤 잘합니다. 자기 입장에서 생각도 곧잘합니다. 부모가 잘 모를 뿐이죠. 그래서 아이의 생각을 정확하게 파악하지 않은 상태에서 부모 마음대로 단정 짓는 것을 조심해야 합니다. 아이가 '엄마는 내 얘기를 듣지 않아.', '엄마는 내 맘을 몰라.'라고 생각할 수 있거든요.

아직은 자기 생각 표현이 능숙하지 않기 때문에 성급하게 단정 짓지 말고 추가 질문을 통해 아이의 생각을 잘 파악해야 하고요. 아이가 이야기할 때 집중해서 들어 주어야 합니다. 일방적으로 알려주고 지시하는 대상이 아니라 대화도 나눠야 하는 대상으로 성장했기 때문입니다.

이 시기에 **1순위는 책 읽기와 체험**입니다. 체험에는 가족 여행, 각종 체험(딸기 체험 등), 놀기 등 모든 경험을 말합니다. 책 많이 접하고, 이곳저곳 많이 다니면서 경험을 쌓아야 합니다. 그래야 인성도 길러지고 사회성도 길러집니다.

이 시기에 수학은 1순위가 아닙니다. 그리고 수학 내에서도 우선순위를 잘 정해야 합니다. 그전까지는 놀이 수학 위주로 진행했다면 이제는 순위를 서서히 바꿔야 합니다. 초등학교 교과 학습 대비를 먼저 진행해야 하고요. 시간도 되고, 아이도 원하면 놀이 수학이나 사고력 수학, 교구 수학을 병행해서 진행하는 것이 좋습니다. 교과 학습 대비는 **초등학교 1학년 교과서 내용을 쉽게, 재미있게, 천천히 진행하는 것이 바람직합니다.** "놀이 수학이랑 사고력 수학하느라 다른 수학을 또 할 시간이 나오지 않아요."라고 말씀하신다면, 이 책을 다 읽은 후 현재 아이가 하고 있는 놀이 수학과 사고력 수학이 초등학교 1학년 수학 학습에 어느 정도 도움이 되는지를 꼭 확인해 보시기 바랍니다.

초등학교 교과 학습 대비의 경우 연산은 학교 진도보다 6개월 이상 앞서 진행하는 것이 좋으며, 1학년 1학기 문제 해결력 훈련용 첫 번째 문제집은 겨울 방학 때 시작해도 늦지 않습니다. 그리고 놀이 수학이나 사고력 수학을 계속하고 싶다면 주 1회 정도 수준에서 부담 없게 진행하는 것이 좋습니다.

(2) 초등학교 1학년 수학 학습은 이렇게!

책 읽기에 집중하면서 독서 습관을 들이는 시기는 5세부터 초등 2학년까지입니다. 초등 1학년은 독서 습관을 들이는 기간 중에서 절반을 넘어선 시기이고요. 다독에 집중해야 하는 시기입니다. 그리고 초등 1학년 때 **독서 습관만큼 중요한 것이 학습 습관입니다.** 학습 습관을 들이는 시기는 초등학교 1학년부터 5학년까지입니다. 그래서 1학년 때부터 정기적으로 꾸준히 진행해야 하는데요. 그러기에 가장 좋은 과목이 수학입니다.

초등 1학년 수학 학습은 주 3일, 하루 40분 정도 진행합니다. 연산 연습용 문제집 1권, 내신 대비용 문제집 1권을 준비하고요. 아이가 문제집 풀 때 옆에서 책을 읽거나 다른 일을 하고 계세요. 아직 읽기 능력이 충분히 훈련되지 않았기 때문에 문제 자체를 이해시켜 줘야 할 때도 있고요. 집중하는 습관을 들이는 데도 도움이 됩니다.

(3) 초등학교 2학년 수학 학습은 이렇게!

초등학교 6년은 이렇게 구분합니다.

- 초등 저학년 : 1~2학년
- 초등 중학년 : 3~4학년
- 초등 고학년 : 5~6학년

초등 1~3학년과 4~6학년 둘로 구분하지 않고 3단계로 구분하는 이유가 있습니다. 그만큼 단계마다 사고력, 경험치, 표현 능력 등에 차이가 나기 때문인데요. 초등 2학년은 중학년(초 3~4)으로 넘어가기 전 학년입니다. 그래서 2학년 여름방학과 겨울방학을 잘 활용해야 합니다. 아이도 이제 초등학생티가 많이 납니다.

2학년은 1학년 때보다 수학이 조금 더 중요한 때입니다. 수학 과목 자체에 대한 대비도 해야 하고요. **본격적으로 학습 습관을 들이는 시기**이기도 합니다. 역시나 적당한 분량, 적당한 난이도, 꾸준한 진행이 핵심인데요. 일주일에 3회 정도 수학 학습을 진행하시고요. 하루 학습 시간은 40분 내외가 적당합니다. 1시간 이상 진행은 아직 무리입니다. 연산 연습과 내신 대비 학습이 1순위입니다. 내신 대비 학습은 학기 당 문제집 2권으로 진행하시고요. 연산은 하루 10문제 정도를 기준으로 해서 아이에 맞게 단계와 문제 수를 조절하세요. 여름 방학 기간은 5주 정도인데요. 2학년 2학기 문제집을 한 권 구입해서 앞에서부터 진행하세요.

2 1~2학년 수학 단행본

책 제목	출판사
옛날 옛적에 수학이 말이야	주니어김영사
할까 말까?	한솔수북
생쥐 마을의 컴 마우스	아이런

왕눈이와 씽씽이의 모험	웅진주니어
쿠키 공장의 하루	비엔존
우리 아이 머리를 좋게 하는 수학동화	삼성출판사
원리가 머릿속에 쏙쏙 들어오는 1학년 수학동화	예림당
자신만만 1학년 수학	아이즐
개념수학	한림출판사
논리수학	한림출판사
놀이 수학	한림출판사
리틀 수학천재가 꼭 알아야 할 수학 이야기	교학사
수학마녀의 백점 수학	처음주니어
수학아 수학아 나 좀 도와줘	삼성당
원시인은 어떻게 수를 세었을까?	천재교육
토끼 숫자 세기 대소동	주니어김영사
수학 나라의 앨리스	주니어김영사
커졌다 작아졌다 콩나무와 거인	주니어김영사
생각이 확 열리는 생활 수학	동쪽나라
수학! 뒤집으면 풀린다!	아테나
수학의 달인	흰돌
수와 연산	두리미디어
문자와 식	두리미디어
도형과 측정	두리미디어
수학대소동	다산어린이

수에 관한 기상천외한 이야기, 숫자꺼리	영교
옛날 옛적에 수학이 말이야	주니어김영사
개념 쏙쏙 참 쉬운 수학	아이앤북
수학이 없는 나라는 없을까?	주니어김영사
프랑스 원리 수학 1 : 수와 친해지기	청년사
프랑스 원리 수학 2 : 도형과 친해지기	청년사
교과서 밖 기묘한 수학이야기	주니어김영사
수학에 번쩍 눈뜨게 한 비밀 친구들 1~2	가나출판사
수리수리, 숫자로 말해요!	주니어랜덤
각양각색, 수를 그려 보아요!	주니어랜덤
가지가지, 수학 규칙을 찾아라!	주니어랜덤
모아모아, 똑같이 나누어요!	주니어랜덤
알쏭달쏭, 왜 다르게 보일까?	주니어랜덤
사방팔방, 각도를 찾아라!	주니어랜덤
호기심으로 찾아 낸 숫자의 비밀	영교
찾아라! 수리별 암호	가교
걸려라! 수학 마법	중앙북스
머리가 뻥 뚫리는 수학	웅진주니어
도형의 세계	휴먼어린이
원리를 잡아라! 수학왕이 보인다!	뜨인돌어린이
우등생을 위한 103가지 수학 이야기	계림북스
수학 잘하는 아이들의 비밀일기	국민출판사

3 단원별 개념설명

<초등학교 1학년~2학년 개념원리 목록>

1. 수와 연산

(1) ‘수’와 ‘숫자’는 뭐가 다를까?	(수, 숫자)
(2) 1~5 알기, 절대 쉽지 않아요.	(1~5)
(3) 0은 없는 것의 숫자, 어려워요.	(0)
(4) 6~9 알기, 5를 활용하면 좋아요.	(6~9)
(5) 숫자 3은 3개일까, 3째일까, 3번일까?	(숫자의 3가지 개념)
(6) 더하기(+)란 뭘까요?	(더하기(+))
(7) ‘=’ 이 기호의 의미는 뭘까요?	(등호(=))
(8) 빼기(-)란 뭘까요?	(빼기(-))
(9) 십을 왜 ‘10’이라고 쓸까?	(십(10)의 개념)
(10) 짝수가 좋아, 홀수가 좋아?	(짝수, 홀수)
(11) 백을 왜 ‘100’이라고 쓸까?	(백(100))
(12) 곱하기(×)란 뭘까?	(×의 개념, 곱셈하기)

2. 도형 (초등학교 1~2학년 과정)

(1) 상자, 음료수 캔, 공 모양이에요.	(직육면체, 원기둥, 구)
(2) 세모, 네모, 동그라미 모양이에요.	(원, 삼각형, 사각형)
(3) 원, 삼각형, 변, 꼭짓점, 사각형, 오각형, 육각형	

3. 측정 (초등학교 1~2학년 과정)

(1) 몇 시일까? 몇 시 30분일까? (시계 보기 : 시, 30분)

(2) 시간이란 뭘까? 분은 뭘까? (시간, 분)

(3) 오전이란 뭘까? 오후란 뭘까? (오전, 오후)

(4) 1일이란 뭘까? 1주일이란 뭘까? (1일, 1주일)

(5) 월이란? 개월이란? 년이란? (월, 개월, 년)

(6) 단위길이란? 1cm란? 1m란? (단위길이, 1cm, 1m)

4. 규칙성 (초등학교 1~2학년 과정)

물체 규칙, 무늬 규칙, 수 규칙

5. 자료와 가능성 (초등학교 1~2학년 과정)

(1) '예쁜 도형'으로는 분류할 수 없어요. (적절한 분류 기준)

(2) 분류 기준을 직접 정해 보아요. (분류 기준 만들기)

(3) 분류를 하면 이런 점이 좋아요. (분류의 장점)

(4) 특징으로 분류 기준을 정해야 해요. (특징 파악)

(5) 표와 그래프를 직접 만들어 봐요. (표, 그래프)

1 수와 연산

(1) '수'와 '숫자'는 뭐가 다를까? (수, 숫자)

'수'와 '숫자'는 개념이 서로 달라요. 그런데 개념에 맞지 않게 사용하는 경우가 종종 있습니다. 그러면서 아래와 같은 문제를 만났을 때 의미 파악을 못하는 아이도 생겨납니다.

[문제] 1부터 100까지의 수를 쓰면 숫자 '9'는 몇 번 나올까요?

'숫자'란 무엇일까요?

* 숫자 ⇒ 셈 수(數) + 글자 자(字)

중국 사람들은 수를 나타낼 때 '一, 二, 三, 四, 五, ……' 라는 문자(숫자)로 수를 나타냈고요. 로마 사람들은 'Ⅰ, Ⅱ, Ⅲ, Ⅳ, Ⅴ, ……' 라는 문자(숫자)로 수를 나타냈습니다. 그리고 인도 사람들은 '1, 2, 3, 4, 5, ……' 라는 문자(숫자)로 수를 나타냈습니다.

'0, 1, 2, 3, 4, 5, 6, 7, 8, 9'라는 숫자는 인도에서 만들어졌고, 아라비아 사람들을 통해 유럽으로 전해졌습니다. 유럽 사람들은 이 숫자를 아라비아에서 건너온 숫자라는 뜻으로 '아라비아 숫자'라고 불렀는데요. 이 숫자가 만들어진 곳은 인도입니다. 그래서 요즘은 '인도-아라비아 숫자'라고 부릅니다. 그리고 숫자란 '수를 나타내는 문자'입니다.

'숫자'라는 어휘의 의미는 어렵지 않습니다. 문제는 '수'라는 어휘의 의미입니다. '수'란 무엇일까요? 사탕이 있습니다. 사탕은 달콤한 맛이 나고 입에서 살살 녹는 과자입니다. 엄마가 사탕을 많이 사 주셨습니다. 사탕의 수가 많습니다. 너무 맛있어서 하나만 남기고 다 먹었습니다. 사탕의 수가 적어졌습니다. '수'란 어떤 것의 많고 적은 정도를 말합니다. 그리고 사탕이 얼마나 많이 있는지를 정확히 알려면 사탕의 수를 세어 봐야 합니다. 이처럼 '수'란 어떤 것의 많고 적은 정도를 말합니다. 그리고 '숫자'는 '수를 나타낼 때 사용하는 문자'입니다. 아래 두 문장 중에서 '수'와 '숫자'를 바르게 사용한 문장은 어느 것일까요?

- 엄마가 사탕을 주셨어요. 사탕의 수를 숫자로 썼어요.
- 엄마가 사탕을 주셨어요. 사탕의 숫자를 수로 썼어요.

첫 번째 문장이 '수'와 '숫자'를 바르게 사용한 경우입니다. 그렇다면 '15'는 수일까요? 숫자일까요?

'15'는 '열다섯'이라는 수를 나타내는 숫자입니다. 인도-아라비아 숫자 중에 '1'과 '5'를 사용했고요. 1과 5라는 숫자를 사용해서 '15'라고 쓰면 '열다섯'이라는 수를 나타내게 됩니다.

그런데 초등학교 교과서에는 '수'와 '숫자'의 의미를 구분해서 설명하지는 않고 있습니다. 대신 곳곳에서 이런 식으로 표현하고 있습니다.

- 숫자 카드를 하나씩 뽑아서 숫자 카드에 적힌 수의 순서대로 서 보시오.
- 1 큰 수와 1 작은 수를 말해 보시오.
- 왼쪽의 수만큼 동그라미를 그리고, 두 수의 크기를 비교하시오.
- 짝과 함께 숫자 카드를 뽑아 누구의 수가 더 큰지 비교해 보시오.

초등학교 교과서에서 '수'와 '숫자'의 개념을 구분해서 설명하지 않는 이유는 '수'의 개념이 어렵기 때문일 것입니다. 그렇다면 방법을 다르게 할 필요가 있습니다. 유치나 초등 저학년 때에는 '수'의 개념을 사전적으로 이해하는 것보다 감각적으로 익히는 것이 더 효과적인 방법입니다. 그러기 위해서는 '수'라는 용어를 정확하게 자주 사용해야 합니다. '수'라는 어휘를 넣어 "사탕의 수를 세어 보세요. 사탕의 수는 몇 개인가요?"라고 표현하면서 생활 속에서 자연스럽게 수와 숫자의 의미를 파악할 수 있게 하면 좋습니다.

(2) 1~5 알기, 절대 쉽지 않아요. (1~5)

① 하나, 둘, 셋, 넷, 다섯

처음에는 수를 셀 때 일대일 대응으로 셌습니다. 사과 하나에 손가락 하나, 사과 하나 더에 손가락 하나 더… 동물의 뼈에 빗금을 그어 수를 세기도 했습니다. 양 한 마리에 빗금 하나 긋고, 양 또 한 마리에 빗금 또 하나 긋고… 이렇게 일대일 대응으로 수를 세던 사람들은 좀 더 편리한 방법을 생각해 냈습니다. 수에 이름을 붙이는 것이었습니다.

● ⇒ 혼자 있을 때, 이것의 수를 '하나'라고 불렀습니다.

●● ⇒ 하나보다 하나 더 많으면 이것의 수는 '둘'

●●● ⇒ 둘보다 하나 더 많으면 이것의 수는 '셋'

●●●● 넷 ⇒ 셋보다 하나 더 많으면 이것의 수는 '넷'

●●●●● 다섯 ⇒ 넷보다 하나 더 많으면 이것의 수는 '다섯'

'하나, 둘, 셋, 넷, 다섯'을 처음 배울 때에는 손가락을 사용하면 편리합니다. 오른손 엄지손가락부터 하나씩 차례로 접으면서 "하나! 하나보다 하나 더 많으면 둘! 둘보다 하나 더 많으면 셋! 셋보다 하나 더 많으면 넷! 넷보다 하나 더 많으면 다섯!"이라고 말하고 보여주며 하나, 둘, 셋, 넷, 다섯 각각의 의미를 알게 합니다.

어느 정도 익숙해지면 손가락을 모두 접은 상태에서 하나부터 다섯까지 무작위로 손가락을 펴면서 편 손가락의 수를 말하게 합니다. 손가락 두 개 펴고 "편 손가락의 수는 몇 개?"라고 묻고, 손가락 네 개 펴고 "편 손가락의 수를 몇 개?"라고 물으면서 하나부터 다섯까지를 순서대로만 기억하지 않고 각각 개별적으로 기억할 수 있게 해 줍니다.

② 1, 2, 3, 4, 5

'하나, 둘, 셋, 넷, 다섯'은 수입니다. 각각의 수를 나타내는 인도-아라비아 숫자는 무엇일까요?

1 ⇒ 하나를 나타내는 숫자. **1**로 쓰고 **일** 또는 **하나**라고 읽습니다.

2 ⇒ 둘을 나타내는 숫자. **2**로 쓰고 **이** 또는 **둘**이라고 읽습니다.

3 ⇒ 셋을 나타내는 숫자. **3**으로 쓰고 **삼** 또는 **셋**이라고 읽습니다.

4 ⇒ 넷을 나타내는 숫자. **4**로 쓰고 **사** 또는 **넷**이라고 읽습니다.

5 ⇒ 다섯을 나타내는 숫자. **5**로 쓰고 **오** 또는 **다섯**이라고 읽습니다.

'1, 2, 3, 4, 5'를 처음 배울 때에는 손가락과 숫자 카드를 사용하면 편리합니다. 1~5까지의 숫자 카드를 만듭니다. 그리고 오른손 엄지손가락부터 하나씩 차례로 접으면서 아래와 같은 활동을 진행합니다.

"접은 손가락의 수는 몇 개?" (아이가 하나라고 하면)

"하나라는 수를 나타낸 숫자 찾아서 주세요." (아이가 1을 주면)

"이 숫자를 읽어 보세요." (아이가 일이라고 읽으면 듬뿍 칭찬 ^^)

그리고 손가락을 하나씩 더 접으면서 위 과정과 동일하게 진행하고요. 손가락을 다 접으면 반대로 손가락을 하나씩 펴면서 다시 진행합니다. 이 과정을 몇 번 보여주기도 하고, 아이도 해 보게 합니다.

어느 정도 익숙해지면 손가락을 모두 접을 상태에서 랜덤하게 손가락을 펴면서 편 손가락의 수를 말하게 하고, 그 수를 나타내는 숫자 카드를 찾고 읽게 합니다.

(3) 0은 없는 것의 숫자, 어려워요. (0)

"6살인데요. 1부터 9까지는 개념을 이해했는데요. 0은 아무리 설명해도 이해를 못해서 답답해요." 학부모 교실 때 한 어머님이 하신 말씀인데요. '0'은 6살 아이에게 당연히 어려운 개념입니다.

0은 아무것도 없는 것을 나타내는 숫자입니다. 아무것도 없다는 것은, 아무것도 보이지 않는다는 것입니다. 유치~초등 저학년까지는 눈으로 직접 볼 수 있는 것은 잘 이해하지만, 눈으로 볼 수 없는 것은 어렵게 느낍니다. 하지만 '0'은 한 자리 수에서 두 자릿수로 넘어가기 위해서는 반드시 이해해야 하는 개념입니다. 따라서 아이가 어려워하면 1부터 9까지의 개념을 먼저 학습하고 간단한 덧셈과 뺄셈까지 학습한 다음에 뺄셈을 이용해서 0의 개념을 학습하는 것이 좋습니다.

0의 개념을 학습할 때는 다음과 같이 생활 속에서 구체물과 구체적인 사례를 적용해야 쉬워집니다. 아이에게 사탕 2개를 줍니다.

엄마 : "사탕의 수는 몇 개니?"

아이 : "2개요."

사탕을 하나 먹습니다.

엄마 : "사탕을 하나 먹었어. 남은 사탕의 수는 몇 개?"

아이 : "1개요."

남아 있는 사탕 1개를 마저 먹습니다.

엄마 : "사탕을 하나 먹었어. 사탕이 있니?"

아이 : "없어요."

엄마 : "사탕이 하나도 없지. 이렇게 아무것도 없으면 그 수를 '0'이라고 쓰고, '영'이라고 읽어."

위와 비슷한 사례로 몇 번 더 0의 개념을 알려주고, 실생활에서 종종 사용해서 0의 개념을 자연스럽게 익히게 합니다.

(4) 6~9 알기, 5를 활용하면 좋아요. (6~9)

① 각각의 개념 알기

1~5를 잘 배우고 익혔다면 그다음에는 6~9를 배우고 익힙니다. 사탕 또는 과자나 바둑알 6개를 아래와 같이 놓습니다. (5개 놓고 그 밑에 1개 놓기)

●●●●●

●

위 사탕은 다섯보다 하나 더 많습니다. 다섯보다 하나 더 많은 수는 여섯이라고 합니다. 숫자로는 '6'이라 쓰고, '육'이라고 읽습니다.

●●●●●

●●

위 사탕은 여섯보다 하나 더 많습니다. 여섯보다 하나 더 많은 수는 일곱이라고 합니다. 숫자로는 '7'이라 쓰고, '칠'이라고 읽습니다. 그런데 일곱은 다섯보다 둘 더 많은 수이기도 합니다. 손가락을 사용하면 쉽게 알려줄 수 있죠. 왼손 손가락을 모두 폅니다. 편 손가락의 수는 다섯이죠. 그리고 오른손 손가락을 두 개 펴서 왼손 옆에 붙여 보여줍니다. 다섯보다 둘 더 많은 수가 어떤 것인지를 직관적으로 알 수 있습니다. 이 수는 다섯보다 둘 더 많은 수이기도 하고요. 여섯보다 하나 더 많은 수이기도 합니다. 이 수를 숫자로는 '7'이라 쓰고, '칠'이라고 읽습니다.

●●●●●

●●●

위 사탕은 일곱보다 하나 더 많습니다. 일곱보다 하나 더 많은 수는 여덟이라고 합니다. 숫자로는 '8'이라 쓰고, '팔'이라고 읽습니다. 그리고 이 수는 다섯보다 셋 더 많은 수이기도 합니다. 역시나 손가락을 사용하면 쉽게 알려줄 수 있습니다.

●●●●●

●●●●

위 사탕은 여덟보다 하나 더 많습니다. 여덟보다 하나 더 많은 수는 아홉이라고 합니다. 숫자로는 '9'라 쓰고, '구'라고 읽습니다. 그리고 이 수는 다섯보다 넷 더 많은 수이기도 합니다.

② 거꾸로 세면서 각각의 개념 익히기

사탕 등의 구체물을 아래와 같이 놓습니다.

●●●●●

●●●●

사탕의 수를 말로 해 보게 합니다. 아홉이죠. 사탕의 수에 해당하는 숫자 카드를 고르게 합니다. '9' 카드를 골라야 하죠. '9'라는 숫자를 읽어보게 합니다. '구'라고 읽어야 합니다. 아홉에서 사탕 하나를 뺀 다음 똑같이 진행합니다. "사탕의 수가 아홉보다 1개 적어졌어요. 이 사탕의 수는 몇 개인가요? 이 수를 나타내는 숫자 카드를 골라 보세요. 그리고 숫자를 읽어 보세요."

위와 같은 방법으로 6까지 진행합니다. 6까지 진행한 후 6부터 다시 하나씩 수를 늘리며 9까지 진행해도 좋습니다.

(5) 숫자 3은 3개일까, 3째일까, 3번일까? (숫자의 3가지 개념)

바둑알이 ●●● 만큼 있습니다. 바둑알의 수는 셋입니다. 숫자로는 3입니다. 이때 숫자 3은 ●●● 만큼의 수를 뜻합니다.

바둑알이 ●●○ 만큼 있습니다. 검정 바둑알 2개와 흰 바둑알 1개이고요. 바둑알 전체의 수는 3입니다. 그중에서 흰 바둑알은 셋째에 있습니다. '셋째'에서 '3'은 ●●● 만큼의 수를 뜻하는 것이 아니라 순서를 나타내는 것으로 '3개 중 셋째에 있는 하나'를 뜻합니다. 즉, 숫자 3은 수 '셋'을 의미할 때도 있고, 순서상 '셋째'를 의미할 때도 있습니다.

바둑알	전체 수	흰 바둑알 순서	숫자
○	하나	첫째	1
●○	둘	둘째	2
●●○	셋	셋째	3
●●●○	넷	넷째	4
●●●●○	다섯	다섯째	5
●●●●● ○	여섯	여섯째	6
●●●●● ●○	일곱	일곱째	7
●●●●● ●●○	여덟	여덟째	8
●●●●● ●●●○	아홉	아홉째	9

"저는 9층짜리 건물에 살고 있습니다. 제 집은 9층에 있습니다."에서 9가 두 번 나오는데요. 앞의 9는 '아홉'을 뜻하고, 뒤의 9는 순서 아홉째를 뜻합니다.

숫자는 이름처럼 쓰일 때도 있습니다. 자동차 번호가 1233입니다. 이때 1233은 자동차 1233대를 뜻하지도 않고, 1233째에 있는 한 대를 뜻하지도 않습니다. '1233'이라는 숫자가 붙어 있는 자동차를 뜻합니다. 이처럼 숫자는 이름처럼 쓰이기도 합니다. "나는 반에서 25번입니다."에서 '25번'도 이름처럼 쓰인 경우입니다.

(6) 더하기(+)란 뭘까요? (더하기(+))

모든 아이들이 더하기(+)라는 기호를 처음 볼 때가 있습니다. 당연히 쉽지 않습니다. 그러니 쉽고 정확하게 알 수 있도록 구체물을 적용해서 충분히 학습해야 합니다.

① 더하기(+)의 첫째 개념은 '모아 세기'

'3+2 =' 이라는 덧셈식을 읽어 보겠습니다.

- 3 ⇒ '삼'이라고 읽습니다. 무언가 ●●●(셋)만큼 있습니다.
- + ⇒ '더하기'라고 읽습니다. 덧셈에서 '+'는 **'+의 앞에 있는 것과 뒤에 있는 것을 모두 모아 전체 수를 세어 구하라'**입니다.
- 2 ⇒ '이'라고 읽습니다. 무언가 ●●(둘)만큼 있습니다.
- 3+2 = ⇒ ●●●과 ●●을 모두 모아 전체 수를 구해야 합니다.
- 3+2 = 5 ⇒ ●●●과 ●●을 모으면 ●●●●●이고, 수는 다섯입니다. 다섯은 숫자로 5입니다. 그래서 '3+2 = 5'입니다.

아이는 더하기(+)의 첫 번째 개념인 **모아 세기**를 배웠습니다. 그다음에는 숫자를 바꿔 문제를 내고 아이가 직접 풀어보게 합니다. 수학은 '배울 학'보다 '익힐 습'을 더 많이 해야 합니다.

② 더하기(+)의 두 번째 개념은 '이어 세기'

'4+3 =' 이라는 덧셈식을 읽어 보겠습니다.

무언가 ●●●●과 ●●●가 있습니다. 전체 수를 구하라고 합니다. 앞에 넷이 있습니다. 이 넷에 뒤에 있는 셋을 하나씩 이어 세면 다섯, 여섯, 일곱! 전체 수는 일곱입니다. 일곱은 7이죠.

- 4+3 ⇒ ●●●● + ●●● ⇒ ●●●●● ●●
- 4+3 = 7

아이는 더하기(+)의 두 번째 개념인 **이어 세기**를 배웠습니다. 문제를 바꿔서 익힐 습도 충분히 진행해야 합니다.

③ 큰 수에 이어 세기

'2+7 =' 이라는 덧셈식을 읽어 보겠습니다.

무언가 ●●과 ●●●●● ●●이 있습니다. 전체 수를 구하라고 합니다. 앞에 있는 둘의 뒤에 있는 일곱을 하나씩 이어 세면 셋, 넷, 다섯, 여섯, 일곱, 여덟, 아홉입니다. 일곱 번 이어 세서 답을 구했습니다. 그런데 뒤에 있는 일곱의 앞에 있는 둘을 하나씩 이어 세면 두 번 만에 답을 구할 수 있습니다. 여덟, 아홉! 이처럼 덧셈을 할 때 큰 수에 이어 세면 좀 더 효율적으로 계산할 수 있습니다. 아이는 더하기(+)의 세 번째 개념인 **큰 수부터 이어 세기**를 배웠습니다. 문제를 바꿔서 익힐 습도 충분히 진행해야 합니다.

(7) '=' 이 기호의 의미는 뭘까요? (등호(=))

=는 '등호'라는 기호입니다. 등호(=)의 개념은 **'=의 왼쪽과 오른쪽이 서로 같다'**입니다. =을 기준으로 왼쪽과 오른쪽이 무조건 같아야 합니다. 그래서 왼쪽에 2를 더하면 오른쪽에도 2를 더해야 합니다. 그래야 계속 같아지니까요.

'3+2 = 5'에서도 '='의 왼쪽에 있는 '3+2'와 오른쪽에 있는 '5'는 같아야 합니다. 서로 같은지 확인해 보겠습니다.

- 3+2 ⇒ ●●● + ●●
- 5 ⇒ ●●●●●
- 3+2 = 5 ⇒ ●●● + ●● = ●●●●●

즉, =의 왼쪽에도 다섯이 있고 오른쪽에도 다섯이 있으므로 '3+2 = 5'는 맞는 수식입니다.

'2+□ = 7' 이런 식은 어떻게 읽어야 할까요? '='의 왼쪽에 있는 '2+□'와 오른쪽에 있는 '7'이 서로 같다고 합니다. 서로 같아지려면 □ 안에 어떤 숫자가 들어가야 할까요?

- 2+□ ⇒ ●●+□
- 7 ⇒ ●●●●● ●●
- 2+□ = 7 ⇒ ●●+□ = ●●●●● ●● ⇒ □ = ●●●●●

따라서 □ = 5입니다.

(8) 빼기(-)란 뭘까요? (빼기(-))

모든 아이들이 빼기(-)라는 기호를 처음 볼 때가 있습니다. 당연히 쉽지 않습니다. 그러니 쉽고 정확하게 알 수 있도록 구체물을 적용해서 충분히 학습해야 합니다.

① 빼기(-)의 첫 번째 개념은 '덜어내고 남은 수 세기'

'5-3 =' 이라는 뺄셈식을 읽어 보겠습니다.

- 5 ⇒ 무언가 ●●●●●(다섯)만큼 있습니다.
- \- ⇒ '빼기'라고 읽습니다. 뺄셈에서 '-'는 '-의 앞에 있는 것에서 뒤에 있는

것만큼을 덜어내고 남은 것의 수를 세서 구하라.'입니다.

- 3 ⇒ 무언가 ●●●(셋)만큼 있습니다.
- 5-3 = ⇒ -의 앞에 있는 ●●●●●에서 뒤에 있는 ●●●만큼을 덜어내고 남은 것의 수를 세서 구해야 합니다.
- 5-3 = 2 ⇒ ●●●●●에서 ●●●만큼을 덜어내면 ●●만큼 남습니다. ●●의 수는 숫자로 2입니다. 그래서 '5-3 = 2'입니다.

아이는 빼기(-)의 첫 번째 개념인 '덜어내고 남은 수 세기'를 배웠습니다. 문제를 바꿔서 익힐 습도 충분히 진행해야 합니다.

② 빼기(-)의 두 번째 개념은 '더 많은 수 세기'

다음 문제를 읽어 보세요.

[문제] 검은색 바둑알 4개와 흰색 바둑알 2개가 있습니다.
검은색 바둑알은 흰색 바둑알보다 몇 개 더 많은가요?

- 검은색 바둑알 ⇒ ●●●● (4)
- 흰색 바둑알 ⇒ ○○ (2)
- 검은색 바둑알이 흰색 바둑알보다 몇 개 더 많을까?

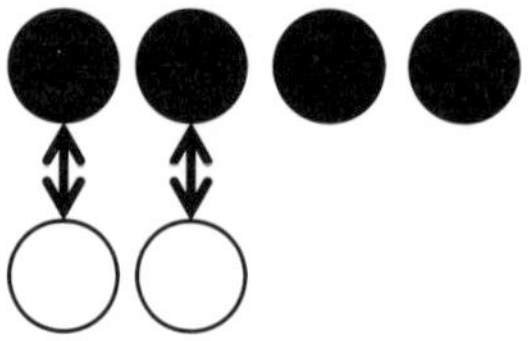

⇒ 4-2 = 2

⇒ 검은색 바둑알이 흰색 바둑알보다 2개 더 많다.

아이는 방금 빼기(-)의 두 번째 개념인 **'더 많은 수 세기'**를 배웠습니다. 그런데 빼기에서 이 개념은 좀 어렵기 때문에 익힐 습 연습을 충분히 진행해야 합니다. 이 경우 익힐 습 연습은 생활 속 문제를 해결하는 방식이 좋습니다.

<사례 1> 아빠는 사탕을 5개 가지고 있고, 엄마는 사탕을 2개 가지고 있어요.
누가 사탕을 몇 개 더 가지고 있나요?

<사례 2> 호랑이 6마리와 사자 3마리가 있어요.
호랑이와 사자 중에서 어느 것이 몇 마리 더 많은가요?

(9) 십을 왜 '10'이라고 쓸까? (십(10)의 개념)

① 10의 개념 이해가 어렵다는 사실부터 알기

초등학교 1학년 교과서를 보면 1~9까지를 한 단원에서 배운 다음, 10은 아예 다른 단원에서 배웁니다. 심지어 1~9까지 배운 다음, 더하기와 빼기의 개념을 먼저 학습한 다음에 10을 배웁니다. 왜 그럴까요? 8 다음에 9를 배우는 것과 9 다음에 10을 배우는 것은 상당히 큰 차이가 있기 때문입니다. 그만큼 10이 무엇인지를 정확히 이해하는 것이 쉽지 않습니다. 그런데 수학 동화들을 보면 9와 10이 함께 나오는 경우가 많습니다. 10이 무엇인지 자세히 나와 있지도 않고요.

10의 개념을 정확히 아는 것은 매우 중요합니다. 10을 제대로 알아야 100, 1000, 10000도 쉽게 이해할 수 있으며 0.1, 0.01, 0.001의 개념도 쉽게 이해할 수 있습니다. **십진법의 출발점이 10이기 때문**입니다. 이처럼 중요하면서도 쉽지 않은 10에 대한 교과서 설명은 1학년 아이들에게 어렵습니다.

9보다 1 큰 수를 10이라고 합니다.
10은 십 또는 열이라고 읽습니다.
10은 9보다 1 큽니다.
10은 8보다 2 큽니다.
10개씩 1묶음과 낱개 2개를 12라고 합니다.
12는 십이 또는 열둘이라고 읽습니다.
10개씩 2묶음과 낱개 4개를 24라고 합니다.
24는 이십사 또는 스물넷이라고 읽습니다.

위와 같이 설명하면 막 초등학교 생활을 시작한 1학년 아이들은 이해하기 어렵습니다. 물론 교과서는 자학자습용이 아니라 수업용이기 때문에 아주 자세히 만들 수는 없습니다. 하지만 20~30명의 아이들을 모두 지도해야 하는 선생님 입장에서는 모든 아이들 한 명 한 명에게 맞춤식으로 수업을 진행할 수는 없습니다. 혹시 문제집은 교과서보다 더 쉽게 되어 있을까요?

9보다 1 큰 수를 10이라고 합니다.
10은 십 또는 열이라고 읽습니다.
10은 9보다 1 큽니다.
10개씩 1묶음과 낱개 3개를 13이라고 합니다.
13은 십삼 또는 열셋이라고 읽습니다.
10개씩 2묶음은 20이라고 합니다.
20은 이십 또는 스물이라고 읽습니다.
30은 삼십 또는 서른이라고 읽습니다.
40은 사십 또는 마흔이라고 읽습니다.

50은 오십 또는 쉰이라고 읽습니다.

문제집은 교과서 수업이 어느 정도 이뤄졌다는 전제하에 개념 복습과 문제 해결력 기르기를 목표로 만들기 때문에 교과서보다 더 자세히 개념 정리를 할 필요가 없습니다. 그래서 학교 수업 때 10에 대한 개념 이해가 충분하게 이뤄지지 않은 아이들에게는 문제집도 그다지 큰 도움이 되지 않습니다. 특히 연산에서 **받아올림 덧셈이나 받아내림 뺄셈을 어려워하는 아이라면 10에 대한 개념 이해가 충분하지 않았기 때문**일 것입니다.

② 10의 개념을 담은 수학동화

옛날 어느 마을에 세미라는 아이가 있었어요. 세미는 동물 사냥을 하고 싶었지만 아직 어려서 주로 과일을 땄어요. 아주 가끔 작은 동물을 잡을 때에는 '언젠가는 아빠처럼 큰 사슴을 사냥하겠다.'고 꿈꾸면서요.

어느 날 세미는 뒷산에서 오전 내내 사과를 땄어요.

"내가 사과를 얼마나 많이 땄는지 엄마에게 자랑해야겠다. 그런데 사과를 모두 들고 가는 건 너무 힘들어. 좋은 방법이 있을 거야…"

곰곰이 생각에 잠겨 있던 세미에게 좋은 생각이 떠올랐어요.

"그래! 사과 하나마다 손가락 하나씩 접으면 되겠다. 사과 하나에 손가락 하나, 사과 또 하나에 손가락 하나!"

세미는 아직 수를 셀 줄 몰랐거든요. 사과 하나 옆으로 옮기고 손가락 하나 접고, 사과 하나 더 옆으로 옮기고 손가락 하나 더 접고. 사과를 모두 세어보니 손가락 일곱 개가 접혔어요. 세미는 엄마에게 가서 손가락을 모두 폈다가 일곱 개를 접으며 말했어요.

"엄마! 나 사과 이만큼 땄다!"

다음 날, 세미는 사과를 더 많이 따 달라는 엄마의 부탁을 받고 사과나무에 올라갔어요. 평소에 나무 타기 놀이를 즐겨 했던 세미는 마치 다람쥐처럼 나무 이곳 저곳을 옮겨 다니며 사과를 땄어요. 덕분에 오래지 않아 사과가 여러 개 모였어요.

"이번에도 손가락으로 세어야지."

세미는 손가락으로 사과의 수를 세기 시작했어요. 사과 하나 옆으로 옮기고 손가락 하나 접고, 사과 하나 더 옮기고 손가락 하나 접고. 그런데 문제가 생겼어요. 세야 할 사과가 더 남아 있는데 손가락 열 개를 모두 접은 거예요.

"어! 세야 할 사과가 남아 있는데 손가락을 모두 접었네…"

세미는 곰곰이 생각에 잠겼어요. 문제가 생겼을 때 곰곰이 생각하다 보면 방법을 찾을 수 있다고 아빠가 말했거든요. 주위도 둘러보며 이런저런 생각에 잠겨 있던 세미의 눈에 발가락이 보였어요.

"맞아! 발가락이 있었지! 손가락 열 개를 다 접었으니 이어서 발가락을 접으면 되겠다!"

세미는 사과 하나를 옮기고 엄지발가락을 하나 접으려 했어요. 그런데 엄지발가락 하나만 접을 수가 없었어요.

"에이, 발가락은 안 되겠다. 다른 수가 없을까?"

세미는 다시 생각에 잠겼어요. 문제가 금방 해결되지 않더라고 포기하지 않고 끝까지 노력하면 반드시 방법을 찾을 수 있다고 아빠가 말했었거든요. 생각하고 또 생각하던 세미가 갑자기 무릎을 '탁' 쳤어요.

"맞아! 접은 손가락을 펴면 되겠다."

세미는 아까와는 반대로 접은 손가락을 펴기 시작했어요. 사과 하나 옆으로 옮기고 접은 손가락 하나 펴고. 사과 또 하나 옆으로 옮기고 접은 손가락 하나 더 펴고. 사과를 모두 세 보니 접었던 손가락 중 4개가 펴졌어요. 기분이 좋아진 세미는 엄마에게 달려가서 큰 소리로 말했습니다.

"엄마! 나 오늘 사과 얼마만큼 땄는지 알아?"

"몰라. 얼마만큼 땄는데?"

세미는 손가락 열 개를 모두 접으며 말했습니다.

"이만큼하고"

그리고 접은 손가락 중 네 개를 펴며 말했습니다.

"이만큼 더 땄다."

"정말? 많이 땄네. 우리 아들 참 착하다."

세미는 사과를 많이 딴 것보다는 접은 손가락을 펼 생각을 해낸 것이 더 기뻤어요. 며칠 후 세미네 가족이 함께 사과를 따러 갔어요. 온 가족이 함께 땄으니 사과가 훨씬 많이 모였겠죠?

"세미야~ 네가 수를 잘 세니까 모두 몇 개인지 세어보렴!"

"네~ 얼마든지 셀 수 있어요!"

신이 난 세미는 사과의 수를 세기 시작했어요. 사과 하나에 손가락 하나, 사과 하나에 손가락 하나

"어~ 다 접었네! 그럼, 이제부턴 펴야지."

사과 하나에 손가락 하나, 사과 하나에 손가락 하나.

"다 폈네! 이제부턴 다시 접어야지."

사과 하나에 손가락 하나, 사과 하나에 손가락 하나. 다 접으면 펴고, 다 펴면 접

고. 드디어 그 많은 사과의 수를 다 다 셌어요. 그런데 세미에게 문제가 생겼어요.

"앗! 손가락을 여러 번 접었다 폈더니 몇 번 접었다 폈는지를 모르겠어!"

하지만 세미는 실망하지 않았어요.

"나는 수를 잘 세니까 잘 생각하면 또 방법을 찾을 수 있을 거야! 어떤 방법이 있을까. 음… 음… 맞다! 그렇게 하면 되겠다!"

세미는 다시 사과의 수를 세기 시작했어요. 사과 하나에 손가락 하나 접고, 사과 하나에 손가락 하나 접고. 열 손가락을 모두 접자, 세미는 사과 세는 것을 멈췄어요. 그러고는 발로 땅바닥에 선을 하나 주욱 그었어요. 그리고 다시 사과의 수를 세었어요. 사과 하나에 손가락 하나 펴고, 사과 하나에 손가락 하나 펴고. 손가락이 모두 펴지자, 세미는 또 땅바닥에 선을 하나 주욱 그었어요. 그리고 다시 사과의 수를 세었어요. 열 손가락을 모두 접으면 땅바닥에 선 하나 긋고, 열 손가락이 모두 펴지면 땅바닥에 선 하나 더 긋고. 사과를 모두 세었더니 손가락 다섯 개가 펴져 있었어요. 그리고 땅바닥에는 선이 다섯 개 그어져 있었어요.

"엄마~" 세미는 큰 소리로 엄마를 부르며 신나게 달려갔어요. ^^

③ 손으로 10의 개념 이해하기

세미는 손가락 열 개를 모두 접은 후 바닥에 선을 하나 그었습니다. 열 개가 아닌 **하나**를 그었습니다. 이 선 하나는 무엇을 의미할까요? **손가락 열 개 모두를 1번 사용했다는 뜻**입니다. 바로 **낱개 열 개짜리 하나를 의미**합니다. 그리고 이 열 개짜리를 우리는 **'십'**이라고 부릅니다. 이 부분이 좀 헷갈릴 수 있는데요.

세미는 사과의 수를 세면서 손가락을 모두 접었습니다. 이때 바닥에 선을 하나 그었습니다. 바닥에 그은 선의 수를 숫자로 쓰면 '1'입니다. 선을 하나 그었으니까

'1'을 써야 합니다. 그런데 이때의 '1'은 사과 한 개를 뜻하는 것이 아니라 손가락 열 개 모두를 한 번 사용했다는 뜻의 '1'입니다. 사과로 치면 열 개짜리 사과 묶음 1개입니다. 즉, 1이어서 하나이기는 하지만 사과 낱개 하나가 아니라 사과 열 개짜리 한 묶음인 것입니다. 그런데 그냥 '1'이라고만 쓰면 '낱개 하나'인지 '손가락 열 개만큼의 하나'인지를 구별할 수가 없습니다. 그래서 '1' 바로 오른쪽 옆에 '0'을 씁니다. 그리고 오른쪽 옆에 쓴 '0'은 낱개 사과의 수는 0(없다)이라는 뜻입니다.

이제 '10'을 읽어 보겠습니다.

- '10'에서 '1' ⇒ 열 개짜리 하나라는 뜻
- '10'에서 '0' ⇒ 낱개가 하나도 없다는 뜻

우리는 열 개짜리 하나를 숫자로 '10'이라 쓰고, '십'이라고 읽습니다. 그리고 이것이 자릿값의 개념입니다. 똑같은 '1'이라도 어느 자리(위치)에 쓰느냐에 따라 낱개 하나일 수도 있고, 열 개짜리 하나일 수도 있고, 백 개짜리 하나일 수도 있습니다.

④ 왜 낱개 열 개가 되었을 때 '1'로 나타낼까?

왜 낱개 열 개가 되었을 때 '1'로 나타낼까요? 이 질문은 '왜 10진법을 쓸까요?'와 같은 질문입니다. 이유는, 손가락 수가 열 개이기 때문입니다. 만약 손가락 수가 왼쪽 손 6개, 오른쪽 손 6개로 모두 12개였다면 인간은 12진법을 썼을 것입니다. 그런데 손가락 수가 열 개이기 때문에 손가락 열 개 모두를 사용한 한 번이 되었을 때 '1'이라고 쓴 것입니다. 이 자릿값의 개념을 생각하고 적용하면서 수학사에 엄청난 발전이 일어난 것입니다. 개인적인 생각으로는, 산업 혁명 이상의 발전을 가져왔지 않았을까요? ^^ 그리고 우리는 손가락 열 개 만큼을 '십'이라고 부릅니다. 그래서 20이라는 숫자는 '이십'이라고 읽습니다.

- 20(이십) ⇒ 십이 두 개
- 30(삼십) ⇒ 십이 세 개

그래서! 처음에 십에 대해 배울 때에는 '10'을 그냥 '십'이라고 읽는 것보다 '일십'이라고 읽는 것이 더 좋을 수 있습니다. 1986년을 '일천구백팔십육 년'이라고 읽기도 하죠. 일상생활에서는 십 이상의 수부터 앞에 '일'을 생략하기 때문인데요. 먼저 정확히 안 다음에 생략해야 의미 있는 생략이지 않을까요?

- 10(일십) ⇒ 십이 한 개 ⇒ 열 개짜리가 1개
- 20(이십) ⇒ 십이 두 개 ⇒ 열 개짜리가 2개
- 30(삼십) ⇒ 십이 세 개 ⇒ 열 개짜리가 3개

그러면 '35'라는 숫자는 얼마만큼의 수를 나타낸 것일까요? 십 3개에 낱개 5개입니다. 좀 더 자세히 말하면 열 개짜리 3개에 하나짜리 5개입니다. 그러면 '99'라는 숫자는 얼마만큼의 수를 나타낸 것일까요? 십 9개에 낱개 9개입니다. 즉, 열 개짜리 9개에 하나짜리 9개입니다. 이처럼 **'10'의 개념을 정확히 이해한다면 10부터 99까지를 모두 읽을 수 있게 됩니다.** 그리고 100이라는 숫자를 읽는 것도 그리 어렵지 않게 됩니다. ^^

⑤ 개념 손실로 인해 수학이 어렵게 느껴지기 시작할 수 있어요.

초등학교 선생님이 이런 말씀을 하셨습니다.

"유치원 때 자릿값 개념 모르면서 1부터 몇십까지를 암기하고 학교에 입학해요. 그리고 1학년 1학기에 10으로 자릿값 개념을 배울 때 정작 개념을 모르면서 자기가 아는 숫자가 나왔다며 선생님의 설명에 집중하지 않아요. 정확한 개념 이해 없이 건너뛰게 되고요. 개념 손실이 시작되는 거죠."

십이라는 자릿값과 두 자리 숫자를 배울 때에는 숫자로만 배우면 아이들에게는 정말 어렵습니다. 위와 같은 이야기를 통해 구체적인 상황과 구체물을 연상하면서 배워야 정확하게 이해할 수 있습니다. "난 30까지 셀 수 있어요!" 어떤 아이가 자랑합니다. 안타깝게도 그 아이는 자릿값 개념은 모르고 그냥 1부터 30까지 암기한 것입니다. 그 아이에게 99는 너무도 먼 수입니다. 하지만 자릿값 개념을 정확히 이해한 아이에게 99는 그냥 손가락 전체를 아홉 번 움직이고 마지막에 손가락 아홉 개를 더 움직인 것일 뿐입니다.

'십'의 개념, '십'을 '10'이라고 쓰는 이유, 자릿값 개념 등은 초등학교 1학년부터 시작되는 수학 학습에서 첫 번째로 넘어야 할 산입니다. 그만큼 어려운 개념입니다. 이 산을 잘 넘기 위해서는 부모님부터 개념을 정확히 알고 계셔야 합니다.

(10) 짝수가 좋아, 홀수가 좋아? (짝수, 홀수)

짝수와 홀수의 개념 자체는 어렵지 않습니다.

2, 4, 6, 8, 10, ……과 같이 둘씩 짝을 지을 수 있는 수를 **짝수**라고 합니다.
1, 3, 5, 7, 9, ……와 같이 둘씩 짝을 지을 수 없는 수를 **홀수**라고 합니다.

개념을 이해하는 방법도 간단합니다. 구체물(예를 들면 바둑알) 하나만 주고 둘씩 짝을 지을 수 있는지를 물어봅니다.

"하나밖에 없는데 어떻게 둘씩 짝을 지어?"

"그렇지! 하나는 둘씩 짝을 지을 수가 없지! 그러니까 하나는 홀수야. 하나는 1이니까 1은 홀수인 거지."

그다음, 구체물 두 개를 주고 둘씩 짝을 지을 수 있는지 물어봅니다.

"두 개니까 이 두 개를 짝으로 하면 되겠다."

"그렇지! 둘은 하나의 짝이 되지! 그러니까 둘은 짝수야. 둘은 2니까 2는 짝수인 거지."

이런 방식으로 3, 4, 5, 6, 7, …… 각각이 짝수인지 홀수인지를 확인하게 합니다. 이 과정을 통해 짝수와 홀수의 개념을 이해하게 되고, 각각의 수가 짝수인지 홀수인지를 알게 됩니다. 그다음에는 1~10까지의 숫자 카드를 주고 각각 짝수인지 홀수인지를 구분해 보게 합니다.

"1은 하나! 하나는 짝이 없으니까 홀수! 2는 둘이니까 짝수! 3은 셋이니까 셋 중에 둘로 짝을 지으면 하나가 남아서 홀수! ……"

그다음에는 10보다 큰 수를 주고 짝수인지 홀수인지 알아보게 합니다.

"16은 짝수일까? 홀수일까?"

"16은 열 개짜리 1개랑 낱개 6개가 있는 거네."

이때 아이가 아직 10이 넘는 수에 익숙하지 않으면 그림을 그리게 합니다.

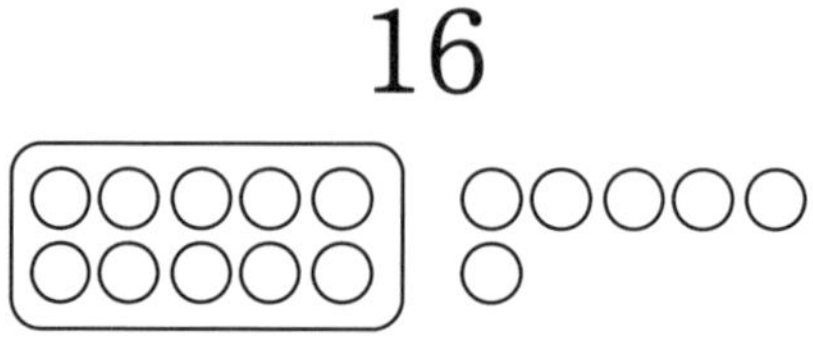

그리고 낱개 동그라미를 둘씩 짝지으면서 16이 짝수인지 홀수인지 알아보게 합니다.

이 과정은 **이해한 개념을 활용해서 주어진 문제를 해결하는 과정**입니다. 이해한 개념을 다지는 효과도 있고, 문제 해결력 훈련도 됩니다. 그리고 2, 4, 6, 8, 10, …… 이렇게 둘씩 묶어 세면서 짝수인지 홀수인지를 알아내는 방법도 알게 됩니다.

(11) 백을 왜 '100'이라고 쓸까? (백(100))

100이 뭘까요? 100이라는 숫자에는 어떤 의미가 담겨 있을까요? 교과서에는 이렇게 정리되어 있습니다.

> 99보다 1 큰 수를 100이라고 합니다.
> 100은 백이라고 읽습니다.

초등학교 1학년 아이들이 위 내용만으로 100의 개념을 제대로 이해하는 것은 쉽지 않습니다. 만약 초등학교 1학년 아이가 아래 내용과 같은 생각을 해낸다면 100의 개념을 제대로 이해하게 될 것입니다.

89라는 숫자에는 어떤 의미가 담겨 있을까요? 89가 뭘까요? 89는 (뭔지는 모르지만 무언가) '십' 8개에 '일' 9개만큼이 있음을 나타내는 숫자입니다. 그런데 89 상태에서 '일'이 하나 더 생겼습니다. 그러면 어떤 변화가 생길까요?

- 일의 자리에 생기는 변화 : 원래 있던 9개에 1개를 더하면(9+1) '십' 하나가 되고, 일은 하나도 남지 않습니다.
- 십의 자리에 생기는 변화 : 원래 있던 십 8개에 십 1개를 더하면(8+1) 십은 9개가 됩니다.

• 숫자로 나타내면 90 : 십 9개에 일은 0개

그리고 90에 하나가 더 생기면 91, 하나가 더 생기면 92, 하나가 더 생기면 93이 됩니다. 계속 하나씩 더 생겨서 99까지 되었습니다. 99 상태에서 하나가 더 생기면 어떤 변화가 생길까요?

• 일의 자리에 생기는 변화 : 원래 있던 9개에 1개를 더하면(9+1) '십' 하나가 되고, 일은 하나도 남지 않습니다.
• 십의 자리에 생기는 변화 : 원래 있던 십 9개에 십 1개를 더하면(9+1) 십은 열 개가 됩니다. 십 열 개를 어떻게 나타내야 할까요?
• 십 열 개 나타내기 : 십 열 개가 모인 것을 '백'이라 부르기로 했습니다. 십 열 개가 모이면 '백'이 1개 생기는 거죠.
• 숫자로 나타내면 100 : 백이 1개, 십은 없으니까 0, 일도 없으니까 0

이제 아래의 개념 정리를 다시 읽어 보세요.

> 99보다 1 큰 수를 100이라고 합니다.
> 100은 백이라고 읽습니다.

(12) 곱하기(×)란 뭘까? (곱하기(×))

곱하기(×)를 처음 배울 때에는 더하기(+)와 헷갈릴 수 있기 때문에 두 연산 기호를 비교해서 이해하는 것이 좋습니다.

• 3+4 : 앞의 3은 셋, 뒤의 4는 넷. 3과 4를 모은 전체의 수는 7
• 3×4 : 앞의 3은 셋, 뒤의 4는 4번. 3이 4번 있는 것

●●● ●●● ●●● ●●●

3이 4번 있는 것의 전체 수는 12. 그래서 '3×4 = 12'입니다. 교과서에는 이 개념을 **'몇의 몇 배'**라고 표현합니다.

- 3×4 : 3의 4배

'몇의 몇 배'라는 표현을 쉽게 이해하는 아이도 있지만 그렇지 않은 아이라면 **'몇이 몇 번 있다'**라고 알려주는 것이 더 좋습니다.

곱하기의 개념을 이해했다면, 이해한 개념을 적용해서 문제를 풀어보게 합니다. 이 과정에서 개념 이해의 정도를 더 탄탄하게 다지게 됩니다. 그리고 문제를 풀 때는 풀이 과정을 이야기하면서 풀게 합니다.

- 5×3 : 5가 3번 있는 것. 그러면 5+5+5 = 15. 그래서 5×3 = 15
- 6×3 : 6이 3번 있는 것. 그러면 6+6+6 = 6+4+2+6 = 10+8 = 18. 그래서 6×3 = 18

이제 구구단 외우기를 진행합니다. 구구단을 외울 때는 2가지 방법을 적용하면 편리한데요. 하나는 거꾸로 외우기입니다. 2×1=2, 2×2=4, 2×3=6, 2×4=8, ……, 2×9=18 이렇게 외우기를 했다면 반대로 2×9=18, 2×8=16, 2×7=14, 2×6=12, ……, 2×1=2 이렇게 거꾸로 외우기도 함께 진행하면 좋습니다. 그리고 구구단 외우는 순서는 **'5단, 2단, 4단, 3단, 6단, 10단, 9단, 7단, 8단' 순**으로 외우는 것이 좋습니다. 아이에 따라 다소 차이가 있을 수 있지만 대체로 5단이 가장 쉽고 그다음으로 2단이 쉬운 편입니다. 1단은 굳이 앞부분에서 외울 필요는 없기 때문에 제일 마지막에 자연스럽게 알게 하는 것이 좋습니다.

2 도형

(1) 상자, 음료수 캔, 공 모양이에요. (직육면체, 원기둥, 구)

초등 저학년 때 나오는 입체도형은 직육면체, 원기둥, 구, 원뿔 등입니다. 그런데 '직육면체, 원기둥, 구, 원뿔'이라는 용어는 나오지 않고요. 이렇게 그림으로 보여줍니다. 본격적인 도형 개념 학습이 아니라 그냥 직관적으로 모양만 익히는 수준입니다.

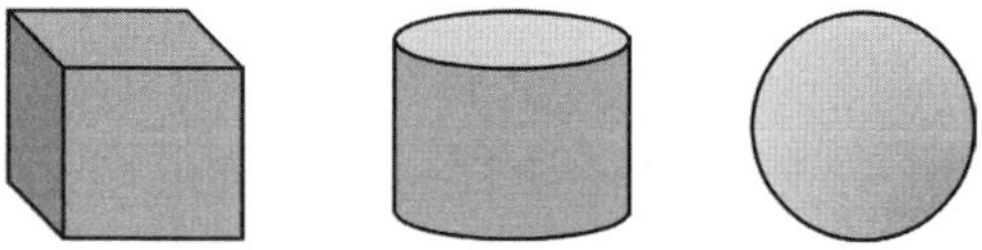

위와 같이 그림을 보여주고 교실에 있는 물건 중에서 같은 모양인 것을 찾아보게 하고요. 같은 모양끼리 모아 보게 합니다. 즉, 직육면체, 원기둥, 구를 직관적으로 알게 하고요. 이를 바탕으로 구분하고 분류하게 하는 거죠. 이 정도의 학습이라면 생활 속에서 그리고 간단한 교구 활동이나 블록 놀이만으로도 충분히 대비할 수 있습니다.

직육면체는 상자 모양이죠. 과자 상자, 책 상자, 각종 상품의 포장 상자로 자주 접할 수 있는 입체도형이고요. 원기둥은 음료수 캔 모양, 구는 공 모양입니다. 모두 유아 때부터 생활 속에서 자주 접할 수 있는 도형입니다. 유아 때부터 상자, 음료수 캔, 작은 공 모양의 블록으로 여러 가지 만들기 놀이를 하는 것은 훌륭한 도형 활동입니다. 특히 크고 작은 종이상자들은 입체도형으로 만들기 놀이를 할 때 아주 좋은 재료입니다. 제 아이도 유아 때 여러 가지 종이 상자를 이용해서 만들기 놀이를 즐겨 했었습니다.

(2) 세모, 네모, 동그라미 모양이에요. (원, 삼각형, 사각형)

초등 저학년 때 나오는 평면도형은 원, 삼각형, 사각형, 오각형, 육각형인데요. 1학년 때에는 입체도형과 마찬가지로 '원, 삼각형, 사각형'이라는 용어는 나오지 않습니다. 그림으로 보여주거든요.

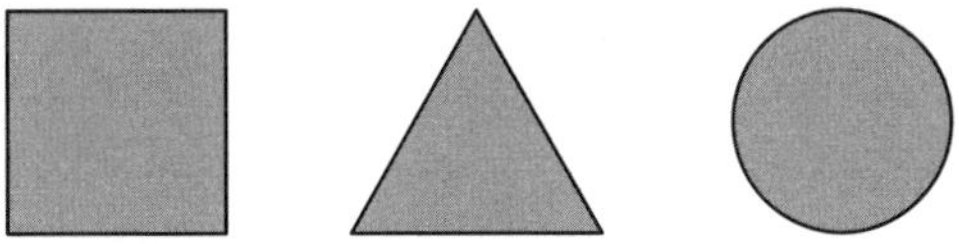

위와 같이 그림을 보여 주고 주변에서 같은 모양의 물건을 찾고, 분류해서 모아 보는 활동을 합니다. 즉, 원, 삼각형, 사각형을 개념적으로 알게 하는 것이 아니라 그림을 보고 직관적으로 알게 하고요. 이를 바탕으로 구분하고 분류하게 하는 거죠. 역시나 이 정도의 학습이라면 생활 속에서 그리고 간단한 교구 활동만으로도 충분히 대비할 수 있습니다.

사각형 하면 떠오르는 것은 색종이입니다. 책도 사각형 모양이고요. 상자도 위에서 내려다보면 사각형 모양이죠. 그리고 색종이를 대각선 기준으로 접으면 삼각형 모양이 됩니다. 생활 속 물체 하나에서 각 평명 도형의 모양을 찾는 활동도 좋습니다. 예를 들어 캔 음료수의 경우, 위에서 내려다보면 원 모양이지만, 옆에서 보면 사각형 모양입니다. 접시 중에는 사각형 모양도 있고, 원 모양도 있고요.

그리고 1학년 때에는 세 도형의 명칭을 '네모, 세모, 동그라미'로 지칭하는 것도 좋습니다. 교과서에서는 이렇게 하지 않지만 아래 내용을 참고해서 활용해 보시기 바랍니다.

- 모 : 뾰족한 끝부분을 '모'라고 불러요. (선과 선의 끝이 만난 곳, 모서리, 모퉁이)
- 세모 : 뾰족한 모가 세 개 있는 모양. 모가 세 개니까 세모
- 네모 : 뾰족한 모가 네 개 있는 모양. 모가 네 개니까 네모
- 동그라미 : 뾰족한 모가 없고, 동그랗게 이어진 모양

엄마 : (식탁에서 모를 가리키며) 이 부분을 뭐라고 부르게?

아이 : ???

엄마 : '모'라고 해. (다른 모서리를 가리키며) 여기, 이 뾰족한 끝부분은 뭐라고 부를까?

아이 : 모?

엄마 : 맞아. (책에서 모를 가리키며) 이 부분도 뾰족하지. 그러면 이 부분도 모라고 불러. 이제 집에서 모 부분을 찾아볼까?

위 사례처럼 '모'의 개념을 알려준 다음, 모가 세 개 있는 모양은 '세모', 모가 네 개 있는 모양은 '네모'라고 알려줍니다. 이 방식은 그림을 통한 직관적 이해가 아니라 개념 이해를 통한 도형 학습에 해당합니다. 초등 저학년 때에는 아이에 따라 이해의 정도가 다를 수 있으므로 아이에게 맞게 적절한 때에 진행해 보면 좋습니다.

(3) 원, 삼각형, 변, 꼭짓점, 사각형, 오각형, 육각형

1학년 때 도형에 대해 직관적으로 학습했다면, 2학년 때에는 평면 도형에 대한 개념 학습이 나옵니다. 그런데 이때 나오는 개념 학습의 수준은 이 정도입니다.

그림과같이 동그란 모양의 도형을 **원**이라고 합니다.

그리고 이런 활동을 합니다.

- 주변에 있는 물건을 사용하여 원을 그려 보시오.
- 주변에서 여러 가지 원 모양을 찾아 원의 특징을 서로 이야기해 보시오.
- 원을 사용하여 재미있는 그림을 그리고 이름을 붙여 보시오.

그리고 삼각형, 변, 꼭짓점의 개념을 이렇게 알려줍니다.

그림과 같은 모양의 도형을 **삼각형**이라고 합니다.

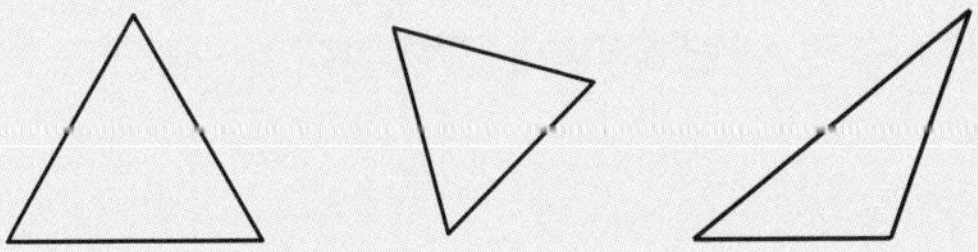

곧은 선을 **변**이라고 하고, 뾰족한 부분을 **꼭짓점**이라고 합니다.

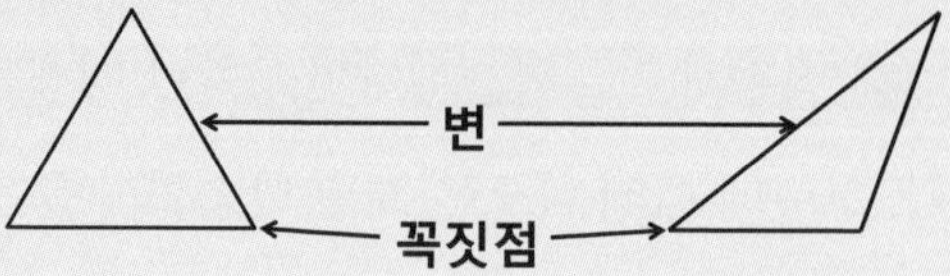

그리고 이런 질문과 활동이 나옵니다.

- 삼각형의 변은 몇 개일까?
- 삼각형의 꼭짓점은 몇 개일까?
- 주변에서 여러 가지 삼각형 모양을 찾아보시오.

만약 '삼각형'이란 도형을 개념적으로 학습한다면 '삼각형은 각이 3개인 모양'이라고 해야 합니다. 그런데 2학년에서는 몇 가지 삼각형 모양을 보여주면서 '이런 모양의 도형을 삼각형이라고 해!'라고 알려줍니다. 즉, 그림을 보여주면서 직관적으로 모양을 인지하게 하고, 직관적으로 인지한 모양에 '삼각형'이란 이름을 바로 연결해서 알려줍니다. 왜 이렇게 할까요?

만약 '삼각형은 각이 3개인 모양'이라는 개념 학습을 진행하려 한다면 '각'이 무엇인지를 먼저 이해해야 하는데요. 그게… 2학년에게는 쉽지 않습니다. 그래서 여전히 그림을 통한 직관적 학습을 적용하는 것으로 생각됩니다. 결론은, 2학년까지도 여전히 도형 학습은 어렵지 않게 진행된다는 거죠!

그림과 같은 모양의 도형을 **사각형**이라고 합니다.

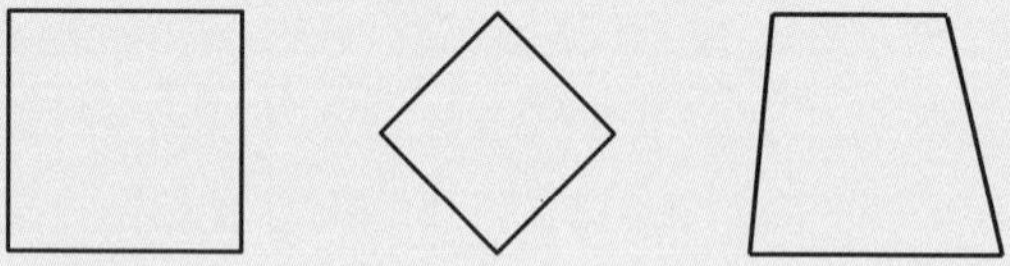

그리고 이런 질문과 활동이 나옵니다.

- 사각형의 변은 몇 개일까?
- 사각형의 꼭짓점은 몇 개일까?
- 주변에서 여러 가지 사각형 모양을 찾아보시오.

이렇게 삼각형과 사각형에 대한 학습을 진행한 다음, 이를 바탕으로 해서 오각형과 육각형의 개념을 파악하게 합니다. 이렇게요~

- 의 변은 몇 개입니까?
- 의 이름은 무엇이라고 하면 좋을지 이야기해 보시오.

삼각형은 변이 3개, 사각형은 변이 4개였죠. 그러면, **변이 5개면 오각형이라는 논리적인 결론을 생각**할 수 있습니다. 그리고 이렇게 개념 정리를 해 줍니다.

> 변이 5개인 도형을 **오각형**이라고 합니다.
> 변이 6개인 도형을 **육각형**이라고 합니다.

3 측정

(1) 몇 시일까? 몇 시 30분일까? (시계 보기 : 시, 30분)

초등 1학년 때에는 '몇 시, 몇 시 30분' 정도 수준에서 시각 읽기가 학습 목표입니다. 시각과 시간, 1분, 1시간, 1일, 1주일, 1개월, 1년 등에 대해서는 2학년 때 다루는데요. 2학년 때 어려워하는 단원 중 하나입니다. 이에 대해서는 뒤에서 자세히 정리하기로 하고요. 지금은 '시각과 시간'의 개념 차이를 정리하겠습니다.

• 부산까지 몇 시간 걸려요? ⇒ 맞는 표현

• 부산까지 몇 시각 걸려요? ⇒ 틀린 표현

• 현재 시간은 9시입니다. ⇒ 틀린 표현

• 현재 시각은 9시입니다. ⇒ 맞는 표현

시간은 '어떤 시각에서 어떤 시각까지의 사이'를 말하고요. 시각은 '시간의 어느 한 시점'을 말합니다.

* 시간 : 때 시(時) + 사이 간(間)

* 시각 : 때 시(時) + 새길 각(刻)

2시에 출발해서 4시에 도착했다면 2시와 4시 사이인 2시간 걸렸습니다. 출발한 시각은 2시고요. 도착한 시각은 4시입니다.

'몇 시, 몇 시 30분'이라는 시각 읽기는 다음과 같이 연습합니다. 시계에는 긴 바늘과 짧은 바늘이 있습니다. 아래 시계는 3시를 나타냅니다.

긴 바늘이 숫자 '12'를 가리킬 때 짧은 바늘이 가리키는 숫자를 보고 '몇 시'라고 읽는 거죠. 아래 시계를 보고 시각을 읽어볼까요? 먼저 긴 바늘의 위치를 확인합니다. 둘 다 숫자 12를 가리키고 있습니다. 그러면 짧은 바늘이 가리키는 숫자를 보고 '몇 시'라고 읽어야 합니다. 왼쪽 시계의 시각은 2시이고, 오른쪽 시계의 시각은 6시입니다.

이처럼 모형 시계를 가지고 시각을 바꾸면서 충분히 연습해 보는 것이 좋습니다. 다음으로 '몇 시 30분'이라는 시각 읽기를 연습합니다. 아래 시계는 1시 30분을 나타냅니다.

긴 바늘이 숫자 6을 가리키면 30분입니다. 그리고 짧은 바늘이 숫자 1과 2 사이를 가리키면 짧은 바늘이 지나온 숫자인 1을 가지고 1시라고 읽습니다. 짧은 바늘은 1시이고 긴 바늘은 30분이므로 이 시계의 시각은 1시 30분입니다. 이 때 **'짧은 바늘이 지나온'**이란 부분을 잘 이해하기 위해 진짜 시계의 긴 바늘을 시계 방향으로 빙글빙글 돌리면서 짧은 바늘이 돌아가는 방향을 인지하게 하는 것이 좋습니다. **'시계 방향으로 돈다.'**라고 했을 때 '시계 방향'이 어떤 방향인지도 직관적으로 알게 하는 거죠.

위 내용은 쉽지 않기 때문에 진짜 시계를 가지고 2~3회 정도 더 설명해 줍니다. 시각이 1시 30분인 시계에서 긴 바늘을 한 바퀴 돌려 2시 30분이 되는 과정을 보여주고 2시 30분이라는 시각 읽기를 알려주고요. 그 시각에서 다시 긴 바늘을 한 바퀴 돌려 3시 30분이 되는 과정을 보여주고 3시 30분이라는 시각 읽기를 알려줍니다.

아래 시계를 보고 시각을 읽어볼까요? 먼저 긴 바늘의 위치를 확인합니다. 둘 다 숫자 6을 가리키고 있으므로 둘 다 30분입니다. 왼쪽 시계의 짧은 바늘은 숫자 2와 3 사이에 있습니다. 그러면 짧은 바늘이 이미 지나온 숫자인 2를 가지고 2시라고 읽습니다. 따라서 이 시계의 시각은 2시 30분입니다. 오른쪽 시계의 짧은 바늘은 숫자 3과 4 사이에 있습니다. 그러면 짧은 바늘이 이미 지나온 숫자인 3을 가지고 3시라고 읽습니다. 따라서 이 시계의 시각은 3시 30분입니다.

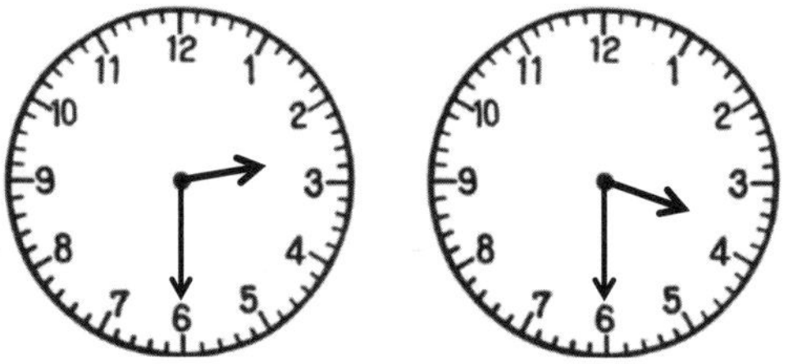

이처럼 '몇 시 30분'이라는 시각 읽기도 모형 시계를 가지고 시각을 바꾸면서 충분히 연습해 보는 것이 좋습니다.

(2) 시간이란 뭘까? 분은 뭘까? (시간, 분)

이제 기초 단계인 '분' 읽는 방법과 '시' 읽는 방법을 익혀야 합니다. 기초를 탄탄히 하는 데 공을 많이 들여야 하는데요. '시'는 시계의 안쪽에 있는 숫자로 읽고, '분'은 작은 눈금 숫자를 세서 읽어야 합니다. 아래와 같은 그림을 보면서 익히면 더 좋습니다. '시'는 안쪽에 있는 숫자로, '분'은 바깥쪽에 있는 '숫자'로 읽으면 됩니다.

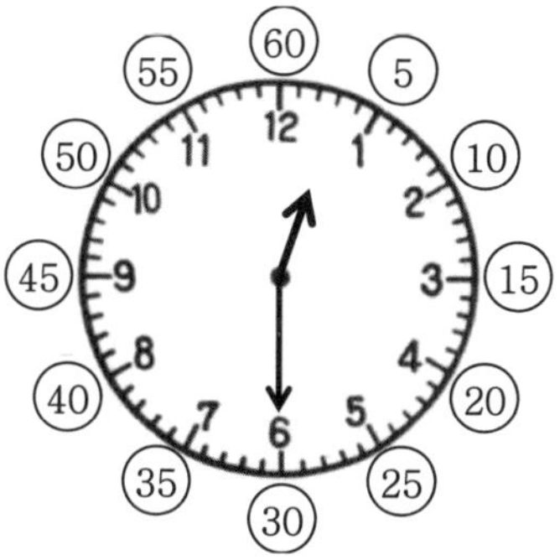

왜 '시'가 '10시'까지 있지 않고 '12시'까지 있는지 이해하기는 너무 어렵고요. 2학년에서 시각과 시간을 배울 때에는 직관적으로 익히고 반복 연습으로 익숙해져야 합니다.

처음에 '초'와 '분'은 단위별로 시간의 정도를 느껴보게 하는 게 좋습니다. 초 바늘이 한 칸 움직일 때마다 "1초 지났다. 또 1초 지났다. 또 1초 지났다."라고 하면서 1초가 어느 정도인지 느껴보게 하고요. 분 바늘이 한 칸만큼 움직이면 "1분 지났다." 또 한 칸만큼 움직이면 "1분 지났다." 라고 하면서 1분이 어느 정도인지 느껴보게 합니다. '시'까지 그렇게 하기에는 '1시간'이란 시간이 좀 길죠. ^^!

이제 '분' 읽는 방법을 익힙니다. "분 바늘이 한 칸만큼 갔지. 이제 1분 지난 거야. 분 바늘이 또 한 칸만큼 갔지. 또 1분 지난 거야. 분 바늘이 5칸만큼 갔다면 몇 분 지난 걸까? 맞아 5분 지난 거야. 그런데 시계에는 분을 알려주는 숫자가 없어. 시계 안쪽에 있는 작은 칸을 이용해서 읽어야 해. 시계 안쪽에 있는 숫자 1까지는 분 칸이 몇 개 있니? 세어보렴. 5개 있지. 시계 안쪽에 있는 숫자 1과 2 사이에는 분 칸이 몇 개 있니? 5개 있지. 이렇게 시계 안쪽에 있는 숫자가 '1'씩 커질 때마다 분 칸은 5개씩 늘어나. 그러면 이렇게 변하는 거야.

* 시계 안쪽 숫자 1까지 ⇒ 분 칸 5칸 ⇒ 5분

* 시계 안쪽 숫자 2까지 ⇒ 분 칸 10칸 ⇒ 10분

* 시계 안쪽 숫자 3까지 ⇒ 분 칸 15칸 ⇒ 15분

이렇게 시계 안쪽 숫자가 1씩 커질 때마다 '5분'씩 늘어나는 거야."

수학은 '배울 학'보다 '익힐 습'이 훨씬 중요하다고 했습니다. 이제 '분' 읽기만 익힐 습을 합니다. 아이가 헷갈려 하면 2~3문제는 시범을 보여 주시고요. 바로 읽는 아이도 있지만 시범을 보여줘야 읽는 아이도 있습니다. '모자란' 것이 아니라 '다른' 것입니다. '잘하고 못 하고'가 아니라 '시간 차이'일 뿐입니다. '지금 잘 하기'가 중요한 것이 아니라 '고3까지 잘하기'가 훨씬 중요합니다. 그래서 부모는 마음을 다스리며 아이에게 맞게 친절하게 코치하고 기다려 줘야 합니다.

시계에서 긴 바늘이 '분'을 나타내는 바늘이라는 것을 알려주시고요. 긴 바늘이 '3'에 있으면 '5분'이 '3번'인 거니까 5×3=15(분). 당연한 얘기지만 시계를 직접 돌려보고, 돌리면서 달라지는 것을 확인하면서 학습해야 쉽습니다.

이번에는 '1시간'의 개념을 익히는 방법입니다. 아래 그림에서 시계 안쪽에 있는 숫자는 '시'를 알려주는 숫자이고 바깥쪽 숫자는 '분'을 알려주는 숫자라고 알려주세요.

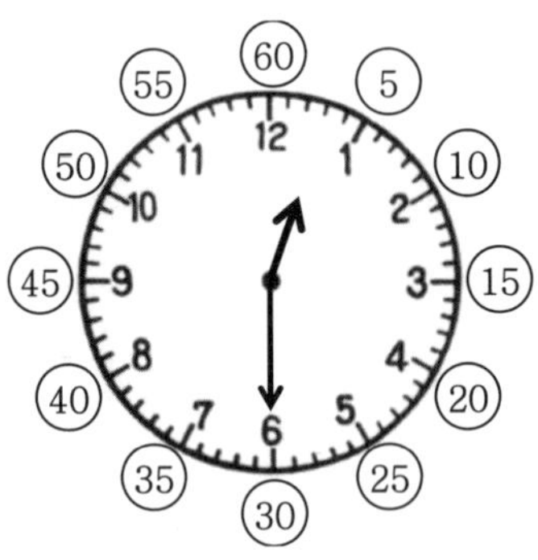

분침(긴 바늘)이 한 바퀴 돌 때마다 시침은 1만큼씩 움직인다는 것부터 알아야 합니다. 분침과 시침을 12에 맞춰 놓고, 손가락으로 분침을 한 바퀴 돌리면서 아이에게는 시침이 어떻게 변하는지 살펴보게 합니다. 분침이 한 바퀴 돌면 시침은 1만큼 움직입니다. 분침을 또 한 바퀴 돌면 시침은 또 1만큼 움직입니다.

"긴 바늘(분침) 한 바퀴는 몇 분이지?"

"60분"

"짧은 바늘(시침) 1 만큼은 몇 시간이지?"

"1시간"

"그럼 긴 바늘이 60분 도는 동안 짧은 바늘은 몇 시간 움직이지?"

"1시간"

이 과정을 통해 1시간이 60분이라는 것을 직관적으로 알게 합니다.

시간이 뭘까요? **시간은 '변화'입니다.** 초, 분, 시, 일, 월, 년 등은 모두 사람들이 약속한, 시각과 시간을 나타내는 단위들입니다. 무엇을 기준으로 이런 단위들을 만들었을까요? '변화'입니다. 지구가 태양을 돕니다. 위치가 변하죠. 처음 위치로 되돌아왔습니다. 한 바퀴 돌았죠. 지구가 태양을 한 바퀴 도는 동안 걸린 기간이 있죠. 이만큼의 변화 기간을 '1년'으로 정했습니다. 아침, 낮, 오후, 저녁, 한밤, 새벽. 계속 변하죠. 다시 아침이 옵니다. 지구가 스스로 한 바퀴 돌았죠. 아침부터 그 다음 아침까지 한 바퀴 도는 동안 걸린 기간이 있죠. 이만큼의 변화 기간을 '1일'로 정했습니다.

만약 아무것도 변하지 않는다면 '시간'이라는 개념도 생기지 않았을 것입니다. 그런데 이 내용은 어렵습니다. 그래서 아이들에게 긴 바늘과 짧은 바늘의 변화를 보여줍니다. 분침의 위치가 한 칸만큼 이동하는 데 걸린 시간이 '1분'이고, 시침의 위치가 1만큼 이동하는 데 걸린 시간이 '1시간'이라는 것을 알게 해 주세요. 몇 시 몇 분인지 읽는 것은 그다음 단계입니다.

이제 '시'를 읽어보겠습니다. 시계 안쪽에 있는 숫자가 '시'를 알려주는 숫자라고 했습니다.

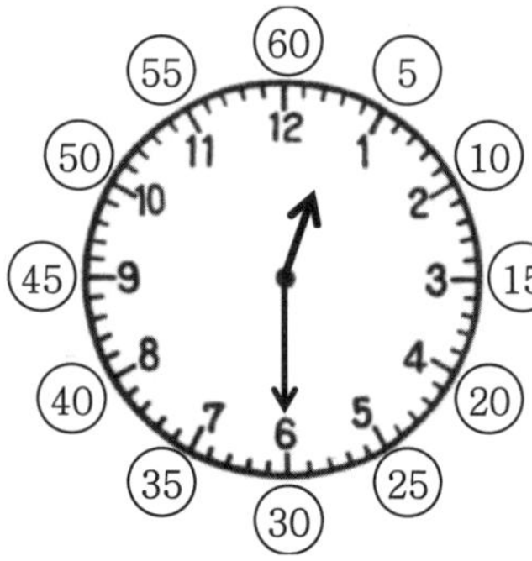

시계를 보면서 '몇 시'인지를 읽는 방법은 두 가지입니다. 첫째, 짧은바늘이 2, 3, 4 등의 숫자를 가리키면 그 숫자가 '시'입니다. '1'을 가리키면 '1시', '2'를 가리키면 '2시'입니다. 둘째, 짧은바늘이 숫자 1과 2 사이에 있으면 '1시'로 읽고요. 2와 3 사이에 있으면 '2시'로 읽습니다.

- 짧은바늘이 숫자 1과 2 사이에 있을 때 ⇒ 1시는 지났고 2시는 아직 안 된 시점
- 짧은바늘이 숫자 2와 3 사이에 있을 때 ⇒ 2시는 지났고 3시는 아직 안 된 시점

이제 사례를 여러 번 보여주면서 시각을 읽게 합니다. 당연히 처음부터 잘 읽을 수는 없습니다. 이해한 내용을 적용해서 충분히 연습해야 합니다. 그다음 아이가 시각을 잘 읽으면 시각 읽는 방법을 설명해 보게 합니다. 예를 들면요~

“시계에서 시각을 읽을 때는 먼저 짧은바늘의 위치를 보고 몇 시인지를 읽어야 해요. 숫자 2에 있으면 2시이고, 숫자 2와 3 사이에 있어도 2시에요. 그다음 긴바늘의 위치를 보고 몇 분인지를 읽어야 해요. 작은 눈금 한 칸이 1분이에요. 긴바늘이 숫자 1을 가리키면, 5칸만큼 온 것이니까 5분이에요. 숫자 2를 가리키면 10칸만큼 온 것이니까 10분이에요. 이렇게 짧은바늘과 긴바늘의 위치를 보고 시각을 읽어야 해요.”

잘 아시겠지만 ‘설명’은 ‘이해’보다 훨씬 어려운 사고입니다. 위와 같이 ‘설명’하려면, 설명하기 전에 시각 읽은 방법과 원리를 정확히 이해해야 하고 이해한 데로 시각을 많이 읽어봐야 합니다.

(3) 오전이란 뭘까요? 오후란 뭘까요? (오전, 오후)

오전과 오후의 개념을 이해할 때는 ‘한낮’에서 시작하는 것이 좋습니다. 논리적으로 사고하고 이해하는 순서를 이렇게 잡아봤습니다.

① 낮과 밤

• 낮 : 해가 떠 있을 때 (해가 떠서 밝을 때)

• 밤 : 해가 졌을 때 (해가 져서 어두울 때)

② 오(午) ⇒ 午(낮 오)

⇒ 낮을 한자어로는 ‘오’라고 함

③ 정오(正午) ⇒ 낮 중에서도 한낮, 낮의 중간(대략~)

⇒ 태양이 머리 위 어딘가에 있을 때 ⇒ 낮 12시경

④ 오전(午前) ⇒ 午(낮 오) + 前(앞 전)

⇒ 한낮을 기준으로 해서 그 전 12시간 ⇒ 정오를 기준으로 그 전 12시간 ⇒ 낮

12시의 앞쪽 12시간 ⇒ 시계를 보여주고, 짧은 바늘을 12시에서 뒤로 한 바퀴 돌리면서 알려주세요. ⇒ 짧은 바늘을 뒤로 돌릴 때 중간중간에 아이의 생활 모습을 이야기해 주세요.

(예) 8시에 왔을 때 : 이때가 오전 8시인데 주로 아침밥을 먹지.

⑤ 오후(午後) ⇒ 午(낮 오) + 後(뒤 후)

⇒ 한낮을 기준으로 해서 그 후 12시간 ⇒ 정오를 기준으로 그 후 12시간 ⇒ 낮 12시의 뒤쪽 12시간 ⇒ 시계를 보여주고, 짧은 바늘을 12시에서 앞으로 한 바퀴 돌리면서 알려주세요. ⇒ 짧은 바늘을 뒤로 돌릴 때 중간중간에 아이의 생활 모습을 이야기해 주세요.

(예) 2시에 왔을 때 : 이때가 오후 2시인데 학교(유치원)가 끝나는 때야. 7시에 왔을 때 : 이때가 오후 7시인데 저녁밥 먹을 때야.

(4) 1일이란 뭘까? 1주일이란 뭘까? (1일, 1주일)

1일은 하루를 말합니다. 보통 '하루' 하면 아침부터 그다음 날 아침 전까지를 생각하기 쉬운데요. 시각과 시간에서는 좀 다르죠. 하루가 24시간이라는 것은 비슷하지만 시각으로는 저녁 12시부터 그다음 저녁 12시까지가 하루입니다. 이 차이점을 잘 알려줘야 합니다. 시계에서 시침을 돌리면서 알려주는 것이 쉽습니다.

그리고 1주일은 달력을 보면서 대화를 통해 익히는 것이 좋습니다.

- '월'은 무슨 요일일까요? ⇒ 월요일
- '화'는 무슨 요일일까요? ⇒ 화요일
- '수'는 무슨 요일일까요? ⇒ 수요일
- '목'은 무슨 요일일까요? ⇒ 목요일

- ‘금’은 무슨 요일일까요? ⇒ 금요일
- ‘토’는 무슨 요일일까요? ⇒ 토요일
- ‘일’은 무슨 요일일까요? ⇒ 일요일
- ‘일요일’ 다음에는 무슨 요일인가요? ⇒ 월요일
- 월요일부터 일요일까지 가면 그다음에는 어떻게 되나요? ⇒ 다시 월요일부터 시작해요.
- 요일은 월요일부터 일요일까지가 반복돼요. 월요일부터 일요일까지를 ‘1주일’이라고 해요.
- 1주일은 며칠인가요? 또는 1주일은 하루가 몇 번 있는 것인가요? ⇒ 7일 또는 7번

이렇게 해서 1주일은 월요일부터 일요일까지 7일이라는 것을 알게 합니다.

(5) 월이란? 개월이란? 년이란? (월, 개월, 년)

이번에는 12달을 한 번에 볼 수 있는 달력을 활용하는 것이 좋습니다. 달력을 보면 1월, 2월, 3월,…, 12월이 있습니다. 달력을 보면서 각 달은 며칠로 이루어져 있는지 써보게 합니다.

이 과정을 통해 어떤 달은 30일이고, 어떤 달은 31이고, 30일보다 적은 달도 있다는 것을 알게 합니다. 그리고 월은 1월부터 12월까지 있습니다. 1월부터 12월까지가 1년입니다. 즉, 1년에는 월이 12번 있습니다. 이것을, **‘1년은 12개월입니다.’**라고 말합니다. ‘개월’이라는 용어가 등장했는데요.

‘2월’은 2월달을 말합니다. **‘2월달’ 하나**만 뜻합니다. 그런데 **‘2개월’은 달이 두 개** 있는 것입니다. “2월에 여행을 다녀왔어요.”라고 하면 2월 한 달 동안 여행을

갔던 거지만, "2개월 동안 여행을 다녀왔어요."라고 하면 몇 월과 몇 월인지는 모르지만 두 달 동안 여행을 갔던 것입니다.

- 1월부터 2월까지 여행을 갔다 왔어요. ⇒ 2개월 동안 여행을 갔다 왔어요.
- 7월부터 8월까지 외국에 있었어요. ⇒ 2개월 동안 외국에 있었어요.

1년은 12개월입니다. 월이 12번 있는 것입니다. 24개월은 '12개월+12개월'이죠. 그러면 '1년+1년'이니까 2년입니다. 14개월은 '12개월+2개월'이죠. 그러면 '1년 2개월'입니다.

돈 세기, 시계 보기, 달력 보기 이 세 가지는 아이들이 어려워하는 내용입니다. 그럴수록 친절하게, 충분한 시간을 가지고, 충분한 연습을 할 수 있게 해야 합니다. 재촉하지 마세요. 원래 어려우니까요. ^.^

(6) 단위길이란? 1cm란? 1m란? (단위길이, 1cm, 1m)

2학년 때 나오는 길이 재기 단원은 어렵지 않지만 중요합니다. 왜냐하면, **초등 저학년 때 할 수 있는, 수학에 대한 본질적인 학습이기 때문**입니다. 본질적인 학습이라고 한 이유는 '1cm란 무엇인가?', 'cm라는 단위를 왜 만들었는가?'라는 질문이 있고 그 답을 찾아가는 과정이 있기 때문입니다.

사람들은 'cm'라는 단위를 만들기 전에도 길이를 쟀습니다. 'cm' 아닌 다른 단위를 이용했죠. 뼘으로 길이를 잴 수도 있고요. 자신이 가지고 있는 연필로 길이를 잴 수도 있습니다. 발걸음으로 잴 수도 있습니다. 어릴 적 친구들과 놀 때 발걸음으로 길이를 재면서 선을 그었던 것처럼요.

뼘, 연필, 발걸음과 같이 **어떤 길이를 재는 데 기준이 되는 길이를 단위길이**라고 하고요. 단위길이의 종류는 아주 많습니다. 그런데 사람들이 각자의 단위길이로 길이를 재면 문제가 생깁니다. 예를 들어, 내 손으로 5뼘이라고 길이를 잰 다음, 다른 사람에게 5뼘이라고 알려주기만 하면, 그리고 그 사람이 내 손이 아닌 자기 손으로 5뼘을 재면, 각자 똑같이 5뼘만큼 길이를 쟀지만 두 길이는 서로 달라집니다. 이 문제를 해결하려면 **모든 사람이 똑같은 길이의 단위길이를 사용**해야 합니다. 그래서 약속을 하게 됩니다.

이만큼의 길이를 **'1cm'**라 쓰고, **'1 센티미터'**라고 읽기로 약속한 겁니다. 그리고 길이를 잴 때 이 '1cm'라는 단위를 사용하기 시작했습니다. 그러면 어떤 사람이 길이를 재도 아무런 문제가 생기지 않으니까요. 즉, 이 단원의 핵심은 1cm가 무엇이고 왜 만들었는지를 이해하는 것입니다.

그다음에 '1m'라는 단위가 나옵니다. 1m는 1cm가 100개 있는 거죠. 여기서 본질적인 질문은 '1m란 무엇인가?', 'm라는 단위를 왜 만들었는가?'겠죠. **1m란 1cm를 100개 이어 붙인 만큼의 길이**입니다. 처음에는 1cm 10개인지, 100개인지, 1000개인지가 좀 헷갈릴 수 있는데요. 실생활에서 자꾸 사용해 보는 것이 좋습니다. 그리고 cm로만 길이를 재면 학교 운동장처럼 크기가 아주 큰 것의 길이를 잴 때 숫자가 너무 커져서 불편하다는 것을 느껴보게 하면, 왜 1m라는 단위를 사용하는지 쉽게 이해할 수 있습니다.

여기까지 학습한 다음에 길이를 cm로만 나타내 보기도 하고, m와 cm를 함께 사용해 보기도 하고, 길이의 덧셈과 뺄셈도 계산해 보게 합니다. 처음에는 '1m 30cm-50cm' 같은 문제가 헷갈릴 수 있습니다. '13-5'의 경우, '13'의 앞 숫자인 '1'은 '1이 10개 있음'이었는데요. '1m 30cm'의 앞 숫자인 '1'은 '1cm가 100개 있음'이기 때문입니다. 그래서 처음 개념 학습을 할 때 '1m란 1cm를 100개 이어붙인 만큼의 길이'임을 명확하게 알아야 하고요. 이 개념을 적용해서 m를 cm로, cm를 m로 바꾸는 연습을 충분히 해야 합니다.

4 규칙성 (초등학교 1~2학년 과정)

1~2학년 규칙 찾기에서는 다음과 같은 내용을 학습합니다.

- 물체, 무늬, 수 등의 배열에서 규칙을 찾아 여러 가지 방법으로 나타낼 수 있다.
- 자신이 정한 규칙에 따라 물체, 무늬, 수 등을 배열할 수 있다.

교과서에는 물체, 무늬, 수 등을 주고 규칙을 찾게 하는데요. 물체의 규칙보다 무늬 규칙이 더 어렵고, 무늬 규칙보다 수 규칙이 더 어렵습니다.

- 물체 규칙

- 무늬 규칙

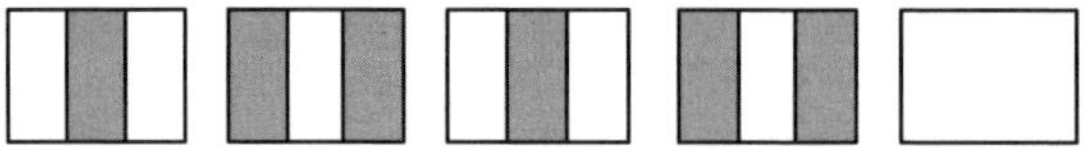

- 수 규칙

4 8 12 16 □

수에 충분히 익숙한 우리 부모에게는 무늬 규칙이 수 규칙보다 더 어렵게 느껴질 수 있지만 초등 저학년 아이들은 아직 수에 익숙하지 않기 때문에 무늬보다는 수 규칙이 더 어렵게 느껴집니다. 그리고 같은 무늬 규칙 문제라도 중간에 빠진 것을 추측하는 문제가 더 어렵습니다.

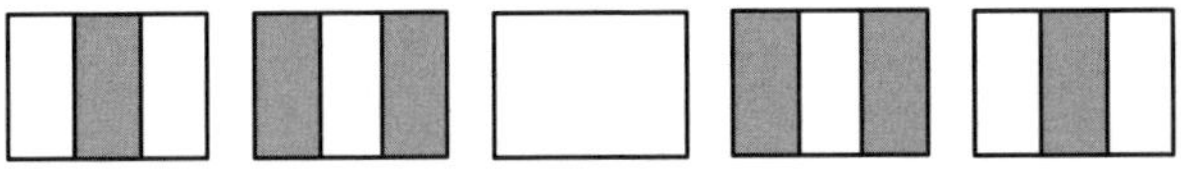

규칙 찾기는, 아이가 잘 해결하지 못할 때 어떻게 코치할 것인지 좀 애매한 영역입니다. 사고력의 영향이 크기 때문인데요. 규칙 찾기를 어려워하는 아이라면, 많이 해 보는 수밖에 없습니다. T.T

다중 지능 이론에 따르면 인간의 지능은 8가지로 구분합니다. 논리-수학적 지능, 언어적 지능, 음악적 지능, 공간적 지능, 신체-운동적 지능, 대인 관계적 지능, 개인 내적 지능, 자연주의적 지능 등인데요. 거의 대부분의 인간은 8가지 지능 중 한 가지 혹은 몇 가지 분야에서 강점 또는 약점을 가집니다. 만약 아이의 논리-수학적 지능이 다른 아이들에 비해 상대적으로 낮을 경우, 다른 아이들에 비해 상대적으로 수학 문제를 더 어려워할 수 있습니다. 이는 부모로부터 받은 유전자가 원인이므로 굳이 탓을 하자면 부모를 탓해야 할 것입니다. 물론 누구를 탓할 문제는 아닙니다.

중요한 것은, 아이의 능력을 잘 판단하고 그것에 맞게 학습 코치를 해 주는 것입니다. 내 아이가 다른 아이에 비해 규칙 찾기 문제를 더 어려워한다면 다른 아이들보다 좀 더 많은 문제를 풀어보게 하고요. 이때 아이의 자존감이 떨어지지 않도록 적절히 칭찬과 격려를 해 주어야 합니다.

5 자료와 가능성

(1) '예쁜 도형'으로는 분류할 수 없어요. (적절한 분류 기준)

주변에 있는 사물을 정해진 기준으로 분류하는 활동을 하기 전에 적절한 기준이란 어떤 것인지를 먼저 생각해 보는 것이 좋습니다. 예를 들면, 아래 그림을 보고 2가지 분류 기준 중에서 어느 것이 적절한 분류 기준인지를 생각해 보게 합니다.

[분류 기준 1] 위 도형을 세모, 네모, 동그라미로 분류하세요.

[분류 기준 2] 위 도형을 예쁜 도형과 예쁘지 않은 도형으로 분류하세요.

위 2가지 분류 기준 중에서 적절한 분류 기준은 1번입니다. 적절한 분류 기준은 어떤 사람이 분류하더라도 똑같이 분류하게 되는 기준이어야 합니다. 세모는 어떤 사람이 봐도 세모이고, 네모는 어떤 사람이 봐도 네모입니다. 하지만 예쁜 도형은 사람에 따라 다를 수 있습니다. 어떤 사람은 세모를 예쁜 모형이라 생각할 수 있지만 다른 사람은 세모를 예쁘지 않다고 생각할 수 있습니다. 사람을 분류할 때에도 '안경 쓴 사람'은 분류 기준이 될 수 있지만 '잘생긴 사람'은 분류 기준이 될 수 없습니다.

(2) 분류 기준을 직접 정해 보아요. (분류 기준 만들기)

분류 기준을 직접 만드는 것은 쉽지 않는 활동입니다. 분류할 대상 전체를 관찰해서 적절한 분류 기준을 생각해 내야 하는데요. 가장 좋은 훈련 방법은 아이가 직접 해 보는 것입니다. 먼저 주어진 분류 기준에 따라 분류하는 활동을 통해 감을 잡은 다음 각자 분류 기준을 만들어 보는 것이 좋습니다.

[분류하기] 기계의 힘으로 움직이는 것과 사람의 힘으로 움직이는 것

이렇게 먼저 주어진 분류 기준에 따라 분류하는 활동을 해 본 다음, 스스로 다른 분류 기준을 만들어 보게 합니다. 어떤 기준이 있을까요?

[분류 기준] 빠른 것과 느린 것

이 기준은 적절하지 않습니다. 자전거는 유모차보다는 빠르지만 자동차보다는 느리니까요.

[분류 기준] 도로로 갈 수 있는 것과 갈 수 없는 것

이 기준은 적절합니다.

(3) 분류를 하면 이런 점이 좋아요. (분류의 장점)

왜 교과서에 분류하기 활동을 넣은 것일까요? 생활에 도움이 되기 때문입니다. 어떤 도움이 될까요?

숟가락, 젓가락, 포크, 작은 칼 등을 섞어서 상자에 담아 놓고 아이에게 젓가락 또는 포크 몇 개를 꺼내보게 합니다. 그다음, 각각을 분류해 놓고 젓가락 또는 숟

가락 등을 꺼내보게 합니다. 그리고 두 경우를 비교해 보게 합니다.

분류를 하면 어떤 점이 좋을까요? 우선 정리가 잘 되어 **보기 좋습니다.** 옷도 종류별로 분류해서 보관하면 훨씬 보기 좋습니다. 장난감도 분류해서 보관하면 훨씬 보기 좋습니다.

분류의 또 다른 좋은 점은 **찾기 쉽고, 사용하기 쉽다는 것입니다.** 분류가 잘 되어 있으면 젓가락이나 포크 등을 쉽게 찾을 수 있습니다. 아빠 양말, 엄마 양말, 아이 양말이 모두 섞여 있다면 양말을 신으려 할 때마다 찾기가 번거로울 것입니다. 길이 재기 단원에서도 '왜 cm라는 단위가 필요한가?'를 알아봤던 것처럼, 분류하기에서도 **'왜 분류하는 것이 좋은가?'**를 느껴보는 것이 중요합니다.

(4) 특징으로 분류 기준을 정해야 해요. (특징 파악)

아이가 수학을 싫어하는 이유는 둘 중 하나일 확률이 높습니다. 너무 쉬워서 재미가 없거나, 너무 어려워서 어찌해야 할지 모르는 경우입니다. 분류하기에서는 기준에 따라 분류하는 것보다 기준을 정하는 것이 훨씬 어렵습니다. 어려운 경우라면 배려가 필요하고요.

[과제] 아래 동물들을 보고 분류 기준을 정해 보세요. 그리고 정한 분류 기준에 따라 분류해 보세요.
할미새, 판다, 바다거북, 비단잉어, 호랑이, 돼지, 앵무새, 코끼리, 돌고래, 사슴, 독수리
(실제 활동에서는 사진이나 그림으로 보여줍니다.)

이 경우 분류 기준을 정하기 전에 각 동물의 특징을 이야기해 보는 것이 좋습니다.

- 새는 날아다녀요.
- 호랑이는 땅 위를 걸어 다녀요.
- 물고기는 물속을 헤엄쳐 다녀요.
- 돼지는 땅 위를 걸어 다녀요.
- 앵무새는 날아다녀요.
- 코끼리는 땅 위를 걸어 다녀요.
- 돌고래는 물속을 헤엄쳐 다녀요.
- 사슴은 땅 위를 걸어 다녀요.
- 독수리는 날아 다녀요.

이처럼 동물의 특징을 이야기해 보면 보다 손쉽게 분류 기준을 정할 수 있습니다.

[분류 기준] 땅 위를 걸어 다니는 동물, 물속을 헤엄쳐 다니는 동물, 하늘에서 날아다니는 동물

그리고 또 다른 분류 기준을 생각할 때 사고를 확장할 여지도 생깁니다.

[분류 기준] 다리가 있어요, 다리가 없어요.

중요한 것은, 역시나 스스로 생각해 보고, 이야기하고, 기준 정하고, 분류해 보는 것입니다. 생각하기, 이야기하기, 정리하기, 기준 정하기, 분류하기 등은 모두 '아는 것'이 아니라 아는 것을 이용해서 '하는 것'입니다. '하는 것'은 처음부터 잘할 수 없으며, 자꾸 해 봐야 잘하게 됩니다.

(5) 표와 그래프를 직접 만들어 봐요. (표, 그래프)

지식 중에는 개념이나 법칙도 있고, '순서(절차)'도 있습니다. '모든 물체는 서로 당기는 힘이 있다.'는 법칙이고요. '99보다 1 큰 수는 100입니다. 100은 백이라고 읽습니다.'는 개념입니다. '순서(절차)' 지식은 표와 그래프에 나오는데요. 표와 그래프를 만드는 순서(절차)를 배웁니다. 표와 그래프를 만드는 순서(절차)는 이렇습니다.

① 과제 알기

② 기초 자료 조사하기

③ 분류하기

④ 표로 만들기

⑤ 그래프로 만들기

당연히 위 절차를 외울 것이 아니라, 위 절차대로 표와 그래프를 직접 만들어 보는 게 좋습니다.

① 과제 알기 : 우리 반 학생들은 현장 체험 학습을 어느 곳으로 가고 싶어 하는지 알아봅니다.

② 기초 자료 조사하기 : 친구들 각자 어느 곳으로 가고 싶어 하는지 조사합니다.

③ 분류하기 : 같은 장소를 가고 싶어 하는 학생끼리 이름을 써 봅니다.

④ 표로 만들기 : 조사한 자료를 보고 표로 나타내어 봅니다.

⑤ 그래프로 만들기 : 표를 보고 그래프로 나타내어 봅니다.

실생활에서는 '우리 가족이 좋아하는 음식을 알아봅니다.'라는 주제로 활동을 해 보는 것도 좋습니다. 이 경우에는 이모와 삼촌, 할아버지와 할머니까지 포함해서 조사하는 것이 좋습니다. 물론 직접 해 본다는 것이 가장 중요하고요. ^.^

3~4학년 수학 교육방법

(1) 초등 3학년 수학 학습은 이렇게!

초등학교 2학년 수학과 3학년 수학의 큰 차이 중 하나는 3학년부터 전문 어휘와 단위가 본격적으로 등장한다는 것입니다. 진분수, 예각, 평행사변형 등의 전문 어휘는 대체로 한자어입니다. 따라서 본격적으로 등장하는 전문 어휘와 단위의 개념을 정확하게 인지하는 것이 매우 중요합니다. 그리고 개념을 인지할 때는 최대한 연결고리를 만들어 이해해야 오래 기억할 수 있고, 시간이 지나 좀 헷갈리더라도 연결고리를 근거로 개념을 유추할 수 있습니다. 그래서 개념 정리를 할 때 한자어 뜻풀이 등을 통해 나름 연결고리를 만들어 정리했습니다.

3학년 때에도 수학 학습량을 많이 늘릴 필요는 없습니다. 하지만 **학습 습관 들이기, 학습 능력 기르기 측면에서 '수학'은 매우 중요**합니다. 이제부터는 수학책보다는 문제집 위주로 진행합니다. 계속해서 적당한 분량, 적당한 난이도로 꾸준히 진행하는 것이 핵심인데요. 일주일에 3~4회 수학 학습을 진행하세요. 하루 학습 시간은 1시간 정도가 적당합니다. **개념 공부, 연산 연습, 내신 문제 해결력 기르기가 1순위**입니다. 내신 문제 해결력 훈련은 학기 당 문제집 2권으로 진행하시고요. 연산은 하루 20~30문제 정도가 적당합니다.

초등 3학년 때에는 사회와 과학 수업도 본격적으로 시작되기 때문에 아이 입장에서는 갑자기 과목 수가 늘어난 느낌이 들고요. 엄마도 챙겨야 하는 과목 수가 많게 느껴집니다. 물론 다 잘하면 좋죠. 하지만 사회나 과학보다는 수학이 더 중요합니다. 전체적인 학습량에 부담을 느끼는 아이라면 수학은 밀리지 않게 하면서 사회나 과학의 학습량을 줄이는 것이 좋습니다. 수학을 잘하는 아이가 다른 과목도 잘할 가능성이 큰 편입니다.

(2) 초등 4학년 수학 학습은 이렇게!

초등학교 4학년은 고학년 전 단계인데요. 대부분은 중학년 상태입니다. 그래서 아직까지는 컨트롤이 되는 편입니다. 아직은 그분(사춘기)이 오시지는 않았을 것입니다. 타고난 성격이 겉으로 드러나면서 나타나는 변화는 문제 될 게 없는데요. 지나친 학습량으로 인해 마음에 멍이 들어 생기는 변화는 잘 찾아서 해결해야 합니다. 이때 아이는 많이 성장한 상태이므로 일방적으로 지시하지 마시고요. 함께 의논하는 것이 좋습니다.

일주일에 3~4회 수학 학습을 진행합니다. 하루 학습 시간은 1시간 정도가 적당합니다. 여전히 **개념 공부, 연산 연습, 내신 문제 해결력 기르기가 1순위**입니다. 내신 문제 해결력 훈련은 학기 당 문제집 2권으로 진행하시고요. 한 권이 끝나면 다른 문제집 한 권을 이어서 진행하고, 연산은 하루 20~30문제 정도를 꾸준히 진행합니다.

아이가 **4학년 1학기 교과서 내용을 어려워한다면 여름방학 때 1학기 복습**을 해야 합니다. 하루 학습 시간도 좀 늘려서 2학기가 시작되기 전에 복습을 끝내야 합니다. 난이도 중급 정도의 문제집을 선택하고, 방학 동안에 복습용 문제집 1권을 빨리 끝내고 2학기 예습도 어느 정도는 해야 합니다. 이때 가능하면 아이가 문제집을 풀 때 엄마도 옆에 있어야 합니다. 그래야 아이도 집중력을 유지할 수 있고, 엄마도 아이의 학습 수준을 더 잘 파악할 수 있습니다.

2. 3~4학년 수학 단행본

수학의 원리를 사고 파는 수학상점	예림당
알쏭달쏭 수학 이야기 30	두산동아
수학 시험을 막아라!	베틀북
천재고양이 펜로즈의 수학개념 대탐험	살림Math
세상에서 가장 오래된 수학책	쿠폰북
풀어보자! 수학의 비밀	중앙북스
양말을 꿀꺽 삼켜버린 수학 1~2	웅진씽크하우스
수학 편지	일출봉
오개념 탈출 프로젝트 수학	아울북
모아모아, 똑같이 나누어요!	주니어랜덤
거침없이 수학 탐험	중앙북스
확 잡히는 수학의 세계	중앙북스
3학년 수학이랑 악수해요	웅진주니어
수학 나라에서 만난 수학 괴짜들	주니어랜덤
꼬물꼬물 수학 이야기	뜨인돌
수학마법사	웅진씽크하우스
분수, 넌 내 밥이야!	북멘토
20인의 수학자 편지	거인
수학왕이 되는 연습노트	다산교육
플라톤 삼각형의 비밀	주니어김영사

세상 밖으로 날아간 수학	파란자전거
함정에 빠진 수학	주니어김영사
수학하는 어린 왕자	신인류
리틀 수학천재가 꼭 알아야 할 수학 이야기	교학사
각도 나라의 기사	승산
축구 신동 샤오베이, 수학 탐험에 나서다	그린북
수학대왕이 되는 놀라운 숫자 이야기	미래아이
수학아 수학아 나 좀 도와줘	삼성당
반원의 도형 나라 모험	창비
교과서 밖 기묘한 수학이야기	주니어김영사
피타고라스와 수학 천재들	주니어중앙
수학자 납치 사건	쿠폰북
문자와 식	두리미디어
바빌로고스와 이각형의 비밀	쿠폰북
수학 시험을 막아라!	베틀북
사라진 수학거울을 찾아라	쿠폰북
매쓰톤의 위치 좌표를 찾아라	쿠폰북
깔깔마녀는 수학마법사	부표
수학 귀신의 집 : 시끌벅적 수와 저절로 계산	살림어린이
재미있는 숫자 이야기	청년사
시간이 시시각각	주니어김영사
수학이 수군수군	주니어김영사

수학이 또 수군수군	주니어김영사
수학이 순식간에	주니어김영사
운수대통 수학왕	개암나무
지도 없이 떠나는 101일간의 수학의 세계	영교
4학년 수학이랑 악수해요	웅진주니어
수학 영재들, 지구를 지켜라!	주니어김영사
닥터 우바우바의 수학 클리닉	과학동아북스
생활에서 발견한 재미있는 수학 55	뜨인돌어린이
수학 잘하는 초등학생들의 77가지 비법	계림북스
초등학생이 가장 궁금해하는 알쏭달쏭 수학 이야기	하늘을나는교실

3 단원별 개념설명

<초등학교 3학년~4학년 개념원리 목록>

1. 수와 연산

(1) 만, 십만, 백만, 천만이란?	(만, 십만, 백만, 천만)
(2) 억이란 뭘까? 조란 뭘까?	(억, 조)
(3) 나누기는 한 사람의 몫 구하기예요.	(나누기(÷))
(4) '3×4 = 12'에서 '12÷3 = 4'예요.	(곱셈과 나눗셈의 관계)
(5) 몫은 뭘까? 나머지는 뭘까?	(몫, 나머지)
(6) 분수란? 분자란? 분모란? 단위분수란?	(분수, 분자, 분모, 단위분수)

(7) 사과 27개 중 9개는 몇 분의 몇일까? (전체를 하나로 보기)

(8) 진짜 분수? 가짜 분수? (자연수, 진분수, 가분수, 대분수)

(9) 왜 분자끼리만 더하거나 빼야 할까? (분수의 덧셈과 뺄셈 원리)

(10) 소수란 뭘까? 작은 수, 적은 수? (소수 0.1)

(11) 0.1은 10조각 중 1조각이에요. (소수 0.01, 0.001)

(12) 소수도 모아 세고 덜어서 세기 (소수의 덧셈과 뺄셈 원리)

2. 도형 (초등학교 3~4학년 과정)

(1) 직선과 선분은 무엇이 다를까? (직선, 선분, 반직선)

(2) 각은 도형일까? 도형이 아닐까? (각, 꼭짓점, 변, 직각)

(3) 예각은 예리한 각? 둔각은 둔한 각? (각도, 1도, 예각, 둔각)

(4) 수직은 크로스? 평행은 나란히? (수직, 평행)

(5) 원이란 뭘까? 동그란 거? (원, 원의 중심, 반지름, 지름)

(6) 변의 길이에 따라 삼각형이 달라져요. (삼각형, 이등변삼각형, 정삼각형)

(7) 각의 크기에 따라 삼각형이 달라져요. (직각삼각형, 예각삼각형, 둔각삼각형)

(8) 직사각형과 정사각형의 차이점은? (사각형, 직사각형, 정사각형)

(9) 사다리를 닮아서 사다리꼴이에요. (사다리꼴, 평행사변형, 마름모)

(10) 다각형과 정다각형은 무엇이 다를까? (다각형, 정다각형)

3. 측정 (초등학교 3~4학년 과정)

(1) 왜 1시간은 60분, 1분은 60초일까? (1분, 1시간)

(2) 초 단위까지 시각을 읽어야 해요. (1초)

(3) 1000걸음을 걸으면 약 1km예요. (1mm, 1km)

(4) 1mL는 물 얼마만큼의 부피일까? (1L, 1mL)

(5) 1g은 물 얼마만큼의 무게일까? (1g, 1kg, 1t)

1 수와 연산 (초등학교 3~4학년 과정)

(1) 만, 십만, 백만, 천만이란? (만, 십만, 백만, 천만)

우선 아이가 초등학교 3학년이 되었다면 '1000은 1이 천 개 있는 것, 1000은 10이 100개 있는 것, 1000은 100이 10개 있는 것'임을 이해하고 있는지 확인해 보세요.

초등학교 1학년 수학에서 가장 중요하면서 가장 어려운 것이 '10의 개념'이라고 했습니다. '10'이란 무엇일까요? '10'의 의미는 무엇인가요? '10'의 개념은 무엇인가요? 모두 같은 질문인데요. '10'은 9(구)보다 1(하나) 더 많은 수입니다. '십'은 1이 열 개 있는 것입니다. '십'은 10이라고 씁니다. 손가락이 열 개이기 때문에 9보다 1 더 많으면 손가락 모두를 1번 사용한 거죠. 10(십)은 일십입니다. 낱개는 없고, 십(열 개)이 한 개 있는 것입니다. 이 '십'의 개념을 잘 알아야 큰 수로 확장이 쉬워집니다.

'백'이 개념은 무엇인가요? '백'은 십이 10개 있는 것입니다. '백'은 100이라고 씁니다. 손가락이 열 개이기 때문에 십 9개에 십이 1개 더 있으면 손가락 열 개를 1번 사용한 거죠. 이때 손가락 한 개는 십 하나를 뜻합니다.

'천'의 개념은 무엇인가요? '천'은 백이 10개 있는 것입니다. '천'은 1000이라고 씁니다. 손가락이 열 개이기 때문에 백 9개에 백이 1개 더 있으면 손가락 열 개를 1번 사용한 겁니다. 이때 손가락 한 개는 백 하나를 뜻합니다.

일	1
십	10
백	100
천	1,000

'만'의 개념은 무엇인가요? '만'은 천이 10개 있는 것입니다. '만'은 10000이라고 씁니다. 손가락이 열 개이기 때문에 천 9개에 천이 1개 더 있으면 손가락 열 개를 1번 사용한 겁니다. 이때 손가락 한 개는 천 하나를 뜻합니다. 10000은 만 1개에 천은 없고요. 백과 십과 일도 없습니다.

- 1000이 10이면 10000입니다.

이것을 10000 또는 1만이라 쓰고 만 또는 일만이라고 읽습니다.

'십만'의 개념은 무엇일까요? '십'은 열 개입니다. '십만'은 만이 열 개 있다는 거죠. 만은 10000인데요. 10000이 두 개면 20000, 세 개면 30000, …, 아홉 개면 90000입니다. 열 개면 10000(만)이 10개 있는 것입니다.

- 10000이 10이면 100000 또는 10만이라 쓰고 십만이라고 읽습니다.

'백만'의 개념은 무엇일까요? '백'은 일이 100개 있는 거죠. 그러면 '백만'은 '만'이 100개 있는 겁니다. 10000(만)이 100개 있는 게 백만입니다.

- 10000이 100이면 1000000 또는 100만이라 쓰고 백만이라고 읽습니다.

'천만'의 개념은 무엇일까요? '천'은 일이 1000개 있는 거죠. 그러면 '천만'은 '만'이 1000개 있는 겁니다. 10000(만)이 1000개 있는 게 천만입니다.

- 10000이 1000이면 10000000 또는 1000만이라 쓰고 천만이라고 읽습니다.

일	1
십	10
백	100
천	1,000

일만	10,000
십만	100,000
백만	1,000,000
천만	10,000,000

(2) 억이란 뭘까? 조란 뭘까? (억, 조)

손가락 하나부터 아홉까지는 숫자 1부터 9까지로 각각의 수를 나타낼 수 있습니다. 그런데 아홉(9)보다 하나(1) 더 많아지면 다시 숫자 1이 등장합니다. 1과 0을 조합해서 10이라고 쓰죠. 10은 하나(1)와 없다(0)입니다. 1은 십 하나(1)입니다. 손가락 열 개를 1번 모두 사용했다는 거고요. 0은 낱개가 없다는 뜻입니다. 99보다 1 더 많아지면 다시 숫자 1이 등장합니다. 1과 0과 0을 조합해서 100이라고 씁니다. 100은 하나(1)와 없다(0)와 없다(0)입니다. 백 1개에 십 없고 낱개 없다는 거죠. 이것이 십진법의 원리입니다.

백이 하나면 일백, 둘이면 이백, 셋이면 삼백, …, 아홉이면 구백입니다. 그런데 백이 열 개 모였습니다. 백 열 개를 '천(일천)'이라 부르고 1000이라고 씁니다. 천이 하나면 일천, 둘이면 이천, 셋이면 삼천, …, 아홉이면 구천입니다. 그런데 천이 열 개 모였습니다. 천 열 개를 '만(일만)'이라 부르고 10000이라고 씁니다. 수의 원리는 이렇습니다.

일	1
십	10
백	100
천	1,000

일만	10,000
십만	100,000
백만	1,000,000
천만	10,000,000

여기에 더 익혀야 할 용어로 '억' 과 '조'가 있습니다. 1000(천)이 10개 모인 것을 만(일만) 이라고 합니다. 10000으로 쓰고요. 만(일만)이 10개 모이면 십만(10만), 만(일만)이 100개 모이면 백만(100만), 만(일만)이 1000개 모이면 천만(1000만)입니다.

천만이 10개 모인 것을 '억(일억)'이라고 합니다. 100000000으로 쓰고요. 억(일억)이 10개 모이면 십억(10억), 억(일억)이 100개 모이면 백억(100억), 억(일억)이 1000개 모이면 천억(1000억)입니다.

천억이 10개 모인 것을 '조(일조)'라고 합니다. 1000000000000로 쓰고요. 조(일조)가 10개 모이면 십조(10조), 조(일조)가 100개 모이면 백조(100조), 조(일조)가 1000개 모이면 천조(1000조)입니다.

일억	100,000,000
십억	1,000,000,000
백억	10,000,000,000
천억	100,000,000,000

일조	1,000,000,000,000
십조	10,000,000,000,000
백조	100,000,000,000,000
천조	1,000,000,000,000,000

(3) 나누기는 한 사람의 몫 구하기예요. (나누기(÷))

'나누기'란 무엇일까요? '나누기'는 기호로 ÷입니다. 그래서 '8÷2'라는 수식은 '팔 나누기 이'라고 읽습니다. 그럼 나누기(÷)는 뭐 하라는 걸까요? "8을 2로 나누면 한쪽이 몇 개일까?" 나누기(÷)를 처음 만나는 아이에게 이렇게 말하면 어렵습니다. "여덟 개를 두 묶음으로 나누면 한 묶음에 몇 개일까?" 이렇게 말하면 좀 나은 듯하지만 훨씬 쉽고 정확한 방법이 있습니다.

나누기(÷)에는 2가지 개념이 있습니다. 첫 번째 개념은 **'한 사람의 몫' 구하기!**

8÷2 ⇒ "사탕 8개를 2명이 똑같이 나눠 먹으면 한 사람이 몇 개 먹을 수 있을까요?" 이것이 나누기(÷)의 첫 번째 개념인 '한 사람의 몫 구하기'입니다. 이때 중요한 것은 **'똑같이'**입니다. 나이가 많거나 힘이 세다고 해서 더 많이 가지는 게 아니고요. 무조건 똑같이 나눠야 합니다. 사탕 8개를 2명이 너 하나 나 하나씩 똑같이 나누면 한 사람의 몫은 4개입니다. 그래서 '8÷2 = 4'가 됩니다.

나누기(÷)의 두 번째 개념은 **'한 사람의 몫이 정해져 있을 때 모두 몇 명이 나눠가질 수 있을까?'**입니다.

10÷2 ⇒ "사과가 10개 있습니다. 한 사람의 몫은 2개입니다. 모두 몇 명이 먹을 수 있을까요?" 이것이 나누기(÷)의 두 번째 개념입니다. 사과 10개를 한 사람당 2개씩 주면 10-2-2-2-2-2 = 0이므로 모두 5명에게 나눠줄 수 있습니다. 이것을 수식으로 표현하면 '10÷2 = 5'가 됩니다.

이 문제는 첫 번째 개념으로도 해결할 수 있습니다. "사과 10개를 2명이 똑같이 나눌 경우 한 사람의 몫은 몇 개일까요?"라고 할 수 있으니까요. 그렇다면 굳이 왜 2가지 개념으로 구분하는 걸까요? 그 이유는 분수의 나눗셈에서 확인할 수 있습니다. (나누기의 개념은 범위를 좁히고 단순화시켰습니다.)

(4) '3×4 = 12'에서 '12÷3 = 4'예요. (곱셈과 나눗셈의 관계)

곱셈과 나눗셈의 관계는 이렇습니다.

- 3×4 = 12 ⇒ 12÷4 = 3 또는 12÷3 = 4

이 관계는 다음과 같이 요령으로 설명할 수 있습니다. "곱셈에 있는 숫자 3 또는 4 중 하나로 12를 나누면 나머지 숫자가 된다. 12를 3으로 나누면 4가 되고, 12를 4로 나누면 3이 된다."

초등학교 수학에서는 교과 내용을 개념이나 원리로 이해하는 것보다 요령으로 이해하는 것이 더 쉽게 느껴질 수 있습니다. 결과도 빠르게 얻을 수 있고요. 그래서 좀 똘똘한 아이들은 그 유혹(?)에 쉽게 빠집니다. 답을 빨리 찾을 수 있으니까 공부 시간도 줄일 수 있습니다. 하지만 궁극적으로 수학적 사고력이나 문제 해결력이 탄탄하게 길러지지는 않습니다. 그래서 요령 위주로 학습한 아이들은 초등 중학년까지는 시험을 잘 보다가 고학년으로 갈수록 수학 학습에 어려움을 느끼게 됩니다. 특히 서술형 주관식 문제에서 어려움을 느끼고요. 그제야 이전 학년으로 되돌아가서 다시 기초를 잡으려 해도 쉽게 되지 않습니다. 그래서 초등 중학년까지는 빠르지 않더라도 정확하게 이해하고 탄탄하게 다지는 것이 정말 중요한데요. 곱셈과 나눗셈의 관계도 마찬가지입니다. 곱셈과 나눗셈의 관계를 차근차근 따져 보겠습니다.

- $3\times4 = 12 \Rightarrow$ 사탕 3개짜리가 4번 있습니다.

$\Rightarrow 3+3+3+3 = 12$

$\Rightarrow$ 그런데 사탕 12개를 4명이 똑같이 나누면!

$\Rightarrow$ 한 사람당 3개씩 가질 수 있습니다. $\Rightarrow 12\div4 = 3$

$\Rightarrow 3\times4 = 12 \Leftrightarrow 12\div4 = 3$

- $3\times4 = 12 \Rightarrow$ 사탕 4개짜리가 3번 있습니다.

$\Rightarrow 4+4+4 = 12$

$\Rightarrow$ 그런데 사탕 12개를 3명이 똑같이 나누면!

$\Rightarrow$ 한 사람당 4개씩 가질 수 있습니다. $\Rightarrow 12\div3 = 4$

$\Rightarrow 3\times4 = 12 \Leftrightarrow 12\div3 = 4$

이제 곱셈식을 보면 나눗셈의 몫을 구할 수 있습니다.

$\Rightarrow 3\times6 = 18$

$\Rightarrow$ 그러면 $18\div3 = 6$ 그리고 $18\div6 = 3$

(5) 몫은 뭘까? 나머지는 뭘까? (몫, 나머지)

나눗셈에서는 '몫'이라는 게 있고, '나머지'라는 게 있습니다. '몫'이라는 용어는 초등학생에게 다소 어려운 용어인데요. 나눗셈에서 **'몫'이란 '한 사람의 몫'을 뜻합니다.** '한 사람의 몫'이란 **'한 사람이 가질 수 있는 양'을** 뜻합니다. 예를 들어 사과가 6개 있는데 2명이 똑같이 나누면 한 사람이 3개 가질 수 있죠. 이때 한 사람의 몫은 3개입니다.

$6\div2 = 3 \Rightarrow$ 한 사람의 몫은 3

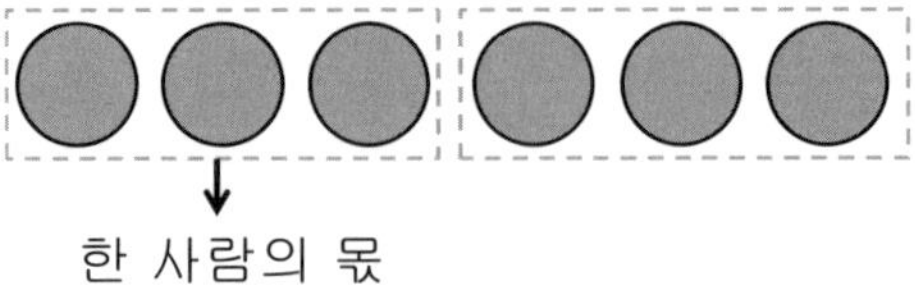

그리고 나눗셈에서 한 사람의 몫은 **모든 사람이 똑같아야** 합니다. 누가 더 많이 또는 더 적게 갖지 말아야 합니다. 누구나 똑같은 양을 가져야 하며, **똑같이 가졌을 때 한 사람이 가진 양이 '몫'**입니다. 그러면 '7÷2 = '와 같은 경우에는 어떻게 할까요? 단, 사과를 쪼갤 수는 없습니다.

사과가 7개 있는데 2명이 똑같이 나누어야 합니다. 일단 한 명 당 3개씩 가집니다. 그러면 2(명)×3(개) = 6(개). 이제 사과가 1개 남았습니다. 그런데 사과를 쪼갤 수 없다고 했죠. 이런 경우에 한 사람의 몫은 3개이고, 나머지는 1개가 됩니다. 즉, **나머지는 똑같이 나누었을 때 더 이상 나눌 수 없어서 남겨진 것**을 말합니다.

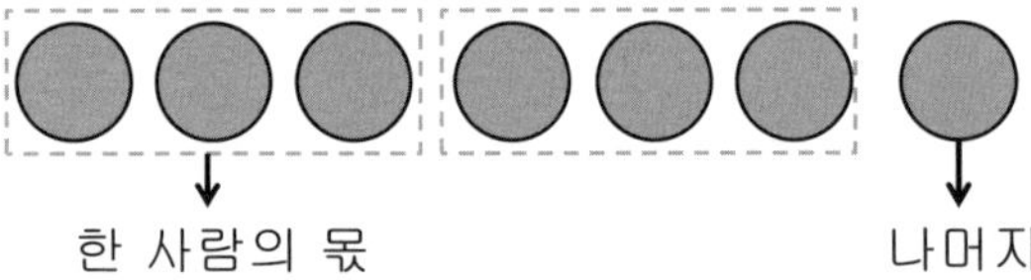

(6) 분수란? 분자란? 분모란? 단위분수란? (분수, 분자, 분모, 단위분수)

분수란 뭘까요? 분수는 왜 필요할까요? 알사탕이 세 개 있습니다. 숫자로는 3이라고 씁니다. 알사탕 3개 중에서 2개를 먹었습니다. 하나 남았죠. 숫자로는 1이라고 씁니다. 알사탕 1개에서 반 개를 먹었습니다. 이제 알사탕은 반 개 남았습니다. 알사탕 반 개를 숫자로 쓰고 싶습니다. 이처럼 1개보다 적은 양을 숫자로 쓰기 위해서 만든 수가 '분수'입니다.

* 분수 ⇒ 나눌 분(分) + 셈 수(數)

알사탕 반 개가 남았습니다. 알사탕 반 개는 '알사탕 하나를 2조각 낸 것 중 1조각'이라고 말할 수 있고요. 분수로는 $\frac{1}{2}$로 나타냅니다.

사탕 하나를 2조각 낸 것 중 1조각

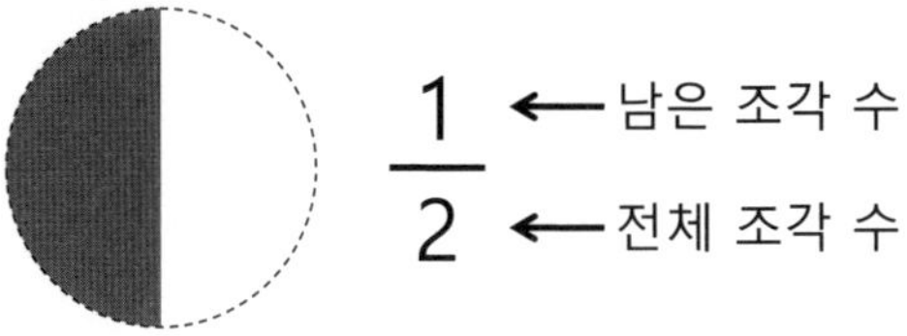

그리고 분수 $\frac{1}{2}$에서 아래에 있는 숫자(2)를 '분모'라고 부르고, 위에 있는 숫자(1)를 '분자'라고 부릅니다. 즉, **분모**는 **전체 조각 수**(2조각), **분자**는 **부분 조각 수**(1조각)입니다.

* 분모 ⇒ 나눌 분(分) + 어미 모(母)

* 분자 ⇒ 나눌 분(分) + 아들 자(子)

분수의 엄마(분모)가 분수의 아들(분자)을 업고 있는 모양이네요. 그런데 분수의 개념을 이해할 때 중요한 것이 2가지 있습니다. 첫째, 전체를 나눌 때 **똑같은 크기나 똑같은 양으로 나누어야** 합니다. 똑같은 크기로 나누든, 똑같은 수로 나누든 무조건 **'똑같이'** 나누어야 합니다. 둘째, '하나를 똑같이 나눈~'이 아니라 **'전체를 똑같이 나눈~'**입니다. 전체에 대해서는 뒤에서 정리했습니다.

- 알사탕 하나를 똑같이 3조각 낸 것 중 2조각

⇒ 전체 조각 수(분모)는 3, 부분 조각 수(분자)는 2

⇒ $\frac{2}{3}$

전체를 똑같이 3으로 나눈 것 중의 2를 $\frac{2}{3}$라 쓰고 **3분의 2**라고 읽습니다.

$\frac{1}{2}$, $\frac{2}{3}$, $\frac{3}{4}$과 같은 수를 **분수**라 하고, 분수에서 가로선의 아래쪽에 있는 수를 **분모**, 위쪽에 있는 수를 **분자**라고 합니다.

$\frac{1}{2}$, $\frac{1}{3}$, $\frac{1}{4}$, …… 과 같이 분자가 1인 분수를 **단위분수**라고 합니다.

(7) 사과 27개 중 9개는 몇 분의 몇일까? (전체를 하나로 보기)

아이가 초등학교 3학년 때 있었던 일입니다. 3학년 1학기 시험이 끝난 후 선배 형에게서 전화가 왔습니다.

"야~ 잘 지냈냐?"

"웬일로 전화를 먼저 했어요? 잘 지냈어요?"

"야~ 네 딸도 초등학교 3학년이지?"

"네. 맞다. 형 둘째 아들도 초등학교 3학년이죠?"

"맞아. 근데 수학 시험 잘 봤냐?"

"네? 뭐… 그럭저럭요~ 왜요?"

"우리 아들이 이해하지 못하는 문제가 있어서, 어떻게 설명해 줘야 할까?"

"어떤 문제인데요?"

"'사과가 27개가 있어요. 그중 9개는 몇 분의 몇인가요?'라는 문제거든. 우리 아들이 이 문제를 이해를 못한다. 그리고 우리 아들이 이해하지 못한다는 사실을 와이프가 이해하지 못한다. 우리 아들이랑 와이프 둘 다 이해를 좀 시켜주라."

"… 형수님이랑 전화 통화할게요…"

처음에 분수의 개념을 학습할 때는 하나(1)에서 시작하는 것이 좋습니다. 피자

한 판(1)을 2조각 낸 것 중 1조각은 $\frac{1}{2}$ 이렇게요. 그런데 이렇게 온전한 하나를 똑같이 조각낸 것으로 분수를 학습하다가 갑자기 사과 여러 개 중 몇 개에 분수 개념을 적용하는 것은 쉽지 않은 내용입니다. 이런 경우에는 '1'의 개념을 '전체'로 확장하는 것을 먼저 해야 합니다.

예를 들어 사과 10개가 있습니다. 사과 10개를 상자 1개에 담고 뚜껑을 덮습니다. 사과가 들어 있는 상자는 몇 개인가요? 1개죠. 다만, 사과 상자 1개 안에는 사과 10개가 들어 있습니다. 사과 상자 1개를 똑같이 절반으로 나누면 상자 하나를 2조각 낸 것 중 1조각은 $\frac{1}{2}$인데요. 사과 상자 $\frac{1}{2}$에는 사과가 몇 개 들어 있나요? 그림으로 그리면 더 정확하게 이해가 됩니다.

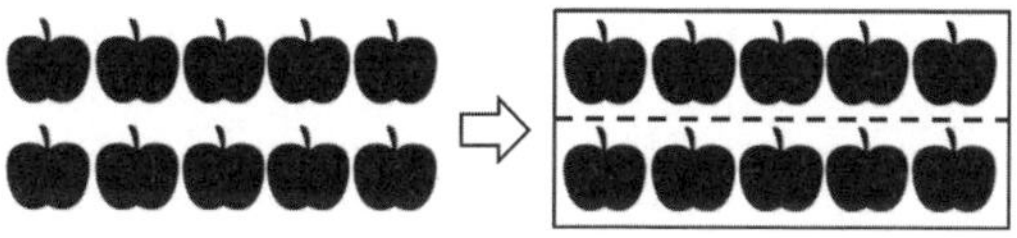

사과 상자 1개의 $\frac{1}{2}$에는 사과 5개가 들어 있죠. 이처럼 전체를 '하나(1)'로 인지할 수 있도록 '1'의 개념을 확장해 주면 여러 개에서도 분수 개념을 적용할 수 있습니다. 예를 하나 더 들어보겠습니다.

8의 $\frac{3}{4}$은 얼마일까요? 사과 8개가 상자 1개에 들어 있다고 생각하면 쉬워집니다.

$\frac{3}{4}$은 $\frac{1}{4}$이 3번 있는 거죠. 8의 $\frac{1}{4}$은 2고요. 8의 $\frac{1}{4}$이 3번 있는 거면 2+2+2=6 입니다. 그래서 8의 $\frac{3}{4}$은 6입니다. 이제 선배가 질문한 문제의 답을 알아보겠습니다.

[문제] 사과가 27개가 있어요. 그중 9개는 몇 분의 몇인가요?

사과 27가 상자 1개에 들어 있습니다. 27개는 9+9+9와 같습니다. 즉, 사과 27개 중 9개는 사과 27개를 3등분한 것 중 하나입니다. 그래서 정답은 $\frac{1}{3}$입니다.

(8) 진짜 분수? 가짜 분수? (자연수, 진분수, 가분수, 대분수)

자연수의 개념은 무엇일까요?

* 자연수 ⇒ 스스로 자(自) + 그러할 연(然) + 셈 수(數)

자연수란 스스로 그렇게 된 수일까요?

소, 말, 양 같은 동물이 있습니다. 소, 말, 양은 인간이 만든 게 아닙니다. 스스로 그렇게 만들어진 것입니다. 소 한 마리가 있습니다. 숫자로는 1이죠. 두 마리면 2, 세 마리면 3… 소 반 마리는 살아있는 소가 아니죠. 자연에서 볼 수 있는 것들은 하나(1)에서 시작합니다. 그리고 둘(2), 셋(3).. 으로 늘어나죠. 처음부터 반($\frac{1}{2}$)인 것은 없습니다. 이처럼 자연에서 스스로 그렇게 된 것들을 나타내는 수를 자연수라고 합니다. 그리고 자연수는 1, 2, 3, 4, 5…입니다.

분수는 수를 나눈 수죠. 자연수를 나눈 수겠죠. 자연수 1을 둘로 나눈 것 중에 하나는 $\frac{1}{2}$이고요. 자연수 1을 셋으로 나눈 것 중에 하나는 $\frac{1}{3}$, 둘은 $\frac{2}{3}$입니다. 그런데 분수는 진분수, 가분수, 대분수로 분류합니다. 각각의 개념을 알아보겠습니다.

- 진분수 : 참 진(眞) + 나눌 분(分) + 셈 수(數)

진분수는 진짜 분수네요? ^^

- 가분수 : 거짓 가(假) + 나눌 분(分) + 셈 수(數)

가분수는 가짜 분수? ^^

진분수는 1보다 작은 양을 나타낸 분수로, 분자가 분모보다 작은 분수입니다.

예를 들면 $\frac{1}{2}$, $\frac{1}{3}$, $\frac{2}{3}$, $\frac{1}{4}$, $\frac{2}{4}$, $\frac{3}{4}$, $\frac{1}{5}$.. 등입니다.

가분수는 1 또는 1보다 큰 양을 나타낸 분수로, 분모와 분자가 같거나 분자가 분모보다 큰 분수입니다. 예를 들면 $\frac{2}{2}$, $\frac{3}{2}$, $\frac{3}{3}$, $\frac{4}{3}$, $\frac{4}{4}$, $\frac{5}{4}$, $\frac{6}{4}$, $\frac{5}{5}$.. 등입니다.

- 대분수 : 찰 대(帶) + 나눌 분(分) + 셈 수(數)

'찰 대(帶)'에 '찰'이란 허리띠 같은 것을 매는(차는) 것을 말합니다. 허리에 찰려면 한 바퀴를 다 돌아야 하죠. $\frac{1}{2}$바퀴는 부족하고, $\frac{3}{2}$바퀴는 넘치지만, 한 바퀴는 부족하거나 넘치는 게 아닙니다. 그럼 자연수네요. (제가 생각해 본 의미 부여 방법입니다. ^^!) 어쨌든, 대분수의 개념은 이렇게 정리합니다.

$1+\frac{1}{4}$을 $1\frac{1}{4}$이라 쓰고 **1과 4분의 1**이라고 읽습니다.
$1\frac{1}{4}$과 같이 자연수와 진분수로 이루어진 분수를 **대분수**라고 합니다.

개념을 이해했다면 이해한 개념을 적용하는 연습을 해야 합니다. 예를 들어 이런 과제를 해결해 보는 거죠.

<과제> 아래에 있는 수들을 자연수, 진분수, 가분수, 대분수로 분류해 보세요.

$\frac{2}{3}$, 4, $1\frac{1}{2}$, $\frac{1}{5}$, $\frac{2}{2}$, $8\frac{3}{5}$, 2, $\frac{5}{4}$, $\frac{3}{4}$, $\frac{7}{6}$

(진분수 $\frac{2}{3}$, $\frac{1}{5}$, $\frac{3}{4}$ 가분수 $\frac{2}{2}$, $\frac{5}{4}$, $\frac{7}{6}$ 대분수 $1\frac{1}{2}$, $8\frac{3}{5}$)

그리고 가분수를 대분수로 바꿔 보거나 대분수를 가분수로 바꿔 보는 연습도 해 보면 좋습니다. 예를 들어 보겠습니다.

$\frac{3}{2}$는 $\frac{3}{2}$이 5개 있는 거죠. 그런데 $\frac{3}{2}$ 4개는 $\frac{3}{2}$로 1과 같습니다. 그러면 이렇게 쓸 수 있습니다.

$\frac{5}{4} = \frac{1}{4} + \frac{1}{4} + \frac{1}{4} + \frac{1}{4} + \frac{1}{4} = \frac{4}{4} + \frac{1}{4} = 1 + \frac{1}{4} = 1\frac{1}{4}$

"진분수란 분자가 분모보다 작은 수"라고 무조건 외우는 단순 암기식 수학은 예전 방식입니다. 이 개념을 잘 외우고 있으면 $\frac{3}{4}$이 진분수라는 것을 금방 알 수 있습니다. 하지만 시간이 지나면서 점점 헷갈리게 됩니다. "분자가 분모보다 작은 수가 가분수인가? 진분수인가?"

하지만 수학 용어를 뜯어보고 수학적으로 사고하면서 개념을 이해하면 시간이 지나도 헷갈리지 않습니다. "진분수는 진짜 분수. 분수는 1보다 작은 수를 표현하려고 만든 숫자. 그러면 1보다 작은 분수가 진분수. 분수가 1보다 작으려면 분자가 분모보다 작아야 해. 그러니까 진분수는 분자가 분모보다 작은 분수야." 두 방법 모두 당장의 학교 시험은 잘 볼 수 있습니다. 하지만 학년이 올라가면 올라갈수록 수학 실력의 차이는 점점 벌어지게 됩니다.

(9) 왜 분자끼리만 더하거나 빼야 할까? (분수의 덧셈과 뺄셈 원리)

분모가 같은 분수의 덧셈과 뺄셈은 어렵지 않습니다. 하지만 처음 접하는 아이들은 헷갈릴 수가 있습니다. 그래서 처음에는 반드시 그림을 통해 확실하게 이해하는 것이 좋습니다. 실제 문제를 가지고 원리를 정리해 보겠습니다.

$\frac{1}{6} + \frac{3}{6} =$

$\frac{1}{6}$은 전체를 6조각 낸 것 중 1조각, $\frac{3}{6}$ 은 전체를 6조각 낸 것 중 3조각입니다. 각각을 그림으로 그리면 이렇습니다.

덧셈에서 더하기는 더할 것을 모두 모은 다음 전체 수를 구하는 것입니다. 1조각과 3조각이 있으므로 모두 모으면 4조각입니다. 그림으로 그리면 이렇습니다.

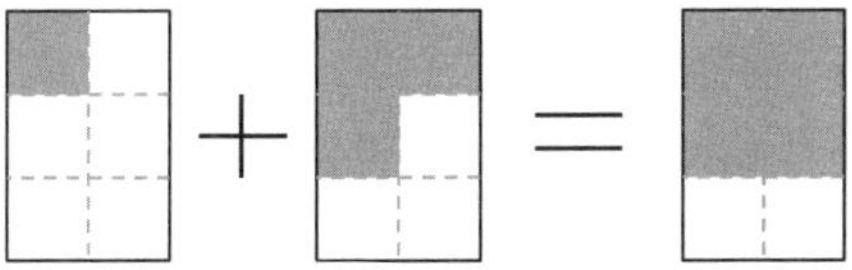

이를 분수로 표현하면 이렇습니다.

$\frac{1}{6}+\frac{3}{6}=\frac{4}{6}$

이를 통해 다음과 같은 결론을 얻을 수 있습니다. 분모가 같은 분수의 덧셈을 할 때는, 분모(6)는 그대로 두고 분자끼리 더해서(1+3) 답을 구한다. 이번에는 뺄셈을 알아보겠습니다.

$\frac{3}{6}-\frac{1}{6}=$

빼기는 앞의 수에서 뒤의 수를 덜어내고 남은 수를 세는 것입니다. 3조각에서 1조각을 빼면 2조각이 남죠. 그림으로 그리면 이렇습니다.

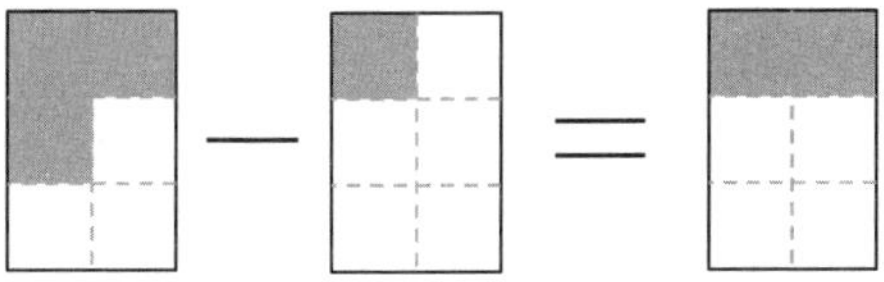

이를 분수로 표현하면 이렇습니다.

$\frac{3}{6}-\frac{1}{6}=\frac{2}{6}$

이를 통해 다음과 같은 결론을 얻을 수 있습니다. 분모가 같은 분수의 뺄셈을 할 때는, 분모(6)는 그대로 두고 분자끼리 빼서(3-1) 답을 구한다. 따라서 다음과 같이 정리할 수 있습니다.

분모가 같은 분수의 덧셈과 뺄셈을 할 때는 분모는 그대로 두고 분자끼리 더하거나 빼서 답을 구한다.

위 요령만 기억하고 문제를 풀면 왜 그런지를 이해하는 과정이 없었기 때문에 수학적 사고력도 길러지지 않고 방법에 대한 확신도 생기지 않습니다. 그런 의미 없는 수학 학습은 아이들에게 오히려 해가 될 것입니다.

(10) 소수란 뭘까? 작은 수, 적은 수? (소수 0.1)

소수란 뭘까요?

* 소수 ⇒ 작을 소(小) + 셈 수(數)

소수의 개념은 무엇일까요? 일단 개념 정리부터 보겠습니다.

전체를 똑같이 10으로 나눈 것 중의 1은 $\frac{1}{10}$입니다.
분수 $\frac{1}{10}$을 **0.1**이라 쓰고 **영 점 일**이라고 읽습니다.
$\frac{1}{10} = 0.1$

이렇게 글과 숫자 기호로만 쓰여 있으면 이해하기가 어렵습니다. 학습 초기 단계에는 그림과 분수와 소수를 함께 보며 이해하는 것이 훨씬 좋습니다.

- 전체를 똑같이 2로 나눈 것 중의 1

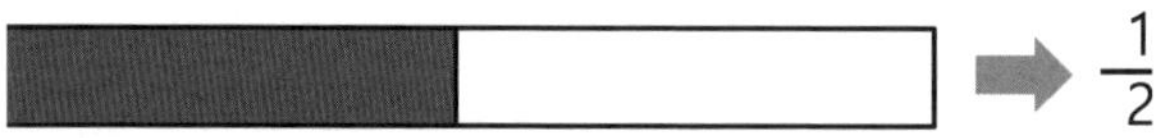

• 전체를 똑같이 5로 나눈 것 중의 1

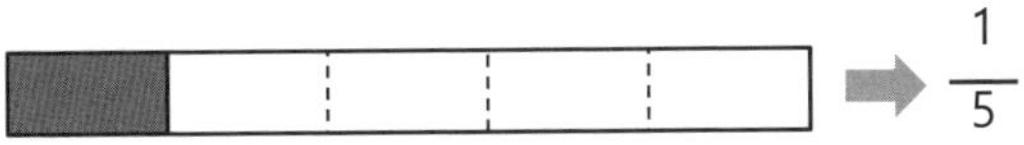

• 전체를 똑같이 10으로 나눈 것 중의 1

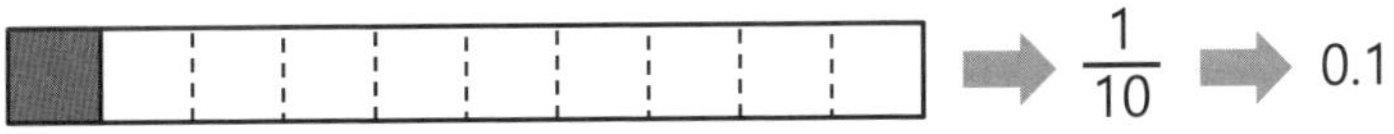

이때 분수 $\frac{1}{10}$을 **0.1**이라 쓰고 **영점 일**이라고 읽습니다. 소수 개념의 핵심은 **'10으로 나눈 것 중의 몇 개'**입니다. 이제 개념을 조금 확장해 봅니다.

0.3은 얼만큼일까요? 0.3은 0.1이 3번 있는 겁니다. 이만큼이고요.

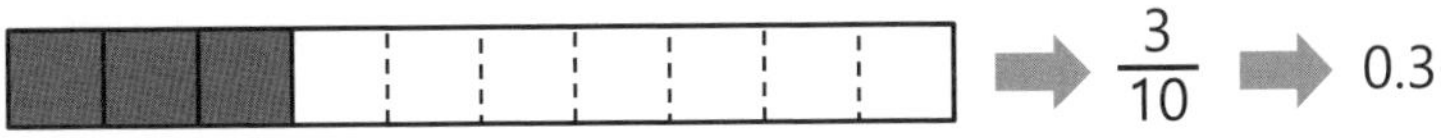

0.5는 얼만큼일까요? 0.5는 0.1이 5번 있는 겁니다. 이만큼이죠.

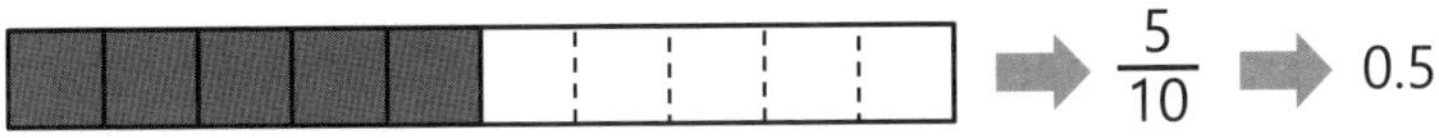

이렇게 그림으로 보면 $\frac{1}{2} = \frac{5}{10} = 0.5$라는 것도 쉽게 알 수 있습니다.

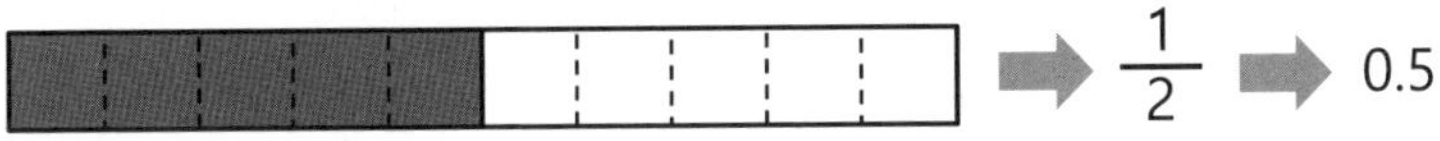

0.1이 10개 있으면요? 역시나 그림으로 보면 쉽게 알 수 있습니다.

그러면 $\frac{10}{10}$ = 1.0 = 1 이라는 것도 알 수 있습니다.

(11) 0.1은 10조각 중 1조각이에요. (소수 0.01, 0.001)

1이 열 개 모이면 10입니다. 1이 백 개 모이면 100입니다. 1이 천 개 모이면 1000입니다. 1에서 10으로, 10에서 100으로, 100에서 1000으로 변해 갔습니다. 소수도 비슷합니다.

1을 열 개로 쪼갠 것 중 하나는 0.1입니다. 1을 백 개로 쪼갠 것 중 하나는 0.01입니다. 1을 천 개로 쪼갠 것 중 하나는 0.001입니다. 좀 더 쉽게 이해할 수 있도록 0.01을 그림으로 그려 봤습니다. (그다음 '1'을 '전체'로 확장)

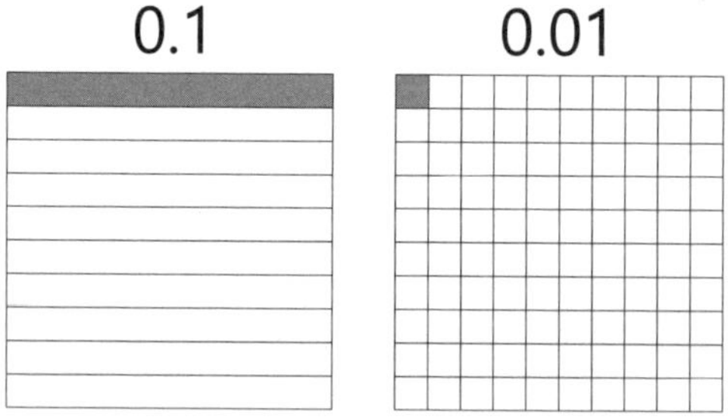

0.1은 전체를 10개로 쪼갠 것 중 하나인데, $\frac{1}{10}$과 같죠. 0.01은 전체를 100개로 쪼갠 것 중 하나인데, $\frac{1}{100}$과 같고요. 그림은 없지만 0.001은 전체를 1000개로 쪼갠 것 중 하나이고, $\frac{1}{1000}$과 같습니다. 0.01과 0.001의 개념을 다시 정리해 놓았습니다.

전체를 똑같이 100으로 나눈 것 중의 1은 $\frac{1}{100}$입니다.
분수 $\frac{1}{100}$을 **0.01**이라 쓰고 **영 점 영일**이라고 읽습니다.
$\frac{1}{100} = 0.01$

전체를 똑같이 1000으로 나눈 것 중의 1은 $\frac{1}{1000}$입니다.
분수 $\frac{1}{1000}$을 **0.001**이라 쓰고 **영 점 영영일**이라고 읽습니다.
$\frac{1}{1000} = 0.001$

그리고 1과 1.0은 같은 수라고 했죠. 그러면 2=2.0이며 3=3.0입니다.

2와 2.0은 같은 수입니다. 소수는 필요한 경우 오른쪽 끝자리에 0을 붙여 나타낼 수 있습니다. 2.0은 **이 점 영**이라고 읽습니다.
2 = 2.0　　3.5 = 3.50

(12) 소수도 모아 세고 덜어서 세기 (소수의 덧셈과 뺄셈 원리)

소수의 덧셈과 뺄셈 하면 '점을 기준으로 줄 맞추기'만 생각납니다. 전형적인 요령 위주 학습의 결과인데요. 그러면 소수의 학습 초기에 '0.15는 0.01이 몇 개 있는 걸까요?'와 같은 질문이 어렵게 느껴질 수 있습니다. 반대로 초기에 개념 중심으로 그림을 활용해서 학습하면 쉽게 이해하고 답할 수 있으며 개념 학습도 탄탄하게 다질 수 있습니다.

0.15는 0.1+0.05와 같습니다. 그림으로는 다음과 같이 나타낼 수 있습니다.

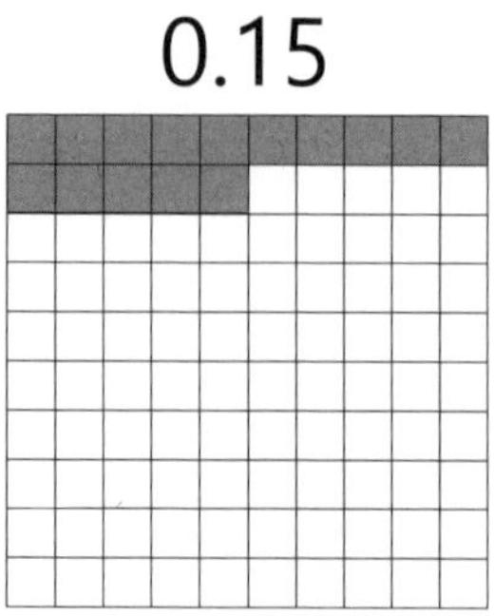

위 그림을 보면 0.15에는 0.01이 15개 있다는 것을 쉽게 알 수 있습니다. 여기까지 이해한 다음 아래 문제를 풀게 해 보세요. 단, 처음에는 그림을 활용하게 하는 것이 좋습니다.

0.15+0.48 =

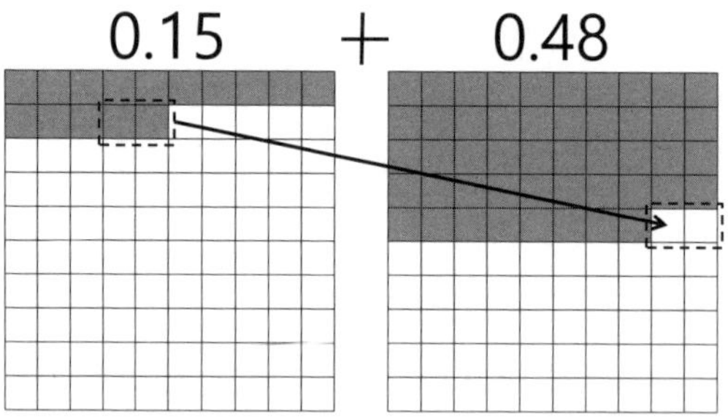

위 그림을 보면 0.1은 1개와 4개입니다. 그리고 두 소수를 더하는 과정에서 0.1이 1개 더 생깁니다. 그러면 0.1은 6개, 남은 0.01은 3개입니다. 그래서 0.15+0.48 = 0.63입니다.

이처럼 소수의 개념을 적용해서 소수의 덧셈을 이해하는 것이 숫자만으로 계산하기 전 학습 단계입니다. 그리고 이 과정을 거쳐야 왜 소수점을 기준으로 줄 맞추기를 하는지 이해할 수 있습니다. 뺄셈도 같은 원리입니다.

0.45-0.17 =

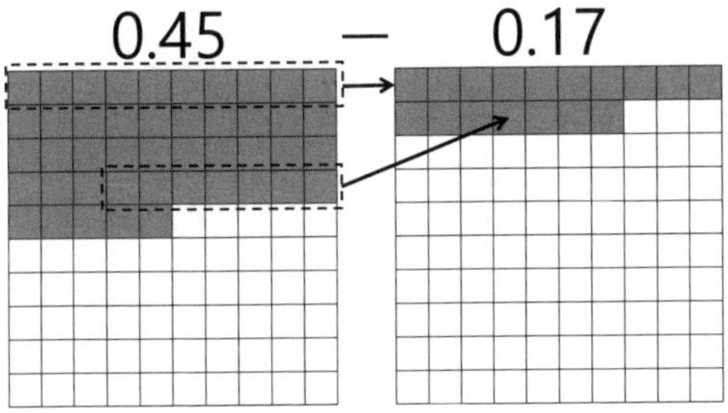

0.4에서 0.1을 빼면 0.3이 됩니다. 그런데 0.05에서 0.07을 빼려고 하니까 다 뺄 수가 없습니다. 그래서 0.1에서 0.07을 빼는 것이 더 편합니다. 덜어내고 남을 것을 보니, 0.1은 2개가 남았고요. 0.01은 8개가 남았습니다. 그러면 0.28입니다. 그래서 0.45-0.17 = 0.28입니다.

2 도형

(1) 직선과 선분은 무엇이 다를까? (직선, 선분, 반직선)

아래 그림에서 왼쪽에 있는 것은 점이고 오른쪽에 있는 것은 선입니다.

선 중에는 곧게 뻗은 선, 부드럽게 굽은 선, 뾰족하게 꺾인 선 등이 있습니다. 모두 다 선이죠.

곧은 선 굽은 선 꺾인 선

곧게 뻗은 선에는 선분, 직선, 반직선이 있습니다. 어떤 차이점이 있을까요?

점 ㄱ과 점 ㄴ이 있습니다. 두 점을 곧게 이어 봅니다. 아래처럼 두 점을 곧게 이은 선을 선분이라고 합니다. 양쪽 점에서 선이 끝났죠. 점 ㄱ과 점 ㄴ을 이은 선분을 선분 ㄱㄴ 또는 선분 ㄴㄱ이라고 합니다.

* 선분 ⇒ 줄 선(線) + 나눌 분(分)

그럼 직선은 뭘까요? 양쪽으로 끝없이 늘인 곧은 선을 직선이라고 합니다. 즉, 선분은 양쪽 끝이 있는 거고요. 직선은 양쪽 끝이 없는 거죠. 점 ㄱ과 점 ㄴ을 지나는 직선을 직선 ㄱㄴ 또는 직선 ㄴㄱ이라고 합니다.

* 직선 ⇒ 곧을 직(直) + 줄 선(線)

그럼 반직선은 뭘까요? 예상할 수 있죠? 한 점에서 한쪽으로 끝없이 늘인 곧은 선을 반직선이라고 합니다. 반만 직선인 선이죠.

* 반직선 ⇒ 반 반(半) + 곧을 직(直) + 줄 선(線)

아래 그림처럼 점 ㄱ에서 시작하여 점 ㄴ을 지나는 반직선을 반직선 ㄱㄴ이라고 하고요.

아래 그림처럼 점 ㄴ에서 시작하여 점 ㄱ을 지나는 반직선을 반직선 ㄴㄱ이라고 합니다.

(2) 각은 도형일까? 도형이 아닐까? (각, 꼭짓점, 변, 직각)

각이란 무엇일까요? 각의 개념은 무엇일까요?

* 각 ⇒ 뿔 각(角)

뿔과 모서리는 끝부분이 뾰족합니다. 각도 끝부분이 뾰족합니다. 각은 아래 그림처럼 한 점(ㄴ)에서 그은 두 반직선으로 이루어진 도형입니다.

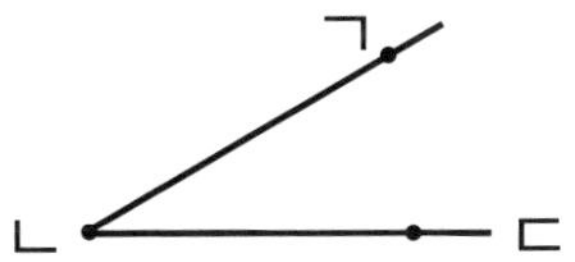

이때 점 ㄴ에서 점 ㄱ으로 그은 선은 반직선이고요. 점 ㄴ에서 점 ㄷ으로 그은 선도 반직선입니다. 그래서 각의 개념은 이렇게 정리할 수 있습니다.

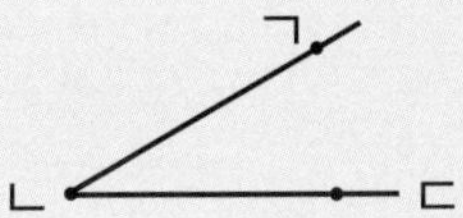

한 점에서 그은 두 반직선으로 이루어진 도형을 **각**이라고 합니다.
이 각을 **각 ㄱㄴㄷ** 또는 **각 ㄷㄴㄱ**이라고 합니다.

각은 도형일까요? 도형이 아닐까요? 각도 도형입니다. 각은 한 점에서 그은 두 반직선으로 이루어진 도형입니다.

꼭짓점과 변은 무엇일까요? 그릇의 뚜껑이나 기구 따위에 붙은 볼록한 손잡이를 꼭지라고 하고요. 산의 맨 위쪽을 산꼭대기라고 합니다.

꼭짓점은 각에서 뾰족한 끝부분의 점을 말합니다. 그리고 각을 이루고 있는 두 반직선을 변이라고 합니다.

* 변 ⇒ 가장자리, 곁 변(邊)

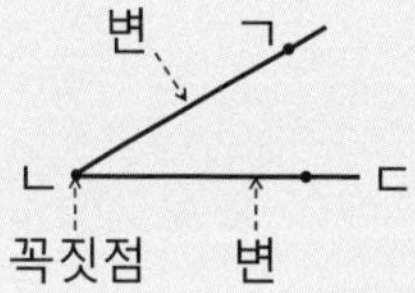

왼쪽 각에서 점 ㄴ을 **꼭짓점**이라 하고, 반직선 ㄴㄱ과 반직선 ㄴㄷ을 **변**이라고 합니다.

직각은 무엇일까요? 종이를 반듯하게 두 번 접었다 펼쳤을 때 생기는 각을 직각이라고 합니다.

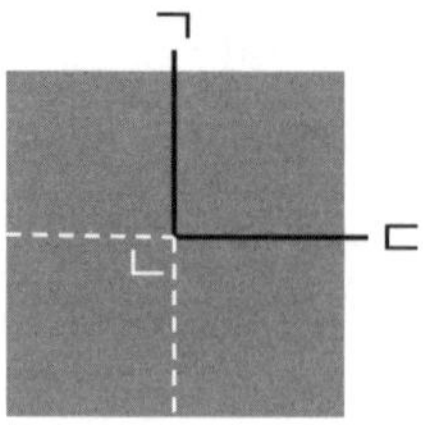

위 그림에서 각 ㄱㄴㄷ은 직각입니다. 왜 이렇게 설명할까요? 직각은 각도가 90도인 각입니다. 이렇게 개념 설명을 하려면 각도를 알아야 합니다. 한 바퀴가 360도이고, 절반은 180도이고, 그 절반은 90도이고… 이렇게 이해하는 것은 나중에 하고요. 처음에는 직관적으로 알게 하는 거죠. 단순하게, 종이를 반듯하게 두 번 접었다 펼쳤더니 각이 4개가 생겼는데, 이때 생긴 각을 직각이라고 하는 거죠. 그러면 "아~ 이만큼의 각이 직각이구나.", "이렇게 해서 생긴 이만큼의 각이 직각이구나."라고 직관적으로 인지하도록요.

직각이 무엇인지를 직관적으로 인지했다면 주변에서 직각을 찾아보는 활동을 해 보는 게 좋습니다. 방문 모서리도 직각이고요. 노트나 책 모서리도 직각이죠. 책상이나 가구 모서리도 직각입니다.

(3) 예각은 예리한 각? 둔각은 둔한 각? (각도, 1도, 예각, 둔각)

각도의 개념은 무엇일까요?

* 각도 ⇒ 뿔 각(角) + 정도 도(度)

각도는 **각의 크기**를 말합니다. 각의 크기란 **두 반직선이 벌어진 정도**입니다.

• 각도 = 각의 크기 = 두 반직선이 벌어진 정도

아래 그림을 보면 3가지 각이 있습니다.

왼쪽 각은 두 반직선이 조금 벌어졌고요. 오른쪽 각은 두 반직선이 많이 벌어

졌죠. 가운데 각은 그 중간입니다. 이처럼 두 반직선이 벌어진 정도가 각의 크기입니다. 각의 크기(벌어진 정도)는 각도로 나타냅니다. 그럼, 각도는 어떻게 나타낼까요?

'1도'라는 단위를 이용해서 나타냅니다. 길이를 나타낼 때 1cm라는 단위를 사용하죠. 각도를 나타낼 때는 1도라는 단위를 사용합니다. 그럼 1도는 얼마만큼의 각일까요?

1도는 직각을 똑같이 90조각으로 나눈 것 중 하나입니다. 이것을 1°라고 씁니다. 아래 그림을 보면 0부터 90까지가 직각입니다. 즉, 직각을 90조각 낸 거고요. 90조각 중 한 조각만큼이 1도입니다. 그러면 직각은 1도가 90개 있는 거죠. 따라서 직각은 90도입니다.

각의 크기를 **각도**라고 합니다. 각도를 나타내는 단위에는 **1도**가 있습니다. 직각을 똑같이 90으로 나눈 하나를 **1도**라고 하고, **1°**라고 씁니다. 직각은 90°입니다.

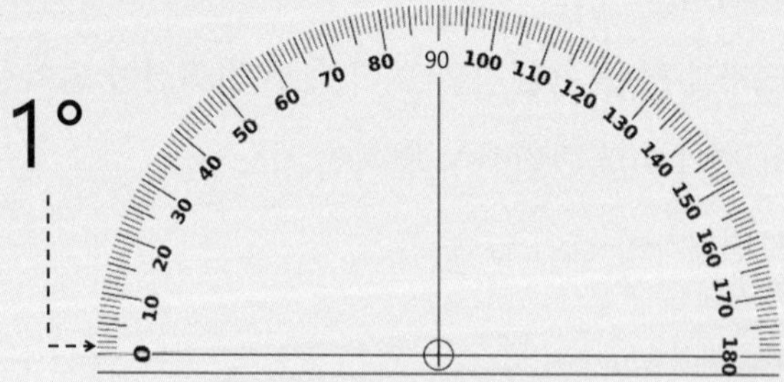

예각의 개념을 뭘까요?

* 예각 ⇒ 날카로울 예(銳) + 뿔 각(角)

'날카로울 예'라는 한자를 보니 날카로운 각이 생각납니다. 아래 각 중에서 날카로운 각은 왼쪽 각입니다.

예각은 각의 크기가 0°보다 크고 직각(90°)보다 작은 각을 말합니다. 그럼 0°는 예각일까요? 직각일까요? 둘 다 아니죠. 0°는 각이 아니니까요. 왜 각이 아닐까요? 설명해 보세요. 설명하는 것이 좀 막막하다면 개념을 적용하거나 활용하는 것이 익숙하지 않기 때문입니다.

각의 개념을 다시 볼까요? 각이란 한 점에서 그은 두 반직선으로 이루어진 도형입니다. 그런데 0°라고 하면 두 반직선으로 이루어진 도형이 아니죠. 그래서 0°는 각이 아닙니다.

둔각의 개념을 뭘까요?

* 둔각 ⇒ 둔할, 무딜 둔(鈍) + 뿔 각(角)

'둔할 둔'이라는 한자를 썼네요. 아래 각 중에서 둔한 각은 어떤 각일까요? 오른쪽 각이죠.

둔각은 각의 크기가 직각(90°)보다 크고 180°보다 작은 각을 말합니다. 180°는 예각일까요? 직각일까요? 둔각일까요? 180°는 90°보다 크니까 예각이 아니고요. 90°가 아니니까 직각도 아니에요. 그리고 둔각은 180°보다 작은 각이기 때문에 180°도는 둔각도 아닙니다.

예각, 직각, 둔각에 대해 다시 정리해 보겠습니다.

- 예각 : 각의 크기가 직각(90°)보다 작은 각. '날카로울 예'라는 한자를 써요.
- 직각 : 각의 크기가 90°인 각. '곧을 직'이라는 한자를 써요. 평평한 선이 있고, 그 위에서 수직으로 곧게 선을 그으면 직각이 생겨요.
- 둔각 : 각의 크기가 90°보다 크고 180°보다 작은 각. '둔할 둔'이라는 한자를 써요.

예각, 직각, 둔각의 개념을 이해했다면 개념을 적용하는 연습을 통해 개념 이해를 다져야 합니다. 시계를 활용하면 좋습니다. 시계의 긴바늘과 짧은바늘이 이루는 각이 예각, 직각, 둔각 중 어느 것인지 알아보는 거죠. 교과서에서 뒤쪽으로 가면 예각삼각형과 둔각삼각형이 나옵니다. 이 경우 예각과 둔각의 개념을 정확히 알고 있다면 그리 어렵지 않게 개념 학습을 할 수 있습니다.

(4) 수직은 크로스? 평행은 나란히? (수직, 평행)

수직의 개념은 무엇일까요?

* 수직 ⇒ 드리울, 늘어뜨릴 수(垂) + 곧을 직(直)

곧게 드리우면 수직이다? 무슨 뜻일까요? 아래 그림을 보세요. 3가지 경우가 있고요. 각각의 경우마다 두 직선은 서로 수직입니다.

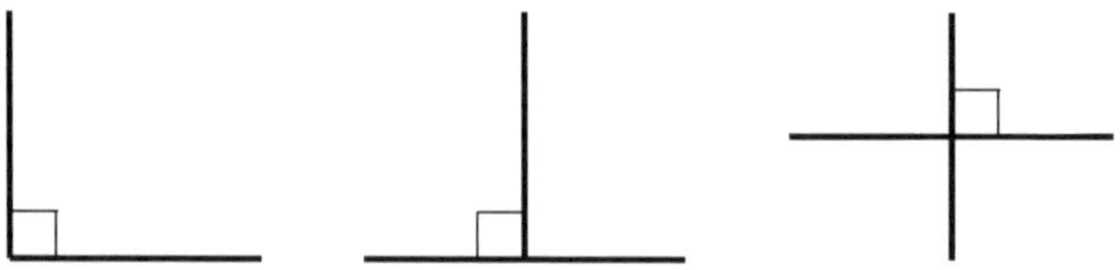

위 그림을 보면 두 직선이 만나서 이루는 각은 모두 직각입니다. 이처럼 두 직선이 만나서 이루는 각이 직각일 때, 두 직선은 서로 수직이라고 합니다.

수선의 개념은 무엇일까요?

* 수선 : 드리울, 늘어뜨릴 수(垂) + 줄 선(線)

수선은 드리운 선? 무슨 뜻일까요? 아래 그림을 다시 한번 보세요.

3가지 그림을 보면, 각각의 경우마다 두 직선이 수직으로 만납니다. 이런 경우 세로선은 가로선에 대한 수선이고요. 반대로 가로선은 세로선에 대한 수선입니다.

- 수직 : 두 직선이 만나서 이루는 각이 직각일 때, 두 직선은 서로 수직이라고 합니다.
- 수선 : 두 직선이 서로 수직으로 만나면 한 직선을 다른 직선에 대한 수선이라 합니다.

개념을 이해했다면 개념을 적용하는 연습을 해 보는 게 좋습니다. 주변에서 수직과 수선을 찾아보게 하는 거죠. 그래야 이해한 개념을 더 명확하게 이해할 수 있고 오래 기억할 수 있습니다. 그렇게 연습해도 시간이 지나면 가물가물해지거든요. T.T

평행의 개념은 무엇일까요? 평행한 거! 나란한 거! 만나지 않는 두 직선?

직선이 하나 있습니다. 그 직선에 수직인 두 직선을 긋습니다. 이렇게요~

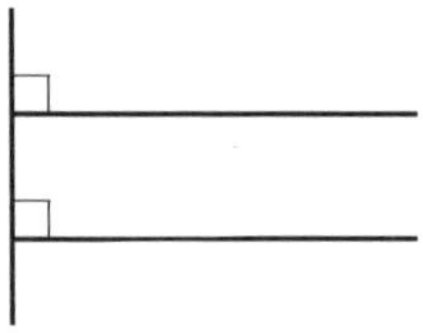

위 그림처럼 수직인 두 직선을 그으면, 두 직선은 서로 만나지 않습니다. 절대 만나지 않죠. 이때 두 직선을 평행하다고 합니다. 다시 정리해 보겠습니다.

한 직선에 수직인 두 직선을 그었을 때, 그 두 직선은 서로 만나지 않습니다. 이와 같이 서로 만나지 않는 두 직선을 **평행**하다고 합니다. 이때 평행한 두 직선을 **평행선**이라고 합니다.

(5) 원이란 뭘까? 동그란 거? (원, 원의 중심, 반지름, 지름)

원의 개념은 무엇일까? 동그라미? (원 : 둥글 원(圓))

원은 '평면상의 한 점에서 같은 거리에 있는 점들의 모임'입니다. 이런 사전식 설명만 보면 좀 어렵죠. 그래서 초등학교 교과서에서는 개념 정의는 하지 않고 원에 대해 배웁니다. 그런데 '지름'의 개념을 쉽게 이해하려면 위 사전식 설명대로 원을 그려볼 필요가 있습니다.

두꺼운 종이를 이용해서 가로로 길쭉한 직사각형을 만들고, 양쪽에 구멍을 하나씩 뚫습니다.

양쪽 구멍에 점을 찍습니다.

왼쪽 구멍을 압정으로 고정합니다.

시계 방향으로 조금씩 돌리면서 점을 찍습니다.

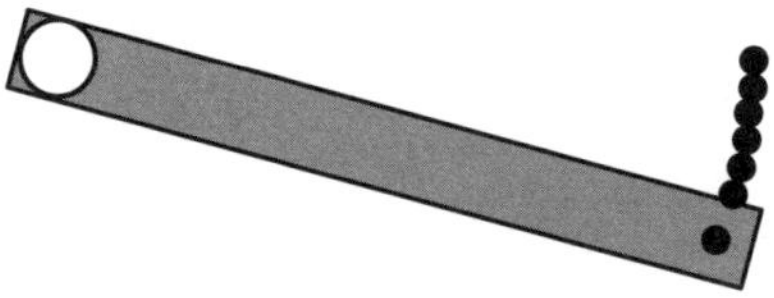

다 그린 다음 원의 개념을 적용해 봅니다. '한 점에서 같은 거리에 있는 점들의 모임' 이렇게 하면 원의 개념이 더 쉽게 이해될 것입니다. 그리고 원의 중심과 원의 반지름에 대한 개념 이해에도 도움이 될 것입니다. 정리해 보면요~

원의 가장 안쪽에 있는 점을 원의 **중심**이라 하고, 원의 중심과 원 위의 한 점을 이은 선분을 원의 **반지름**이라고 합니다.
오른쪽 그림에서 선분 ㅇㄱ은 원의 반지름입니다.

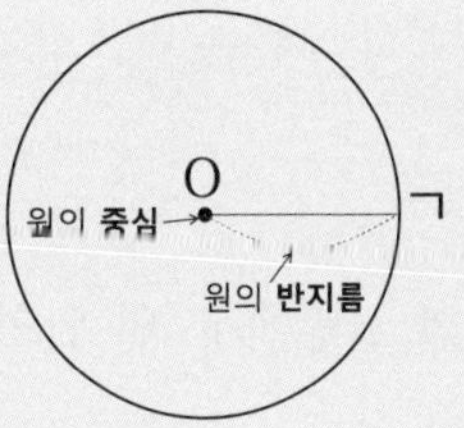

'원의 중심'이 무엇인지 설명한 내용 중에서 '원의 가장 안쪽에 있는 점'이란

부분이 좀 어려운데요. 이런 질문을 해서 아이가 직접 생각해 보게 하세요.

"원의 안쪽에는 점이 몇 개 있을까?"

무수히 많은 점들이 있죠.

"그중에서 가장 안쪽에 있는 점은 몇 개일까?"

딱 하나입니다. 왼쪽에서 가장 안쪽이면서 동시에 오른쪽에서 가장 안쪽이면서 동시에 위에서 가장 안쪽이면서 동시에 아래쪽에서 가장 안쪽인 점이기 때문입니다. 이 점이 원의 중심입니다.

그리고 반지름은 '원의 중심과 원 위의 한 점을 이은 선분'이라고 했죠. 그럼 반지름은 몇 개일까요? 원의 중심은 하나입니다. 하지만 원 위의 한 점은 무수히 많습니다. 원의 중심과 원 위의 이 점을 이은 것도 반지름이고, 원의 중심과 원 위의 저 점을 이은 것도 반지름, 원의 중심과 원 위의 그 점을 이은 것도 반지름입니다. 그래서 반지름은 무수히 많습니다. 이제 원의 지름이 무엇인지 정리해 보겠습니다.

원 위의 두 점을 이은 선분이 원의 중심을 지날 때, 이 선분을 원의 **지름**이라고 합니다.
오른쪽 그림에서 선분 ㄱㄴ은 원의 지름입니다.
원의 지름은 원을 똑같이 둘로 나눕니다.

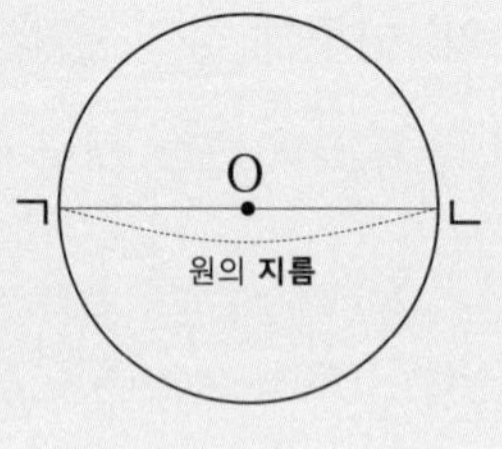

위 설명에서 '원 위의 두 점'이란 무엇일까요? 원 위의 두 점이 무엇인지를 모르면 원의 지름이 무엇인지 정확히 이해할 수 없죠. 그래서 '원'의 개념을 이해할 때 점을 찍으면서 원 그리기를 해 보는 것이 좋습니다. 그러면 '원 위의 두 점'이 무엇인지 쉽게 이해할 수 있으니까요. 아이에게 이런 질문을 하고 생각해 보게 하는 것도 좋습니다.

[질문] 원의 지름이 되려면 3가지 조건을 만족해야 합니다. 무엇일까요?

첫째, 원 위의 두 점을 이은 선이어야 합니다.

둘째, 그 선이 원의 중심을 지나야 합니다.

셋째, 그 선은 '선분'이어야 합니다. 직선도 아니어야 하고, 반직선도 아니어야 합니다.

설마 위 세 가지 조건을 외우게 하지는 않겠죠? 개념 속에 다 들어 있습니다. **원 위의 두 점**을 이은 선분이 **원의 중심**을 지날 때, 이 **선분**을 원의 **지름**이라고 하니까요. 원, 원의 중심, 원의 반지름, 원의 지름이 무엇인지 이해했다면 실제로 원을 그려보고, 그린 원에서 원의 중심도 찾아보고, 반지름 여러 개와 지름 여러 개도 그려보게 합니다. 그러면 각각의 개념에 대한 이해도를 더 높일 수 있을 것입니다.

(6) 변의 길이에 따라 삼각형이 달라져요. (삼각형, 이등변삼각형, 정삼각형)

삼각형의 개념은 무엇일까요?

* 삼각형 ⇒ 셋 삼(三) + 뿔 각(角) + 모양 형(形)

한자 풀이를 해 보면, 삼각형이란 **'각이 3개인 모양'** 입니다. 각이 3개인 삼각형은 변도 3개입니다.

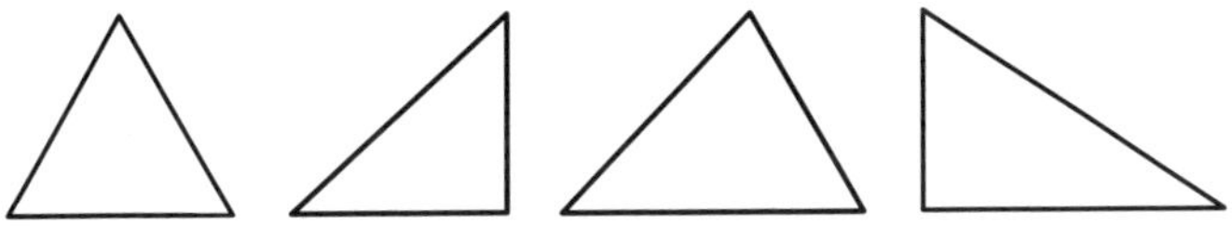

변이 3개이고 각이 3개인 도형은 모두 삼각형이지만 특별한 조건으로 좀 더 분류해 볼 수 있습니다. 변의 길이에 따라 분류할 수 있는데요. 세 변 중 두 변의 길이가 같은 경우입니다. 이런 삼각형들이죠.

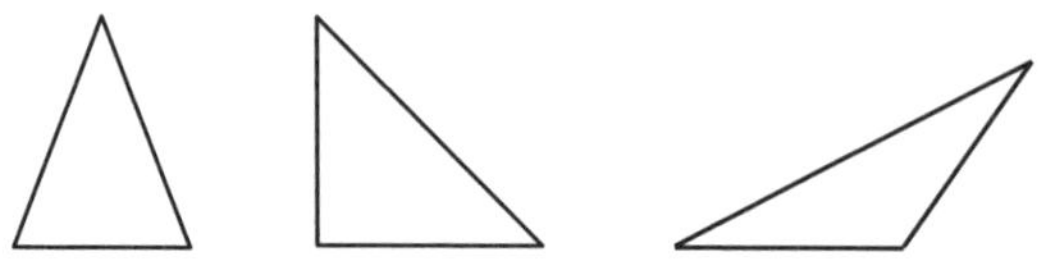

세 변 중 두 변의 길이가 같은 삼각형을 **이등변삼각형**이라고 합니다.

* 이등변삼각형 ⇒ 둘 이(二) + 같을 등(等) + 가장자리 변(邊) + 삼각형

세 번째 모임은 세 변의 길이가 모두 같은 경우도 있습니다.

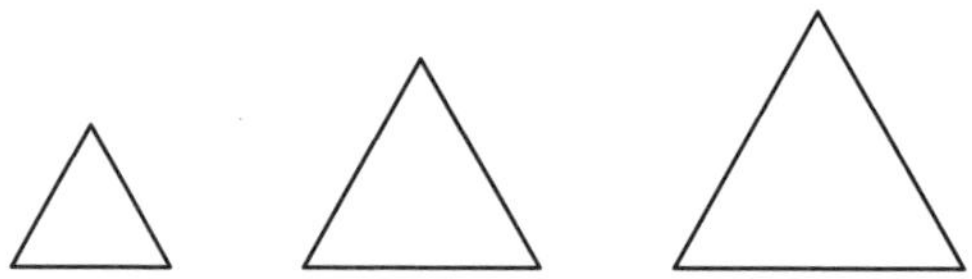

위 그림처럼 세 변의 길이가 같은 삼각형은 **정삼각형**이라고 합니다.

* 정삼각형 ⇒ 바를 정(正) + 셋 삼(三) + 뿔 각(角) + 모양 형(形)

이때 정삼각형은 두 변의 길이가 같은 이등변삼각형이라고 할 수도 있습니다.

(7) 각의 크기에 따라 삼각형이 달라져요. (직각삼각형, 예각삼각형, 둔각삼각형)

직각삼각형의 개념은 무엇일까요? 직각이 있는 삼각형? 삼각형은 각이 3개죠. 그럼, 직각삼각형은 세 각 중 직각이 있는 삼각형이겠네요. **직각삼각형은 한 각이 직각인 삼각형**입니다. 이런 것들이에요~

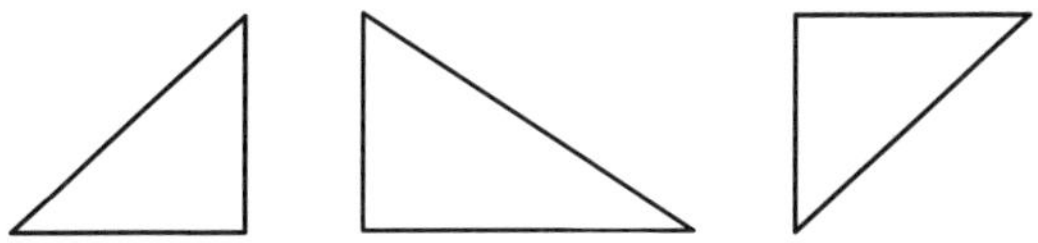

그럼, 예각삼각형의 개념은 무엇일까요? 예각이 있는 삼각형? 그럼 예각은 뭘까요? 예각의 정확한 개념을 기억하면 제일 좋은데요. '예리한 각' 정도만 떠올라도 괜찮습니다. 그러면 예각삼각형은 예리한 각이 있는 삼각형이겠네요. ^^ 삼각형은 각이 3개죠. **예각삼각형은 세 각이 모두 예각(예리한 각)인 삼각형**입니다. 이런 것들이죠. 아! 예각은 각의 크기가 직각보다 작은 각을 말합니다.

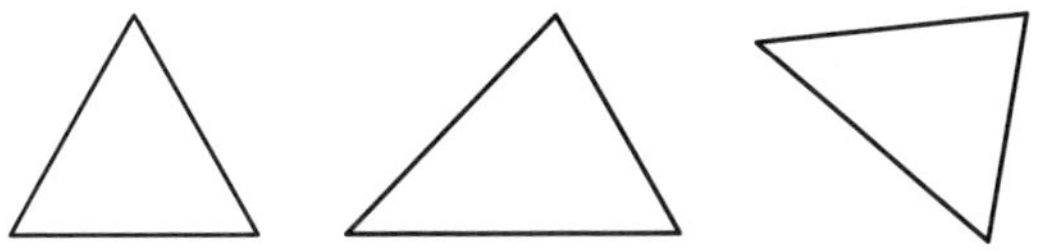

마지막으로 둔각삼각형의 개념은 무엇일까요? 둔각이 있는 삼각형? 둔각은 뭘까요? 둔한 각 또는 둔탁한 각 정도를 떠올리면 대충 감을 잡을 수 있죠. **둔각삼각형은 세 각 중 한 각이 둔각인 삼각형**이고요. 둔각은 각의 크기가 90°보다는 크고 180°보다는 작은 각을 말합니다. 둔각삼각형은 이런 것들입니다~

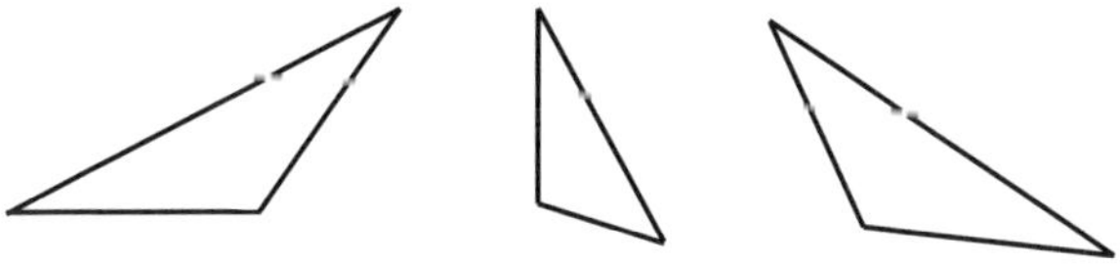

복습해 보겠습니다. 삼각형은 변의 길이에 따라 분류할 수 있어요.

- 세 변의 길이가 같은 삼각형 : 정삼각형

• 두 변의 길이가 같은 삼각형 : 이등변삼각형

삼각형은 각의 크기에 따라 분류할 수도 있어요.

• 한 각이 직각인 삼각형 : 직각삼각형

• 세 각이 모두 예각인 삼각형 : 예각삼각형

• 한 각이 둔각인 삼각형 : 둔각삼각형

그럼, 직각삼각형은 예각삼각형일까요? 둔각삼각형일까요? 둘 다 아닙니다. 예각은 각의 크기가 직각보다 작은 각이며, 직각은 예각이 아닙니다. 그리고 예각 삼각형은 세 각 모두 예각이어야 해요. 따라서 직각삼각형은 예각삼각형이 아닙니다. 그리고 둔각삼각형은 세 각 중 하나의 각이 90°보다 커야 합니다. 그러면 나머지 두 각 중 하나가 90°가 될 수 없습니다. 그래서 둔각삼각형은 직각을 가질 수가 없습니다.

(8) 직사각형과 정사각형의 차이점은? (사각형, 직사각형, 정사각형)

사각형의 개념은 무엇일까요?

* 사각형 ⇒ 넷 사(四) + 뿔 각(角) + 모양 형(形)

한자 풀이를 해 보면, 사각형이란 '각이 4개인 모양'입니다. 각이 4개인 사각형은 변도 4개입니다.

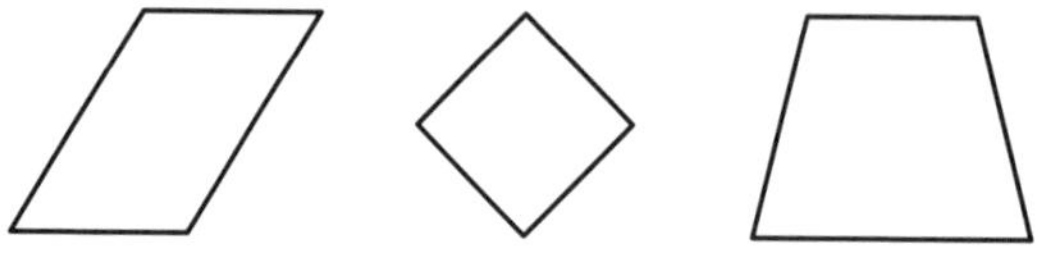

그럼, 직사각형의 개념은 무엇일까요?

* 직사각형 ⇒ 곧을 직(直) + 넷 사(四) + 뿔 각(角) + 모양 형(形)

직사각형에서 '직'은 '직각'을 뜻합니다. 그래서 **직사각형은 직각이 4개인 사각형**입니다. 개념 정리는 이렇게 되어 있습니다.

- 네 각이 모두 직각인 사각형을 **직사각형**이라고 합니다.

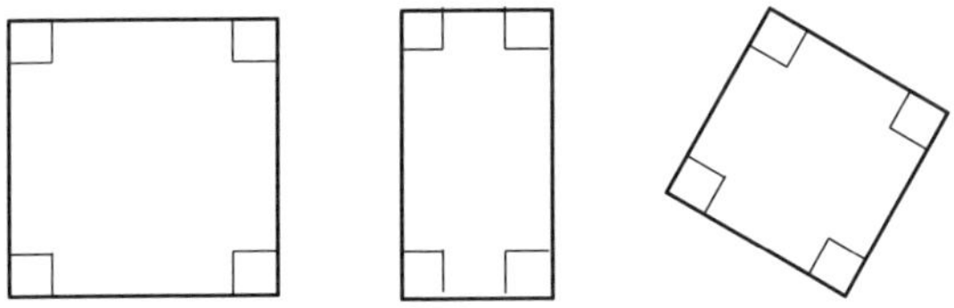

그럼, 정사각형의 개념은 무엇일까요?

* 정사각형 ⇒ 바를 정(正) + 넷 사(四) + 뿔 각(角) + 모양 형(形)

정삼각형의 개념을 기억하시나요? 세 변의 길이가 같은 삼각형을 **정삼각형**이라고 합니다. 그럼 **정사각형**은 **네 변의 길이가 같은 사각형**이겠네요? 맞습니다. 그런데 정사각형의 개념에는 한 가지가 더 있습니다. **네 각이 모두 직각**이라는 것입니다. 개념 정리는 이렇게 되어 있습니다.

- 네 각이 모두 직각이고 네 변의 길이가 모두 같은 사각형을 정사각형이라고 합니다.

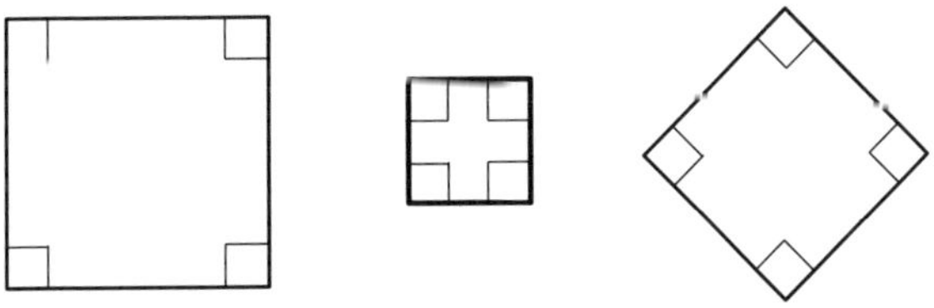

위 개념 자체는 그리 어려워 보이지 않는데요. 개념이 쉽다고 해서 개념을 적용하는 것도 쉬운 건 아닙니다. 아이에게 이렇게 질문해 보세요. "정사각형은 직사각형인가요?" 직사각형은 네 각이 모두 직각인 사각형입니다. 그런데 정사각형은 네 각이 모두 직각입니다. 따라서 정사각형은 직사각형입니다.

이 질문도 해 보세요. "직사각형은 정사각형인가요?" 정사각형은 네 각이 모두 직각이고 네 변의 길이가 모두 같은 사각형입니다. 그런데 직사각형은 네 각이 모두 직각이지만 네 변의 길이가 모두 같지 않은 경우도 있습니다. 즉, 직사각형은 항상 정사각형일 수 없습니다. 따라서 '직사각형은 정사각형이다.'라고 말할 수 없습니다.

(9) 사다리를 닮아서 사다리꼴이에요. (사다리꼴, 평행사변형, 마름모)

사각형 중에는 사다리꼴이라 부르는 도형이 있습니다. 사다리꼴의 개념은 무엇일까요? 사다리꼴에서 '사다리'는 높은 곳에 올라갈 때 계단처럼 이용하는 도구이고요. '꼴'은 모양이란 뜻입니다. 이제 세워져 있는 사다리를 아래에서 올려 봤을 때 어떤 모양(꼴)인지 생각해 보세요.

수학에서 말하는 '사다리꼴'은 이런 것들입니다.

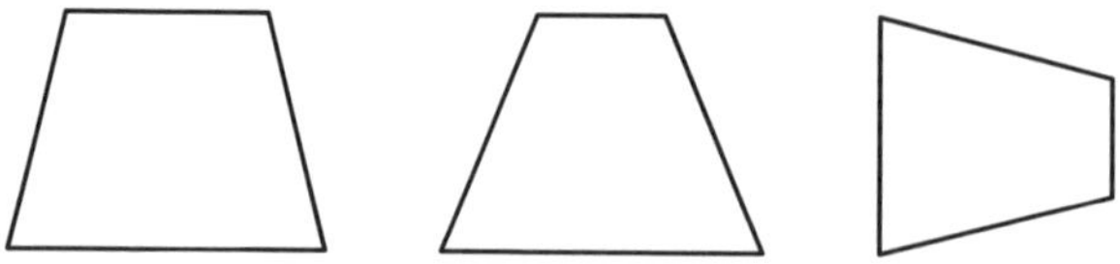

마치 아래에서 올려다본 사다리 모양처럼 생겼습니다. 그런데 개념 정리는 이렇게 되어 있습니다.

평행한 변이 있는 사각형, 즉 마주 보는 한 쌍의 변이 서로 평행한 사각형을 **사다리꼴**이라고 합니다.

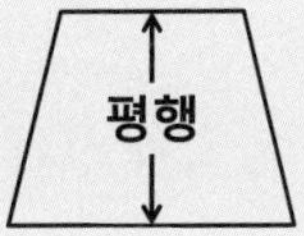

위 그림처럼 **마주 보는 한 쌍의 변이 서로 평행한 사각형**은 사다리처럼 보입니다. 그래서 사다리꼴은 '사다리 모양'이라고 생각하면 기억하기 쉽습니다.

그럼, 평행사변형의 개념은 무엇일까요?

* 평행사변형 ⇒ 평평할 평(平) + 갈 행(行) + 넷 사(四) + 가장자리 변(邊) + 모양 형(形)

'평행사변형'이란 이름을 보면, 4개의 변(사변)이 평행한 모양이네요. 평행하다는 것은 서로 만나지 않는다는 거고요. 예를 들어 이런 사각형은 서로 마주 보는 변이 평행한 상태입니다.

그런데 평행사변형이 되기 위해서는 네 각이 반듯이 직각이어야 하는 것은 아닙니다. 평행사변형의 개념 정리는 이렇게 되어 있습니다.

마주 보는 두 쌍의 변이 서로 평행한 사각형을 **평행사변형**이라고 합니다.

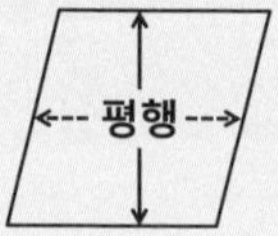

즉, 각과 상관없이 마주 보는 두 쌍의 변이 서로 평행하기만 하면 평행사변형입니다.

그럼, 마름모의 개념은 무엇일까요? 혹시 '마름'이라는 식물에 대해 들어 본 적이 있나요? 마름모에서 '마름'은 식물 이름이고요. '모'는 모양을 뜻합니다. 즉, 마름모는 마름이라는 식물 모양을 닮은 사각형인데요. 마름이라는 식물의 잎은 이렇게 생겼습니다.

이번에는 마름모의 개념 정리를 보겠습니다.

네 변의 길이가 모두 같은 사각형을 **마름모**라고 합니다.

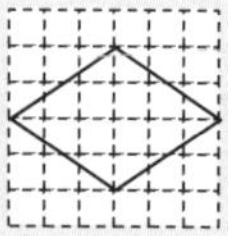

마름의 잎과 마름모의 모양을 보니 비슷하죠. 마름모는 마름의 잎 모양과 비슷하고, 네 변의 길이가 모두 같은 사각형이라고 기억하면 좋습니다.

(10) 다각형과 정다각형은 무엇이 다를까? (다각형, 정다각형)

다각형의 개념은 무엇일까요? 다각형에서 '다'는 왠지 '많을 다'인거 같죠. 그러면 각이 많은 도형?

* 다각형 ⇒ 많을 다(多) + 뿔 각(角) + 모양 형(形)

다각형의 개념 정리는 이렇게 되어 있습니다.

선분으로만 둘러싸인 도형을 다각형이라고 합니다.

'각이 많은 도형'이라고 하면 더 쉽게 느껴지는데요. 위와 같이 개념 정리를 하면 더 어렵게 느껴집니다. 왜 이렇게 했을까요? 만약 '각이 많은 도형'이라고 정리를 한다면, 각이 많다는 것은 몇 개부터일까요? 그리고 각도 도형이라고 했습니다. 그러면 각은 다각형일까요? 점점 더 헷갈립니다. 그래서 어떤 예외도 생기지 않으면서 가장 단순 명료하게 개념 정리를 하는 것입니다.

선분으로만 둘러싸였다고 하면, 각은 해당하지 않습니다. 그리고 둘러싸여야 하니까 선도 해당하지 않습니다. 그리고 선분으로만 둘러싸여야 하므로 곡선이 있으면 도형이지만 다각형은 아닙니다. 따라서 원은 다각형이 아닙니다. 예를 들어보겠습니다. 아래 도형에서 다각형인 것과 아닌 것을 구분해 보세요.

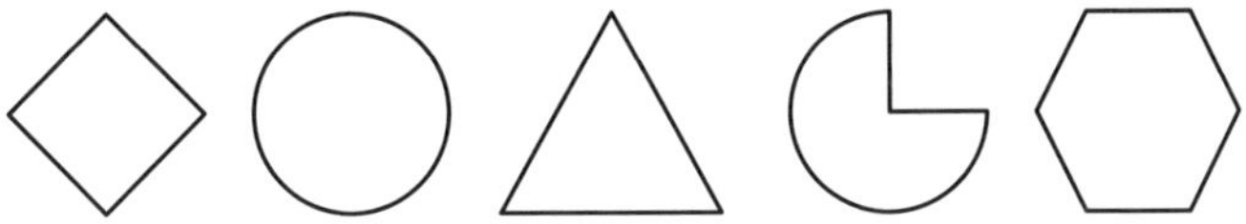

위 도형은 모두 선으로 둘러싸여 있습니다. 하지만 두 번째와 네 번째는 다각

형이 아닙니다. 선분으로만 둘러싸여 있지 않기 때문입니다. 하나 더 해 보겠습니다. 아래 도형들은 다각형일까요? 다각형이라면 각각의 이름은 무엇일까요?

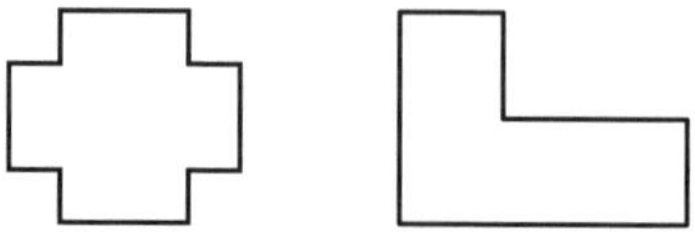

둘 다 다각형입니다. 선분으로만 둘러싸여 있으니까요. 그리고 첫 번째 다각형은 십이각형이고요. 두 번째 도형은 육각형입니다. 다각형의 이름에 대해서는 이렇게 정리합니다.

다각형은 변의 수에 따라 변이 3개이면 **삼각형**, 변이 4개이면 **사각형**, 변이 5개이면 **오각형** 등으로 부릅니다.

정다각형의 개념은 무엇일까요? 앞에서 정삼각형과 정사각형의 개념을 학습했기 때문에 정다각형의 개념은 어렵지 않습니다. 정다각형의 개념 정리는 이렇게 되어 있습니다.

변의 길이가 모두 같고 각의 크기가 모두 같은 다각형을 **정다각형**이라고 합니다.

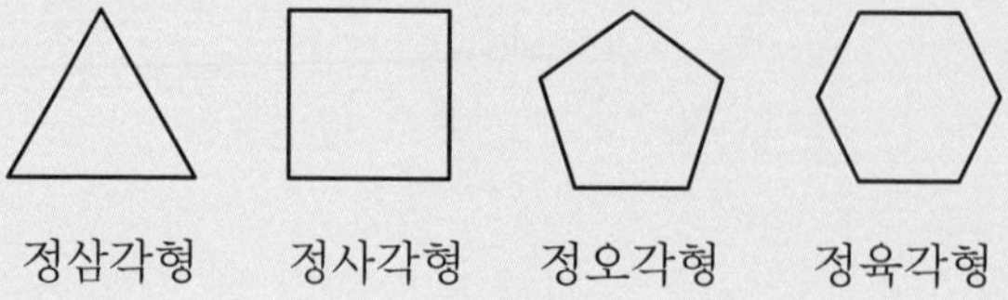

위 개념 정리를 보면, 정다각형이 되기 위한 조건은 2가지입니다.

첫째, 변의 길이가 모두 같을 것!

둘째, 각의 크기가 모두 같을 것!

이 2가지 조건을 모두 만족해야 정다각형입니다.

3 측정

(1) 왜 1시간은 60분, 1분은 60초일까? (1분, 1시간)

1시간은 10분으로 나눌 수도 있었고, 20분으로 나눌 수도 있었고, 30분으로 나눌 수도 있었습니다. 1분도 10초 또는 20초 또는 30초로 나눌 수도 있었습니다. 그런데 왜 굳이 1시간은 60분으로 나누고, 1분은 60초로 나눴을까요?

- 60은 1로 나눠집니다. ⇒ 1×60 = 60
- 60은 2로 나눠집니다. ⇒ 2×30 = 60
- 60은 3으로 나눠집니다. ⇒ 3×20 = 60
- 60은 4로 나눠집니다. ⇒ 4×15 = 60
- 60은 5로 나눠집니다. ⇒ 5×12 = 60
- 60은 6으로 나눠집니다. ⇒ 6×10 = 60

실생활에서는 시간을 잘게 쪼개야 할 때가 자주 있습니다. 그런데 60이라는 수는 잘게 쪼갤 수도 있고, 여러 경우로 쪼갤 수도 있습니다. 그래서 10, 20, 30, 40, 50, 60 중 1~6으로 모두 나눠지는 60을 기준으로 시간과 분을 쪼갰다고 합니다.

(2) 초 단위까지 시각을 읽어야 해요. (1초)

이전에 '분' 단위까지 시각 읽기를 잘했다면 '초' 단위까지 시각을 읽는 것은 어렵지 않습니다. 분을 읽는 방법과 똑같이 읽으면서 단위만 '초'로 바꾸면 되니까요. 아래 시계 그림에서 바깥쪽 숫자가 분과 초를 나타낸 숫자입니다. 그리고 작은 한 칸이 1분 또는 1초에 해당합니다.

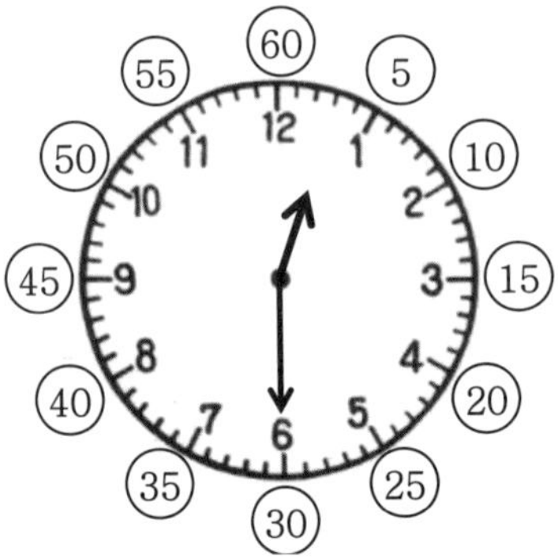

초바늘(초침)이 한 칸 가면 1초가 지난 거고요. 초바늘이 5칸 가면 5초가 지난 겁니다. 그렇게 초를 읽다 보면 초바늘이 한 바퀴를 돌아 60에 돌아왔을 때 긴바늘(분침)이 한 칸 움직이게 됩니다. 즉, 60초가 지나면 1분이 지난 것과 같은 거죠. 이렇게 직접 시곗바늘의 변화를 관찰하면서 몇 초인지를 읽고, 60초가 1분과 같다는 것을 직관적으로 알게 하는 것이 좋습니다. 사실 초등 3~4학년 단계에서 초 읽기는 어렵지 않습니다. 그보다는 1~2학년 단계에서 시와 분 읽기가 훨씬 어렵습니다. 그때 시와 분 읽기를 잘 학습했다면 초 읽기는 어렵지 않게 학습할 수 있습니다.

초 단위까지의 시간의 덧셈과 뺄셈을 할 때 핵심은 무엇일까요? 핵심은 자연수의 연산과 비슷합니다. 예를 들어 '12-5 ='의 경우 12에서 앞의 1이 열 개짜리 하나임을 알면 쉽게 계산할 수 있습니다. 마찬가지로 시간의 덧셈과 뺄셈도 1분이 1초짜리 60개이고, 1시간이 1분짜리 60개라는 것을 알면 쉽게 계산할 수 있습니다. 실제 숫자 계산에서 실수할 수는 있는데요. 숫자 계산에서 실수하는 것보다 훨씬 더 중요한 것은 핵심을 알고 적용할 생각을 하는 것입니다. 따라서 시간의 덧셈과 뺄셈에서 틀린 경우, 핵심을 모르거나 핵심 적용을 어려워하는 것인지 아니면 단순 숫자 계산에서 실수한 것인지를 정확히 파악해야 합니다. 그래야 적절히 보완할 수 있습니다.

(3) 1000걸음을 걸으면 약 1km예요. (1mm, 1km)

시계보기에서 1일은 24시간이고, 1시간은 60분이고, 1분은 60초라는 것을 학습했습니다. 이렇게 시간의 단위를 여러 개 만든 이유는, 그렇게 해야 편리하기 때문입니다. 길이도 마찬가지입니다. 단위를 여러 개로 만들어야 편리합니다. 다만, 시간에서 쪼개는 방식과 길이에서 쪼개는 방식이 서로 다릅니다. 이는 자주 사용하면서 익히는 수밖에 없습니다. 한번 공부했다고 해서 확실하게 알게 되는 것은 아니거든요.

길이의 단위는 mm(밀리미터), cm(센티미터), m(미터), km(킬로미터) 등입니다. 각각 어느 정도의 길이인지 구체적으로 느껴본 다음, 각 단위 간의 관계를 이해하는 것이 좋은데요. 준비물은 30cm자와 줄자입니다. 먼저 30cm자를 이용해서 mm와 cm가 어느 정도 길이인지 알려줍니다. 그리고 mm와 cm 단위로 여러 물건의 길이를 재어 봅니다. mm의 개념 정리는 다음과 같습니다.

1cm를 10칸의 똑같은 작은 눈금으로 나눕니다. 이 작은 눈금 한 칸의 길이를 **1mm**라고 쓰고 **1 밀리미터**라고 읽습니다.

이때 핵심은 '1cm는 1mm가 10개라는 것'입니다. 그다음 줄자를 이용해서 1m가 어느 정도 길이인지 알려주고요. 1m는 1cm 100개만큼의 길이라는 것도 알려줍니다. 그리고 줄자를 이용해서 여러 물건의 길이를 재어 봅니다. 그리고 가능하면 1km를 함께 걸어봅니다. 1km의 개념 정리는 다음과 같습니다.

1000m를 **1km**라 쓰고 **1 킬로미터**라고 읽습니다.

어른 기준으로 한 걸음이 약 1m이므로 1000걸음을 함께 세면서 걸어보고 그 길이가 대략 1km라고 알려줍니다. 가급적 직선 도로를 걸으면서 어느 정도가 1km의 거리인지 직관적으로 느낄 수 있게 합니다. 이제 각 단위 간의 관계를 정리해 보겠습니다.

- 10mm = 1cm ⇒ 1mm가 10개 있으면 1cm
- 100cm = 1m ⇒ 1cm가 100개 있으면 1m
- 1000m = 1km ⇒ 1m가 1000개 있으면 1km

어떤 길이를 cm로만 나타내거나 m와 cm를 섞어서 나타내봅니다. 아이의 키가 좋은 사례인데요. 아이의 키를 줄자로 측정해서 "네 키는 140cm야. 1cm가 140개 있는 거지. 근데 1cm 100개는 1m와 같잖아. 그러니까 네 키는 140cm라고 할 수도 있고, 1m 40cm라고 할 수도 있어."라고 하는 거죠.

m와 km의 관계는 함께 1000걸음 걷기를 해 보면 보다 잘 기억할 수 있습니다. 1010걸음만큼 걷고 나서 "저기서부터 여기까지는 1010걸음만큼이야. 그러면 대략 1010m지. 근데 1m 1000개는 1km와 같잖아. 그러니까 저기서부터 여기까지의 거리는 1010m라고 할 수도 있고, 1km 10m라고 할 수도 있어."라고 하는 거죠.

(4) 1mL는 물 얼마만큼의 부피일까? (1L, 1mL)

1L와 1mL의 개념은 무엇일까요? 둘 다 들이를 측정하는 단위인데요. 초등 1~2학년 때에는 들이를 '담을 수 있는 양'이라고 표현했고요. 3~4학년 때부터 '들이'라고 표현합니다.

- 부피 : 입체가 차지하는 공간의 크기
- 들이 : 용기 내부의 공간의 부피

예를 들어 똑같은 크기의 항아리 2개가 있습니다. 하나는 벽이 두껍고 다른 하나는 벽이 얇습니다. 전체 크기가 같기 때문에 두 항아리에 물을 가득 담았을 때 항아리와 물을 합한 부피는 양쪽이 똑같습니다. 하지만 들이는 서로 다르죠. 벽이 두꺼운 항아리는 그만큼 내부 공간이 작아 상대적으로 들이가 작습니다. 그에 비해 벽이 얇은 항아리는 내부 공간이 커서 상대적으로 들이가 큽니다. 이처럼 '들이'와 '부피'는 다른 개념인데요. 단위는 둘 다 1L와 1mL를 사용합니다. 먼저 1mL가 무엇인지 알아보겠습니다. 아래 상자 그림을 보세요. 이 상자는 가로, 세로, 높이의 길이가 모두 1cm입니다.

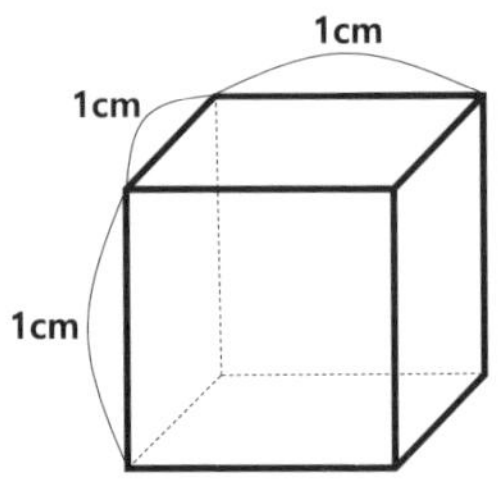

이 상자에 물을 가득 담았을 때 그 물의 양(들이)을 **1 밀리리터**라고 하고, **1mL**라고 씁니다. 이 상자는 벽의 두께가 거의 없다고 가정을 한 건데요. 이 상자 크기의 얼음인 셈이며, 이 얼음의 양을 1 밀리리터라고 하고 1mL라고 씁니다. 사실 물이 얼면 부피가 좀 커지는데요. 그것까지 생각하면 복잡하죠. 두 경우 중 하나로 개념 이해를 시켜 주세요. 그럼, 1L의 개념은 뭘까요?

네모난 상자가 1000개 쌓여 있습니다.

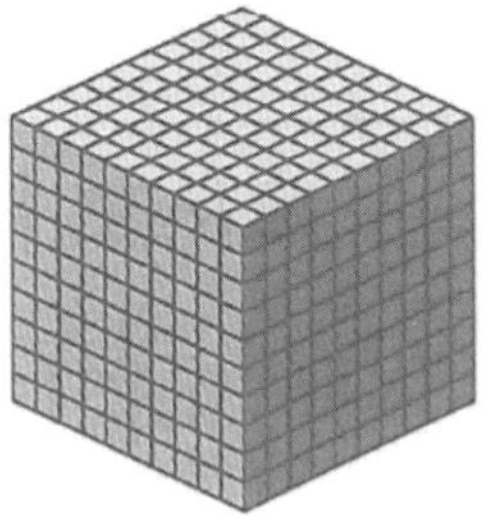

위 그림에서 작게 보이는 상자 하나하나는 모두 가로, 세로, 높이의 길이가 1cm인 상자입니다. 즉, 가로, 세로, 높이의 길이가 1cm인 상자가 1000개 있는 거죠. 그런데 가로, 세로, 높이의 길이가 1cm인 상자 하나의 들이가 1mL라고 했습니다. 따라서 위 그림은 들이가 1mL인 상자가 1000개 있는 거고요. 그러면 위 상자 1000개의 들이는 1000mL인 셈입니다.

그런데 1000이라는 숫자는 아주 크게 느껴집니다. 그래서 새로운 단위를 하나 만들었습니다. 1L라는 단위이고요. 1 리터라고 읽습니다. 그리고 1000mL를 1L라 부르기로 약속을 했습니다. 즉, 1mL짜리 상자 1000개 만큼의 들이가 1L이고요. 1L = 1000mL 라고 쓸 수 있습니다. 정리해 보겠습니다.

- 1mL ⇒ 가로, 세로, 높이의 길이가 1cm인 상자 하나에 가득 담은 양
- 1L ⇒ 1mL 1000개 만큼의 양
- 1L = 1000mL

이제 아래 수식을 읽어보세요. 아래 수식이 이해가 된다면 개념과 관계 학습을 잘 한 것입니다.

1L 500mL = 1L + 500mL = 1000mL + 500mL = 1500mL

(5) 1g은 물 얼마만큼의 무게일까? (1g, 1kg, 1t)

1g, 1kg, 1t은 무게의 단위입니다. 각각의 개념은 무엇일까요? 아래 그림을 보세요.

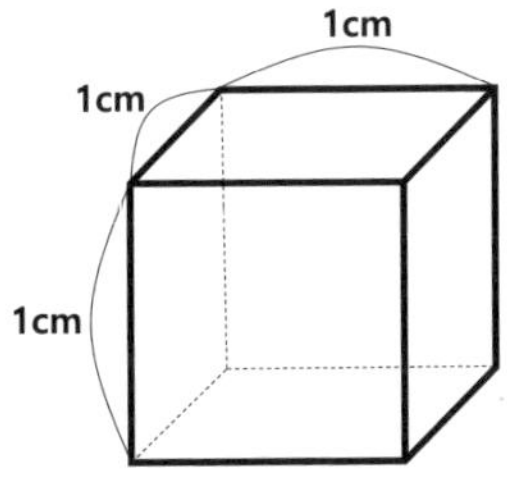

가로, 세로, 높이의 길이가 모두 1cm인 상자입니다. 이 상자에 물을 가득 담았

습니다. 이때 물의 무게를 **1 그램**이라 하고 **1g**이라고 씁니다. 그런데 위 상자에 가득 담긴 물의 양(들이)은 1mL입니다. 따라서 **물 1mL의 무게는 1g**입니다. 그럼 1kg의 개념은 무엇일까요?

가로, 세로, 높이의 길이가 1cm인 상자 1000개를 쌓았습니다.

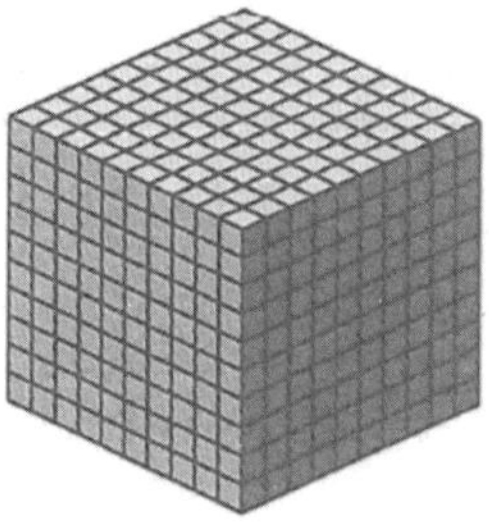

들이가 1mL인 상자 1000개죠. 이 상자들의 들이는 1L입니다. 1000mL = 1L이니까요. 그런데 1mL 상자에 담긴 물의 무게는 1g입니다. 무게 1g짜리 상자가 1000개 있으므로 이 상자들의 무게는 1000g입니다.

그런데 1000이라는 숫자는 아주 크게 느껴집니다. 그래서 새로운 단위를 하나 만들었습니다. **1kg**이라는 단위이고요. **1 킬로그램**이라고 읽습니다. 그리고 **1000g을 1kg이라 부르기로 약속**을 했습니다. 즉, 1g짜리 상자 1000개 만큼의 무게가 1kg이고요. **1kg = 1000g** 이라고 쓸 수 있습니다.

무게의 단위 중에는 1t 도 있습니다. **1t**은 **1 톤**이라고 읽습니다. 1t은 무게 1kg짜리 물이 1000개 있는 것입니다. 즉, **1t = 1000kg**입니다.

- 1g ⇒ 가로, 세로, 높이의 길이가 1cm인 상자 하나에 가득 담긴 물의 무게
- 1kg ⇒ 1g 1000개 만큼의 물의 무게 ⇒ 1kg = 1000g
- 1t ⇒ 1kg 1000개 만큼의 물의 무게 ⇒ 1t = 1000kg

이제 아래 수식을 읽어보세요. 아래 수식이 이해가 된다면 개념과 관계 학습을 잘 한 것입니다.

1kg 500g = 1kg + 500g = 1000g + 500g = 1500g

1t 500kg = 1t + 500kg = 1000kg + 500kg = 1500kg

초등학교 5~6학년

5~6학년 수학 교육방법

(1) 초등 5학년 수학 학습은 이렇게!

초등학교 5~6학년이 되면 수학의 난이도가 갑자기 높아집니다. 약수, 배수, 최대공약수, 최소공배수, 약분, 통분, 기약분수, 합동, 대칭, 대응점, 선대칭도형, 점대칭도형, 겨냥도, 전개도, 각기둥, 각뿔, 원기둥, 원뿔, 구, 이상, 이하, 초과, 미만, 원주, 원주율, 원의 넓이, 비, 비율, 백분율, 비례식, 비례배분, 평균, 가능성(확률) 등 난이도가 높으면서 중등 수학의 기초가 되는 개념들이 쏟아져 나옵니다. 그래서 초등학교 5~6학년을 2차 좌절기라고 부르고요. 수학 공부를 1순위에 두어야 하는 시기입니다.

일주일에 4~5회 정도 학습해야 하고요. 하루 1시간~1시간 30분 정도 아이에게 맞게 시간을 정해 진행합니다. 연산도 매일 20~30문제 정도는 꾸준히 연습해야 합니다. 지금까지 잘해 온 아이라면 학기마다 난이도 중상급 이상의 문제집 2권씩 풀게 하고요. 4학년 교과서 내용을 어려워한 아이라면 4학년 겨울 방학 때 4학년 교과 내용을 집중적으로 복습해야 합니다.

만약 특목고 등을 목표로 한다면 선행도 본격적으로 시작해야 합니다. 수학 학습 시간과 분량을 더 늘려야 하고요. 심화 수준의 문제집도 반드시 풀어봐야 합니다.

(2) 초등 6학년 수학 학습은 이렇게!

5학년 때 일단 5학년 수학 잘하는 것부터 하고 그다음에 선행을 고민했다면, 6학년 때는 중상급 이상의 실력이라면 선행을 서둘러야 합니다. 특히 우리나라의 교육 과정상 상위권에서는 수학이 성적을 좌우하기 때문에 수학 선행은 피할 수 없습니다.

평일에도 2시간 내외는 수학에 투자해야 하고요. 주말과 방학에는 하루에 3~4시간 이상을 수학에 투자해야 합니다. 6학년 과정을 최대한 빨리 끝내야 하고요. 여름 방학 전후로 중학교 과정 선행에 들어가야 합니다. 그리고 수학 선행은 중학교 때에도 계속 진행해야 합니다. "꼭 그렇게 해야 하느냐?"고 물으신다면… 옳고 그름의 문제는 아닙니다. 선택의 문제입니다.

중학교 수학 선행을 할 때는 학기마다 '기본 - 실력 - 심화' 단계별 문제집 한 권씩 푸는 것을 기본으로 해서 아이에게 맞게 탄력적으로 진행해야 합니다. 쉬운 단원은 '실력 - 심화' 2권만 진행하고요. 어려운 단원은 '기본 - 실력1 - 실력2 - 심화' 4권으로 탄탄히 다지는 것도 선택할 수 있는 방법 중 하나입니다. **선행에서는, 속도도 중요하지만 더 중요한 것은 개념부터 실력과 심화까지 탄탄하게 다지면서 가는 것이 더 중요합니다.**

(3) 초등학교 5~6학년용 수학 단행본

책 제목	출판사
과학 공화국 수학 법정 시리즈	자음과 모음
묻고 답하는 수학카페	북멘토
돼지 삼총사 아슬아슬 수학 소풍	다림
10일 간의 보물찾기	창비
써프라이즈 오딧셈의 수학 대모험 시리즈	스콜라
도형이 도리도리	주니어김영사
0의 비밀 화원	파란자전거
수학교과서 영화에 딴지 걸다	푸른숲

2. 5~6학년 수학 단행본

1. 수와 연산 (초등학교 5~6학년 과정)

(1) 수를 묶을 수 있는 수는 약수? (약수, 공약수, 최대공약수) 12

(2) 배수는 어떤 수를 몇 배 한 수? (배수, 공배수, 최소공배수) 12

(3) 약분은 공약수로 나누는 것이에요. (약분, 기약분수, 통분) 12

(4) 왜 분자끼리 분모끼리 곱할까? (분수 곱셈의 원리) 12

(5) 왜 뒤의 분수를 뒤집고 곱할까? (분수 나눗셈의 원리) 12

(6) 소수의 곱셈도 처음에는 개념으로! (소수의 곱셈 원리) 12

(7) 소수의 나눗셈도 처음에는 개념으로! (소수의 나눗셈 원리) 12

2. 도형 (초등학교 5~6학년 과정)

3. 측정 (초등학교 5~6학년 과정)

4. 규칙성 (초등학교 5~6학년 과정)

(1) 비란? 비율이란? 백분율이란? (비, 비율, 백분율) 12

(2) 전항은 '앞 전', 후항은 '뒤 후'예요. (비례식, 전항, 후항, 내항, 외항) 12

(3) 내항끼리, 외항끼리 곱해야 해요. (비례식의 성질, 비례배분) 12

5. 자료와 가능성 (초등학교 5~6학년 과정)

(1) 평균은 주고받기를 해서 구해요. (평균) 12

(2) 띠그래프란? 원그래프란? (띠그래프, 원그래프) 12

(3) '사건이 일어날 가능성'은 확률이에요. (가능성) 12

3 단원별 개념설명

1 수와 연산

(1) 수를 묶을 수 있는 수는 약수? (약수, 공약수, 최대공약수)

약수의 개념은 무엇일까요?

* 약수 ⇒ 묶을 약(約) + 셈 수(數)

약수란 수를 묶은 수? 약수의 개념 정리는 이렇습니다.

> 어떤 수를 나누어떨어지게 하는 수를 그 수의 **약수**라고 합니다.
> 8을 1, 2, 4, 8로 나누면 나누어떨어집니다.
> 1, 2, 4, 8은 8의 약수입니다.

쉽게 정리해 보겠습니다. 나누기는 묶기입니다.

6÷2 ⇒ 사과 6개가 있어요. 한 사람당 2개씩 (묶어서) 나눠줘요. 모두 몇 명에게 줄 수 있나요?

즉, **약수는 몇 개씩 묶어서 나누었을 때 나머지가 남지 않아야 합니다.**

- 8을 1개씩 나눠줍니다. 8명에게 주고, 나머지는 없습니다.
  ⇒ 1은 8의 약수입니다.
- 8을 2개씩 묶어서 나눠줍니다. 4명에게 주고, 나머지는 없습니다.
  ⇒ 2은 8의 약수입니다.
- 8을 3개씩 묶어서 나눠줍니다. 2명에게 주면, 2개가 남습니다.
  ⇒ 3은 8의 약수가 아닙니다.
- 8을 4개씩 묶어서 나눠줍니다. 2명에게 주고, 나머지는 없습니다.
  ⇒ 4는 8의 약수입니다.
- 8을 5개씩 묶어서 나눠줍니다. 1명에게 주고, 3개가 남습니다.
  ⇒ 5은 8의 약수가 아닙니다.
- 8을 6개씩 묶어서 나눠줍니다. 1명에게 주고, 2개가 남습니다.
  ⇒ 6은 8의 약수가 아닙니다.
- 8을 7개씩 묶어서 나눠줍니다. 1명에게 주고, 1개가 남습니다.
  ⇒ 7은 8의 약수가 아닙니다.
- 8을 8개씩 묶어서 나눠줍니다. 1명에게 주고, 나머지는 없습니다.
  ⇒ 8는 8의 약수입니다.

8을 1, 2, 4, 8로 나누면 나누어떨어집니다. 나머지가 남지 않는다는 거죠. 그래서 8의 약수는 1, 2, 4, 8입니다.

공약수의 개념은 무엇일까요? 공평한 약수?

* 공약수 ⇒ 공평할 공(公) + 묶을 약(約) + 셈 수(數)

공약수의 개념 정리는 이렇습니다.

두 수의 공통된 약수를 두 수의 **공약수**라고 합니다.
1, 2는 6과 8의 공약수입니다.

6과 8이라는 두 수가 있습니다.

• 6의 약수 : 1, 2, 3, 6

• 8의 약수 : 1, 2, 4, 8

6의 약수이면서 8의 약수이기도 한 것은 1과 2입니다. 즉, 1과 2는 6과 8이라는 두 수의 공통된 약수(공약수)입니다. 12와 18로 한 번 더 해 보겠습니다.

• 12의 약수 : 1, 2, 3, 4, 6, 12

• 18의 약수 : 1, 2, 3, 6, 9, 18

12의 약수이면서 18의 약수이기도 한 것은 1, 2, 3, 6입니다. 즉, 1, 2, 3, 6은 12와 18의 공약수입니다.

최대공약수의 개념은 무엇일까요? 공약수 중에서 가장 큰 약수?

* 최대공약수 ⇒ 가장 최(最) + 클 대(大) + 공약수(公約數)

최대공약수의 개념 정리는 이렇습니다.

두 수의 공약수 중에서 가장 큰 수를 두 수의 **최대공약수**라고 합니다.
1, 2, 3, 6은 12와 18의 공약수입니다.

6은 12와 18의 최대공약수입니다.

6과 8이라는 두 수가 있습니다.

- 6의 약수 : 1, 2, 3, 6
- 8의 약수 : 1, 2, 4, 8

6과 8의 공약수는 1과 2입니다. 그리고 6과 8의 최대공약수는 2입니다.

(2) 배수는 어떤 수를 몇 배 한 수? (배수, 공배수, 최소공배수)

배수의 개념은 무엇일까요?

* 배수 ⇒ 갑절 배(倍) + 셈 수(數)

'갑절'은 어떤 수나 양을 두 번 합한 만큼을 뜻합니다. 그럼, 배수는 어떤 수의 2배인 수일까요? 배수의 개념 정리는 이렇습니다.

어떤 수를 1배, 2배, 3배… 한 수를 그 수의 **배수**라고 합니다.
3, 6, 9… 는 3의 배수입니다.

쉽게 정리해 보겠습니다. 3이라는 수가 있습니다.

- 3을 1배 하면 3입니다. ⇒ 3은 3의 배수
- 3을 2배 하면 6입니다. ⇒ 6은 3의 배수
- 3을 3배 하면 9입니다. ⇒ 9는 3의 배수
- 3을 4배 하면 12입니다. ⇒ 12는 3의 배수
- 3을 5배 하면 15입니다. ⇒ 15는 3의 배수

…

따라서 3, 6, 9, 12, 15… 는 3의 배수이고요. 3의 배수는 끝없이 많습니다.

공배수의 개념은 무엇일까요? 공통된 배수?

* 공배수 ⇒ 공평할 공(公) + 갑절 배(倍) + 셈 수(數)

공배수의 개념 정리는 이렇습니다.

두 수의 공통된 배수를 두 수의 **공배수**라고 합니다.
12, 24, 36… 은 4와 6의 공배수입니다.

4와 6이라는 두 수가 있습니다.

- 4의 배수 : 4, 8, 12, 16, 20, 24, 28, 32, 36, 40…
- 6의 배수 : 6, 12, 18, 24, 30, 36, 42…

4의 배수이면서 6의 배수이기도 한 것은 12, 24, 36… 입니다. 즉, 12, 24, 36… 은 6과 8이라는 두 수의 공통된 배수(공배수)입니다.

최소공배수의 개념은 무엇일까요? 공배수 중에서 가장 작은 배수?

* 최소공배수 ⇒ 가장 최(最) + 작을 소(小) + 공배수(公倍數)

최소공배수의 개념 정리는 이렇습니다.

두 수의 공배수 중에서 가장 작은 수를 두 수의 **최소공배수**라고 합니다.
12, 24, 36… 은 4와 6의 공배수입니다.
12는 4와 6의 최소공배수입니다.

(3) 약분은 공약수로 나누는 것이에요. (약분, 기약분수, 통분)

약분의 개념은 무엇일까요?

* 약분 ⇒ 묶을 약(約) + 나눌 분(分)

약분은 '공약수로 나누어(분) 간단히 하는 것'입니다. 정확한 개념은 다음과 같습니다.

> 분모와 분자를 그들의 공약수로 나누어 간단히 하는 것을 **약분한다**고 합니다.
>
> $\frac{8}{12} = \frac{8÷2}{12÷2} = \frac{8÷4}{12÷4}$

2는 분모인 12와 분자인 8의 공약수입니다. 공약수인 2로 $\frac{8}{12}$의 분모와 분자를 나누면 $\frac{8÷2}{12÷2} = \frac{4}{6}$ 입니다. 그런데 $\frac{4}{6} = \frac{4×2}{6×2} = \frac{8}{12}$ 입니다. 즉, 분모와 분자를 그들의 공약수로 나누면 크기가 같은 간단한 분수로 만들 수 있습니다. $\frac{8}{12}$을 약분해서 $\frac{4}{6}$ 로 만든 거죠. 그런데 $\frac{4}{6}$는 또 약분할 수 있습니다. 2는 6과 4의 공약수잖아요. $\frac{4÷2}{6÷2} = \frac{2}{3}$ 가 되는 거죠. 이처럼 분모와 분자를 그들의 공약수로 나누어 간단히 하는 것을 약분한다고 합니다.

기약분수의 개념은 무엇일까요?

* 기약분수 ⇒ 이미 기(旣) + 묶을 약(約) + 분수(分數)

기약분수에서 '기'는 '이미'라는 뜻입니다. 그러면 기약분수란 이미(기) 약분을 다 해서 더 이상 약분할 수 없는 분수겠네요. 정확한 개념은 다음과 같습니다.

> 분모와 분자의 공약수가 1뿐인 분수를 **기약분수**라고 합니다.

역시나 교과서 개념 정리는 뭔가 좀 어렵게 느껴집니다. 하지만 구체적인 예에 적용하면 이해가 쉬워집니다. $\frac{4}{6}$라는 분수에 적용해 보겠습니다.

- 분모인 6의 약수 : 1, 2, 3, 6
- 분자인 4의 약수 : 1, 2, 4

약분은 분모와 분자의 공약수로 해야 합니다. 6과 4의 공약수는 1과 2입니다. 그래서 공약수인 2로 $\frac{4}{6}$를 약분하면 $\frac{4 \div 2}{6 \div 2} = \frac{2}{3}$가 됩니다. 이제 분모는 3, 분자는 2가 되었습니다.

- 분모인 3의 약수 : 1, 3
- 분자인 2의 약수 : 1, 2

약분은 분모와 분자의 공약수로 해야 하죠. 3과 2의 공약수는 1입니다. 그래서 공약수인 1로 약분하면 $\frac{2 \div 1}{3 \div 1} = \frac{2}{3}$ 입니다. 약분을 하는 이유는 분수를 간단히 하기 위해서입니다. 그런데 1로 약분하면 간단해지지 않습니다. 즉, 분모와 분자의 공약수가 1만 남으면 더 이상 약분할 필요가 없습니다. 이 상태의 분수를 기약분수라고 합니다. 이미(기) 약분을 다 해서 더 이상 더 이상 간단해지지 않는 분수이고요. 분모와 분자의 공약수가 1뿐인 분수이기도 합니다.

통분의 개념은 무엇일까요?

* 통분 ⇒ 통할 통(通) + 나눌 분(分)

통분은 통하는 분수? 무엇이 통한다는 걸까요? 먼저 아래 질문에 답해 보세요.

$\frac{2}{3}$와 $\frac{3}{4}$중 어느 분수가 더 큰 분수인가요? 분수만 보면 좀 헷갈리지만 그림으로 보면 쉽게 알 수 있습니다.

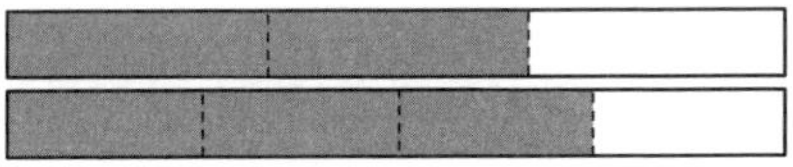

$\frac{3}{4}$이 $\frac{2}{3}$보다 더 크죠. 그럼, 아래 질문에도 답해 보세요.

$\frac{3}{4}$은 $\frac{2}{3}$보다 얼마만큼 더 큰가요? 분수로 나타내 보세요.

위 그림으로는 알 수가 없습니다. 그래서 작은 크기로 나눠 봤습니다.

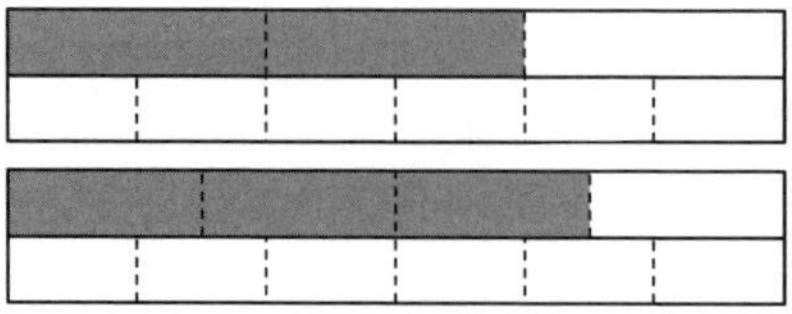

전체를 6조각으로 나눴지만, 여전히 알 수가 없습니다. 그래서 더 작은 크기로 나눠 봤습니다.

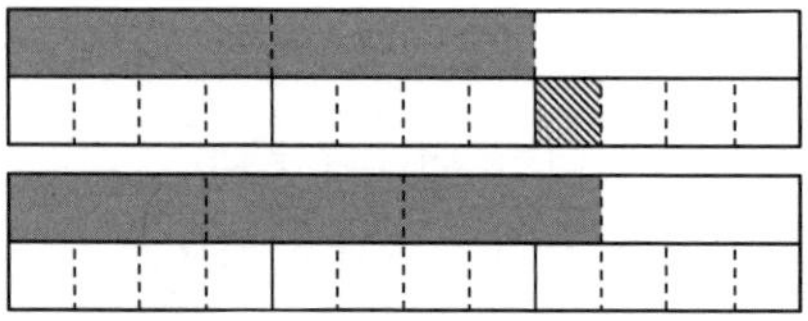

전체를 12조각으로 나눴더니 $\frac{3}{4}$ 이 $\frac{2}{3}$보다 얼마만큼 더 큰지를 분수로 나타낼 수 있게 되었습니다. 두 분수가 서로 통할 수 있게 나눈(분) 겁니다. $\frac{3}{4}$는 $\frac{2}{3}$보다 $\frac{1}{12}$ 더 크네요. 이제 통분의 개념 정리를 보겠습니다.

분수의 분모를 같게 하는 것을 **통분한다**고 하고, 통분한 분모를 **공통 분모**라고 합니다.

교과서 개념 정리는 역시 어렵게 느껴집니다. 구체적인 예로 살펴보겠습니다. $\frac{3}{4}$ 이 $\frac{2}{3}$보다 얼마만큼 더 큰지를 알아보기 위해서 전체를 12조각으로 나눴습니다.

그랬더니 $\frac{2}{3}$는 $\frac{8}{12}$이 되었고요. $\frac{3}{4}$은 $\frac{9}{12}$가 되었습니다. $\frac{2}{3}$와 $\frac{3}{4}$은 분모가 서로 달랐습니다. 그런데 분모를 12로 같게 만들었더니 크기 비교한 것을 분수로 나타낼 수 있게 되었습니다.

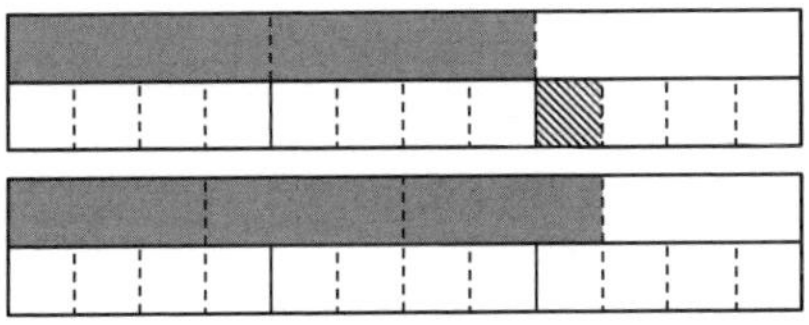

이처럼 분모가 서로 다른 분수의 분모를 같게 하는 것이 **통분**입니다. 이때 같게 한 분모 12를 **공통 분모**라고 합니다.

(4) 왜 분자끼리 분모끼리 곱할까? (분수 곱셈의 원리)

이 책의 앞에서 중요하게 강조한 것 중 하나가 **'교과서 학습만 제대로 해도 사고력 훈련이 된다.'**입니다. 분수의 곱셈도 마찬가지인데요. '분수의 곱셈은 분자끼리 곱하고 분모끼리 곱한다.'라는 요령만 암기하고 계산에 적용하는 학습은 교과서를 제대로 학습한 것이 아닙니다. 왜 분수의 곱셈은 분자끼리 곱하고 분모끼리 곱하는지를 이해하는 것까지 해야 교과서를 제대로 학습한 것입니다. 이렇게요~

'4×3 =' 이 문제를 풀 때 개념을 적용해서 풀면, 4가 3번 있으니까 4+4+4 = 12 그래서 4×3 = 12입니다. 분수의 곱셈도 개념을 적용해서 풀어봐야 합니다.

$\frac{1}{4}\times3 \Rightarrow \frac{1}{4}$이 3번 있음

$\frac{1}{4}\times3 = \frac{1}{4}+\frac{1}{4}+\frac{1}{4}=\frac{3}{4}$ 따라서 $\frac{1}{4}\times3=\frac{3}{4}$

그럼 $6\times\frac{2}{3}$는요? $\frac{2}{3}$는 전체를 3조각 낸 것 중 2조각입니다.

$6\times\frac{2}{3}\Rightarrow$ 6을 3조각 낸 것 중 한 조각이 두 번 있다.

$\Rightarrow$ 6을 3조각 낸 것 중 한 조각은 2

$\Rightarrow$ 6을 3조각 낸 것 중 한 조각인 2가 두 번이면 2+2 = 4

따라서 $6\times\frac{2}{3}=2+2=4$

그럼 $\frac{1}{3}\times\frac{1}{4}$은요?

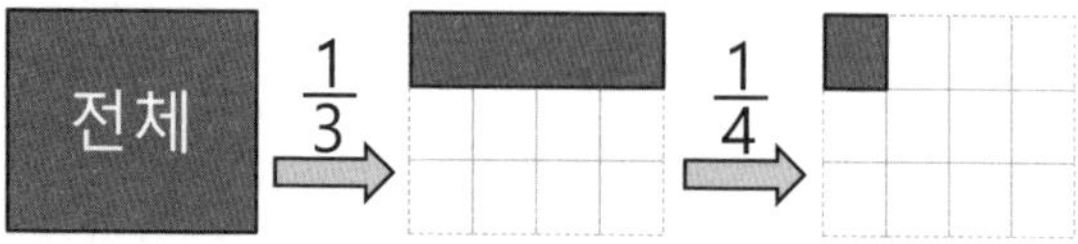

전체를 셋으로 나눈 것 중 하나는 $\frac{1}{3}$입니다. 그것($\frac{1}{3}$)의 $\frac{1}{4}$배는, 그것($\frac{1}{3}$)을 넷으로 나눈 것 중 하나입니다. 그러면 $\frac{1}{12}$입니다. 따라서 $\frac{1}{3}\times\frac{1}{4}=\frac{1}{12}$입니다.

지금까지 개념으로 풀어본 세 문제를 통해 분수의 곱셈을 쉽게 하는 방법을 알아낼 수 있습니다.

- $\frac{1}{4}\times3=\frac{3}{4}\Rightarrow\frac{1}{4}\times\frac{3}{1}=\frac{1\times3}{4\times1}=\frac{3}{4}$
- $6\times\frac{2}{3}=4\Rightarrow\frac{6}{1}\times\frac{2}{3}=\frac{6\times2}{1\times3}=\frac{12}{3}=\frac{3\times4}{3\times1}=4$
- $\frac{1}{3}\times\frac{1}{4}=\frac{1\times1}{3\times4}=\frac{1}{12}$

"아~ 분수의 곱셈 계산은, 분모끼리 곱하고 분자끼리 곱하면 되는구나!"

(5) 왜 뒤의 분수를 뒤집고 곱할까? (분수 나눗셈의 원리)

분수의 나눗셈을 계산하는 방법은 간단합니다.

(1) 나누기를 곱하기로 바꾸기

(2) 뒤에 있는 수의 분자와 분모를 뒤집기

(3) 분수 곱셈이니까 분자끼리 곱하고 분모끼리 곱하기

계산 방법을 적용한 사례를 보겠습니다.

$\frac{1}{4} \div 2 = \frac{1}{4} \times \frac{1}{2} = \frac{1 \times 1}{4 \times 2} = \frac{1}{8}$

아주 쉽고 간단한데요. 이렇게 계산을 해도 괜찮을까요? 이 계산 방법은 정확한 걸까요? 똑같은 문제를 개념으로 풀어보면서 확인해 보겠습니다. 먼저 나누기의 개념 2가지를 다시 복습해 보겠습니다. 나누기(÷)의 개념은 2가지입니다.

① 한 사람의 몫 구하기

⇒ 사과가 8개 있고 2명이 똑같이 나누려 해요. 한 사람의 몫은 몇 개인가요?

⇒ 8÷2 =

⇒ 사과 8개를 2명이 똑같이 나눈다면 한 사람당 4개씩 가질 수 있어요.

⇒ 8÷2 = 4

② 한 사람의 몫이 정해져 있고, 몇 사람이 나눌 수 있는지 구하기

⇒ 사과가 10개 있고 한 사람의 몫이 2개예요. 모두 몇 명에게 나눠줄 수 있나요?

⇒ 10÷2 =

⇒ 한 사람당 2개씩 가진다면, 사과 10개는 5명이 나눌 수 있어요.

⇒ 10÷2 = 5

이처럼 나누기는 2가지 개념이 있습니다. 이제 개념을 적용해서 분수의 나눗셈을 계산해 보겠습니다.

$\frac{1}{2} \div 2 =$

⇒ 피자가 $\frac{1}{2}$판 있어요. 2명이 똑같이 나누려 해요.
한 사람의 몫은 얼마인가요?

⇒ 피자 $\frac{1}{2}$판을 똑같이 2조각 내요. 그중 한 조각이 한 사람의 몫이에요.

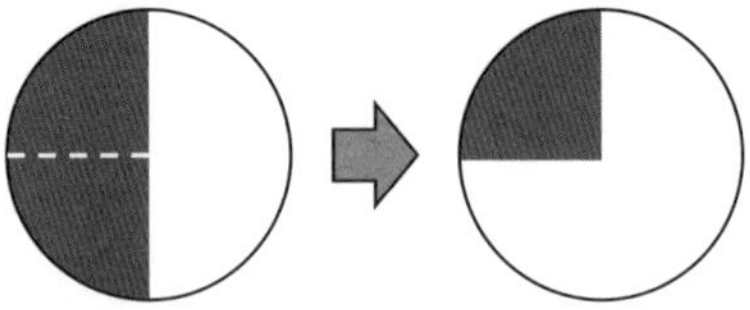

⇒ $\frac{1}{2} \div 2 = \frac{1}{4}$

이제 요령으로 계산해서 결과를 비교해 보겠습니다.

$\frac{1}{2} \div 2 = \frac{1}{2} \times \frac{1}{2} = \frac{1 \times 1}{2 \times 2} = \frac{1}{4}$

요령으로 계산해도 똑같은 값을 얻을 수 있습니다. 한 문제 더 풀어보겠습니다.

$4 \div \frac{1}{2} =$

⇒ 피자가 4판 있어요. $\frac{1}{2}$명이 똑같이 나누려 해요.
한 사람의 몫은 얼마인가요?

$\frac{1}{2}$명이라고 하니까 뭔가 좀 이상합니다. 그런데 나누기는 개념이 2가지였습니다. 두 번째 개념, 한 사람의 몫이 정해져 있는 개념을 적용해 보겠습니다.

⇒ 피자가 4판 있어요. 한 사람당 $\frac{1}{2}$판씩 나눠주려 해요.
모두 몇 명에게 나눠줄 수 있을까요?

⇒ 피자 4판을 각각 반씩 나눕니다. 한 사람의 몫이 $\frac{1}{2}$판이니까요.

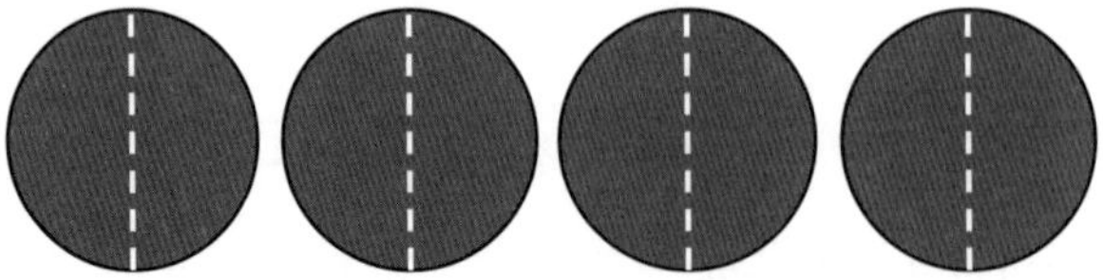

⇒ $4 \div \frac{1}{2} = 8$

이제 요령으로 계산해서 결과를 비교해 보겠습니다.

$4 \div \frac{1}{2} = 4 \times 2 = 8$

요령으로 계산해도 똑같은 값을 얻을 수 있습니다. 몇 문제를 더 확인해 봤는데요. 결과는 똑같았습니다. 요령을 적용하면 쉽게 답을 구할 수는 있지만 요령만 배운다면 본질적으로 왜 그런지 생각해 볼 기회를 갖지 못합니다. 그래서 위와 같은 활동을 꼭 해 보시기 바랍니다.

(6) 소수의 곱셈도 처음에는 개념으로! (소수의 곱셈 원리)

'소수의 곱셈'이라고 하면 무엇이 생각나나요? 저는 소수점을 찍는 위치가 생각납니다. 요령만 생각나는 거죠. '0.5×3 =' 이 문제를 개념과 원리로 해결하면 이렇습니다.

0.5×3 =

⇒ 0.5 : 전체를 10조각 낸 것 중에 5조각

⇒ 0.5×3 : 0.5가 3번 있음

⇒ 0.5×3 = 0.5+0.5+0.5 = 1+0.5 = 1.5

그래서 '0.5×3 = 1.5'입니다.

'4.31×2 ='도 해 보겠습니다.

4.31×2 =

⇒ 4.31 : 4개 + 전체를 10조각 낸 것 중 3조각
+ 전체를 100조각 낸 것 중 1조각

⇒ 4.31×2 : 4.31이 2번 있음

⇒ 4.31×2 = 4.31+4.31 = 4+4+0.3+0.3+0.01+0.01 = 8.62

그래서 '4.31×2 = 8.62'입니다.

소수의 곱셈을 개념으로 풀어 봤는데요. 과정과 결과를 보니 자연수 곱셈과 다르지 않습니다. 0.5×3은 5×3처럼 하는 거죠. 다만, 0.5×3에서 곱하는 두 수를 보면 소수점 이하 자리가 한 자리입니다. 그러면 곱셈을 해서 구한 값도 소수점 이하 자리가 한 자리가 되도록 소수점을 찍으면 됩니다.

4.31×2도 마찬가지입니다. 계산은 431×2처럼 하고요. 4.31×2에서 곱하는 두 수를 보니 소수점 이하 자리가 두 자리입니다. 그러면 계산한 값도 소수점 이하 자리가 두 자리가 되도록 소수점을 찍으면 됩니다. 아래 계산 사례를 천천히 보면서 자연수의 곱셈과 소수의 곱셈에 어떤 차이가 있는지 생각해 보세요. 숫자는 실제로 존재하는 사물의 양을 추상적으로 표현한 것입니다. 아래 계산 사례를 숫자로만 바라보지 말고 사물로 바꿔서 보면 자연수와 소수는 크게 다르지 않습니다. ^^

$$\begin{array}{r} 431 \\ \times \quad 2 \\ \hline 862 \end{array} \qquad \begin{array}{r} 4.31 \\ \times \quad 2 \\ \hline 8.62 \end{array}$$

⬇	⬇
100이 8개 10이 6개 1이 2개	1이 8개 0.1이 6개 0.01이 2개

(7) 소수의 나눗셈도 처음에는 개념으로! (소수의 나눗셈 원리)

'2.6÷2 =' 라는 문제가 있습니다. 개념으로 계산해 보겠습니다.

⇒ 2.6 : 2개랑 전체를 10조각 낸 것 중 6조각

⇒ 2.6÷2 : 2.6을 2명에게 똑같이 나눠줘서 한 사람의 몫 구하기

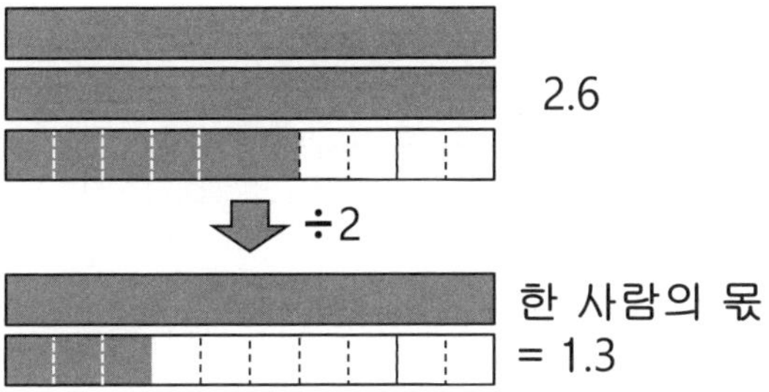

따라서 '2.6÷2 = 1.3'입니다. 이 문제를 분수로 고쳐서 계산해 보겠습니다.

⇒ 2.6 : 분수로 고치면 $\frac{26}{10}$

1은 $\frac{10}{10}$이죠. 2는 $\frac{20}{10}$이고요. 0.6은 $\frac{6}{10}$입니다. 따라서 2.6 = $\frac{26}{10}$입니다.

⇒ $2.6 \div 2 = \frac{26}{10} \div 2 = \frac{26}{10} \times \frac{1}{2} = \frac{26 \times 1}{10 \times 2} = \frac{13 \times 2}{10 \times 2} = \frac{13}{10}$

한 문제 더 해 보겠습니다. '3÷4 =' 라는 문제입니다.

⇒ 3÷4 : 3개를 4명에게 똑같이 나눠줄 때 한 사람의 몫 구하기

⇒ 3개 각각을 4조각 낸 다음, 한 사람당 3조각씩 줍니다.

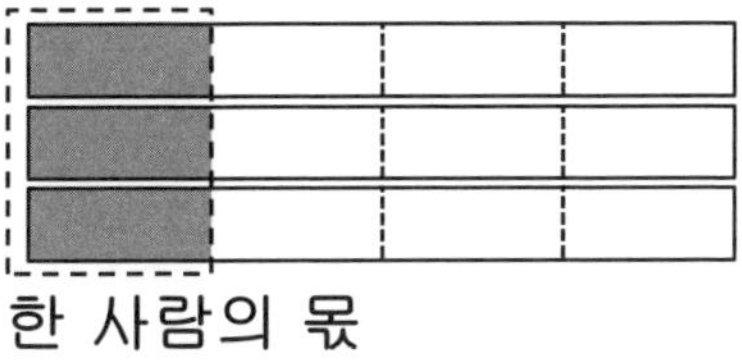

⇒ 한 사람의 몫 : $\frac{1}{4} + \frac{1}{4} + \frac{1}{4} = \frac{3}{4}$

이제 $\frac{3}{4}$을 소수로 바꾸어야 합니다. 소수로 바꾸려면 10개, 100개, 1000개 단위로 조각내야 하죠. $\frac{3}{4}$은 전체를 10개로 조각낸 것 중 몇 개일까요?

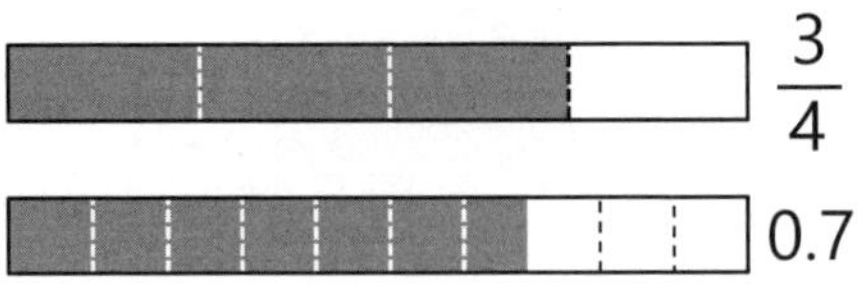

그림으로 보면 $\frac{3}{4}$은 0.7보다는 크고 0.8보다는 작습니다. 그래서 정확한 값을 구하려면 100개로 조각내야 합니다. $\frac{3}{4}$을 '100조각 중에 몇 조각'으로 바꾸는 거죠. 이렇게요.

$\Rightarrow \frac{3}{4} = \frac{3 \times 25}{4 \times 25} = \frac{75}{100} = 0.75$

이 문제를 분수로 고쳐서 계산해 보겠습니다.

$\Rightarrow 3 \div 4 = 3 \times \frac{1}{4} = \frac{3}{4} = \frac{3 \times 25}{4 \times 25} = \frac{75}{100} = 0.75$

위 두 방법보다 더 효율적인 방법이 아래의 방법입니다.

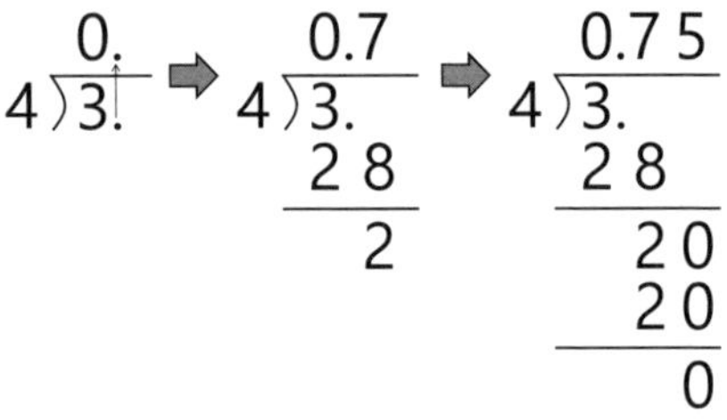

언뜻 생각하면 처음부터 이 방법을 배우는 것이 더 편하게 보일 수도 있습니다. 하지만 앞부분에서 개념으로 그리고 분수로 계산하는 과정을 거쳐야 이 방법을 배울 때 더 의미 있는 학습이 될 수 있습니다. 이 방법을 다음과 같이 얘기할 수 있게 되기 때문입니다. "3개를 4명에게 나눠줘야 해. 1개씩 줄 수는 없고, 일단 0.7개씩 줘. 그러면 2.8개만큼을 나눠줄 수 있어. 이제 0.2만큼 남았는데 4명에게 나눠줘야 하니까 0.2를 0.20으로 쪼갠 다음(0.01이 20개 있는 것) 한 사람당 0.05개씩 나눠줘. 그러면 한 사람의 몫은 0.7+0.05 = 0.75야!" 이렇게 말할 수 있는 아이와 말할 수 없는 아이의 수학 학습 능력과 태도는 엄청난 차이가 있습니다.

2 도형 (초등학교 5~6학년 과정)

(1) 모양과 크기가 같아야 합동이에요. (합동, 대응점, 대응변, 대응각)

합동의 개념은 무엇일까요? 교과서에는 이렇게 정리합니다.

> 모양과 크기가 같아서 포개었을 때 완전히 겹쳐지는 두 도형을 서로 **합동**이라고 합니다.

합동은 한자로 이렇게 씁니다.

* 합동 ⇒ 모을 합(合) + 같을 동(同) ⇒ 모았는데 같은 거?

교과서 내용과 한자어 풀이를 보았을 때, 합동이 되려면 똑같아야 합니다. 도형이 똑같아지려면 우선 모양이 같아야 하고요. 크기도 같아야 합니다. 아래 세 도형은 합동이 아닙니다. 모양도 제각각, 크기도 제각각이죠.

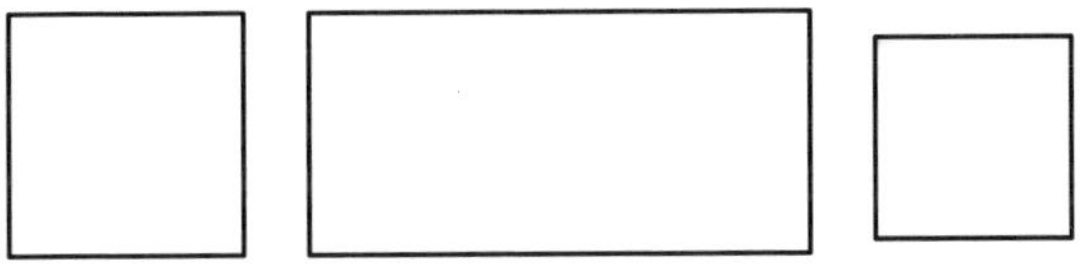

아래 두 도형은 모양도 같고, 크기도 같아서 똑같은 도형입니다. 이런 경우에 두 도형을 서로 합동이라고 합니다.

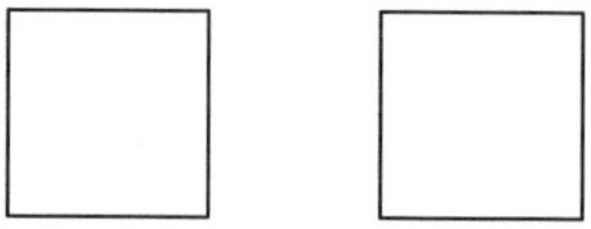

합동은 모양과 크기 둘 다 같아야 합니다.

대응점, 대응변, 대응각의 개념은 무엇일까요? 교과서에는 이렇게 정리합니다.

> 합동인 두 도형을 완전히 포개었을 때 겹쳐지는 꼭짓점을 **대응점**, 겹쳐지는 변을 **대응변**, 겹쳐지는 각을 **대응각**이라고 합니다.

대응점, 대응변, 대응각도 한자어입니다.

* 대응점 ⇒ 마주할 대(對) + 응할 응(應) + 점 점(點)

* 대응변 ⇒ 마주할 대(對) + 응할 응(應) + 가장자리 변(邊)

* 대응각 ⇒ 마주할 대(對) + 응할 응(應) + 뿔 각(角)

대응점, 대응변, 대응각 각각의 개념 자체는 어렵지 않습니다. 그보다는 각각의 용어와 개념을 잘 연결해서 기억하는 것에 더 집중해야 합니다. 시간이 지난 후에 '대응점'이라는 용어를 보았을 때, '합동인 두 도형에서'라는 부분이 잘 떠올라야 하거든요. 그렇지 않으면 '대응점'이라는 용어를 봤을 때 '서로 대응한다'는 건 생각할 수 있지만 '서로 대응'이라는 게 어떤 대응인지를 잘못 생각할 수도 있습니다. 이때 '마주할 대'와 '응할 응'을 연결고리로 삼는 것도 괜찮은 방법입니다. 서로 마주 보고 있으면 서로 응하는(호응하는) 것!

- 마주보는 대 ⇒ 포개는 거
- 응하는(호응하는) ⇒ 똑같은 점, 변, 각이니까 응하는 거

합동인 두 도형을 완전히 포개면 각각의 점, 변, 각들이 서로 마주하게 되니까요. ^^ 이처럼 '대응'의 개념은 합동인 두 도형을 **'완전히 포개었을 때 마주하는(겹쳐지는) 점과 변과 각'**에 해당한다는 것을 꼭 기억하세요! 이제 아래 그림을 보며 질문에 대답해 보세요.

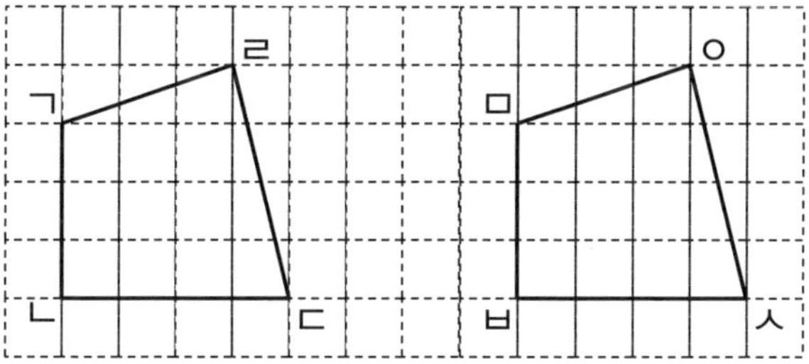

- 점 ㄱ의 대응점은?
- 점 ㄷ의 대응점은?
- 선분 ㄱㄹ의 대응변은?
- 선분 ㄴㄷ의 대응변은?
- 각 ㄴ의 대응각은?
- 각 ㄹ의 대응각은?

[답] 점 ㅁ, 점 ㅅ, 선분 ㅁㅇ, 선분 ㅂㅅ, 각 ㅂ, 각 ㅇ

(2) 합동과 대칭을 잘 구분해야 해요. (선대칭도형, 점대칭도형)

합동과 대칭의 개념을 잘 구분해서 이해해야 하는데요. 선대칭도형의 개념은 무엇일까요? 교과서에는 이렇게 정리합니다.

한 직선을 따라 접어서 완전히 겹쳐지는 도형을 **선대칭도형**이라고 합니다.
이때 그 직선을 **대칭축**이라고 합니다.

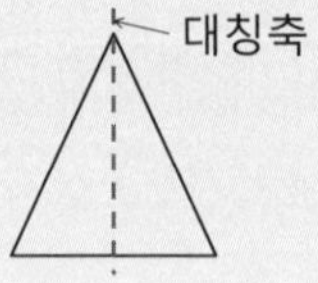

* 대칭 ⇒ 마주할 대(對) + 저울 칭(稱)

합동에서 '대응'은 전체가 포개지는 거였는데요. 선대칭은 그와 달리 저울(칭)처럼 좌우가 있고, 좌우가 포개지는 거예요.

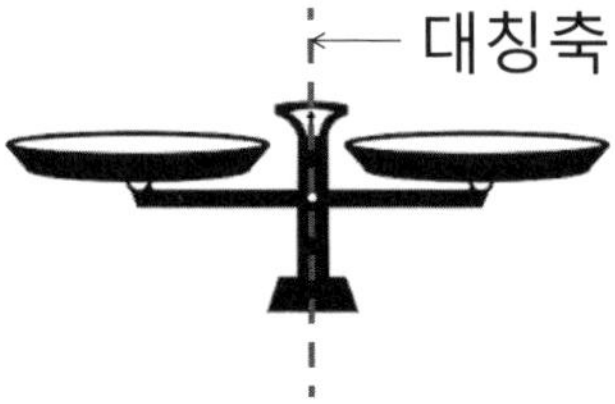

양팔 저울(칭)처럼 좌우에 있으면서 한 직선(대칭축)을 축으로 오른쪽 부분을 왼쪽으로 넘겨서 접었을 때 완전히 포개져야 선대칭이에요. 이제 이해한 개념을 적용해 보겠습니다. 아래 도형 중에서 선대칭도형을 찾아 대칭축을 그려 보세요.

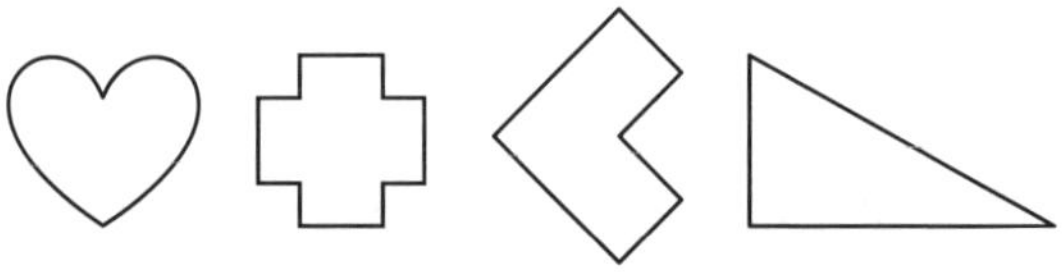

왼쪽에서부터 첫 번째, 두 번째, 세 번째 도형은 선대칭도형이지만 네 번째 도형은 선대칭도형이 아닙니다.

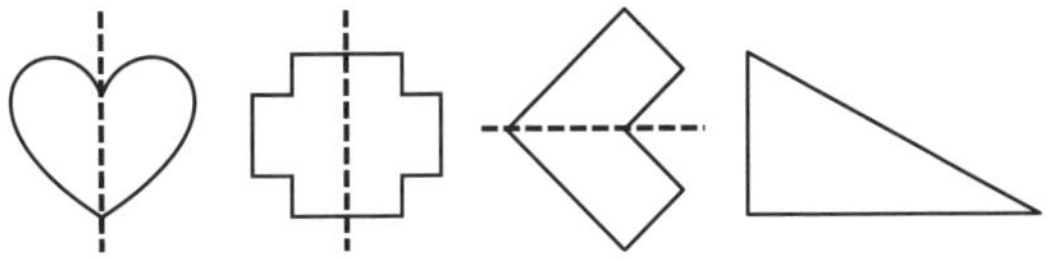

점대칭도형의 개념은 무엇일까요? 교과서에는 이렇게 정리합니다.

한 도형을 어떤 점을 중심으로 180° 돌렸을 때 처음 도형과 완전히 겹쳐지면 이 도형을 **점대칭도형**이라고 합니다. 이때 그 점을 **대칭의 중심**이라고 합니다.

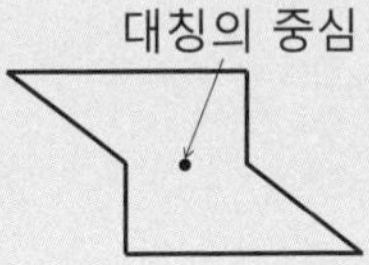

아래와 같은 모양의 도형이 있습니다.

이 도형을 '대칭의 중심'이라고 부르는 점을 중심으로 해서 시계 방향으로 90°만큼 돌리면 이렇게 됩니다.

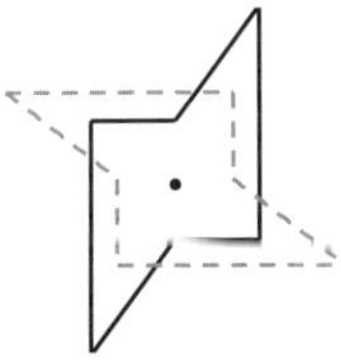

이 상태에서 '대칭의 중심'이라고 부르는 점을 중심으로 해서 시계 방향으로 90°만큼 더 돌리면 처음 도형과 완전히 겹쳐지게 됩니다. (시계 방향으로 총 180° 돌렸습니다.)

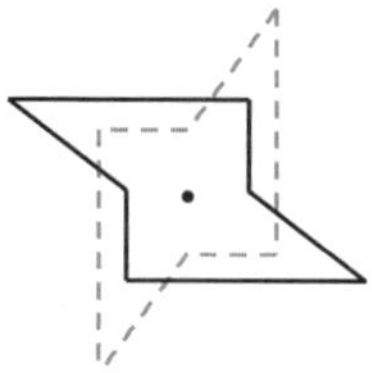

이런 도형을 점대칭도형이라고 합니다. 이제 이해한 개념을 적용해 보겠습니다. 아래 3가지 도형을 보고 점대칭도형을 찾아보세요.

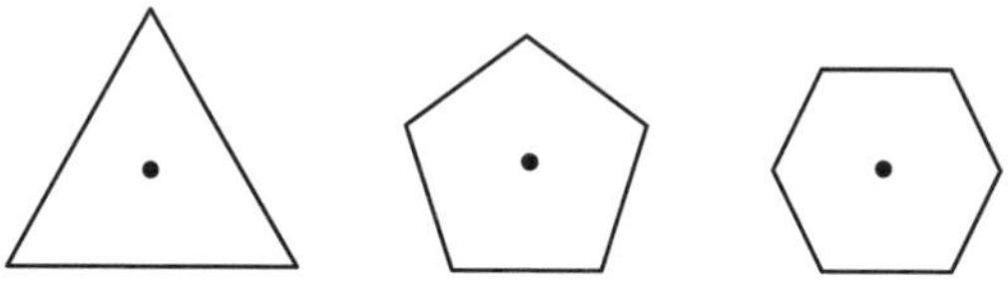

점대칭도형은 **어떤 점을 중심으로 180° 돌렸을 때 처음 도형과 완전히 겹쳐지는 도형**이라고 했습니다. 각각을 180° 만큼 돌려보면 점대칭도형인지 아닌지 알 수 있겠죠.

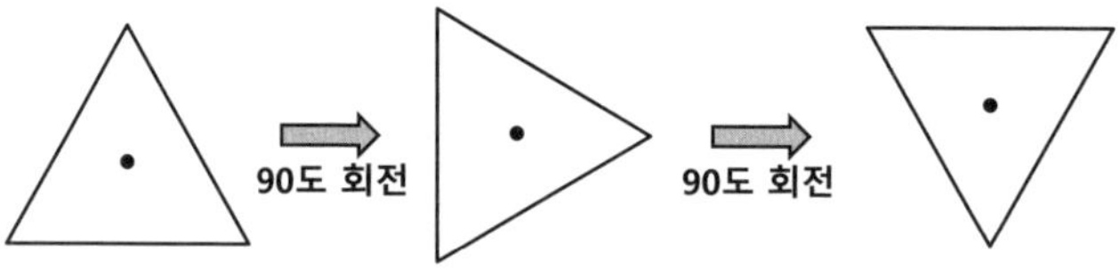

이 도형은 180° 돌렸을 때 처음 도형과 완전히 겹쳐지지 않았습니다. 따라서 점대칭도형이 아닙니다.

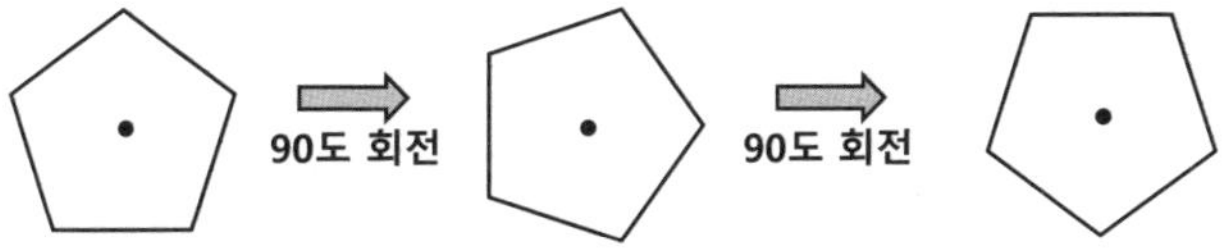

이 도형도 180° 돌렸을 때 처음 도형과 완전히 겹쳐지지 않았습니다. 따라서 점대칭도형이 아닙니다.

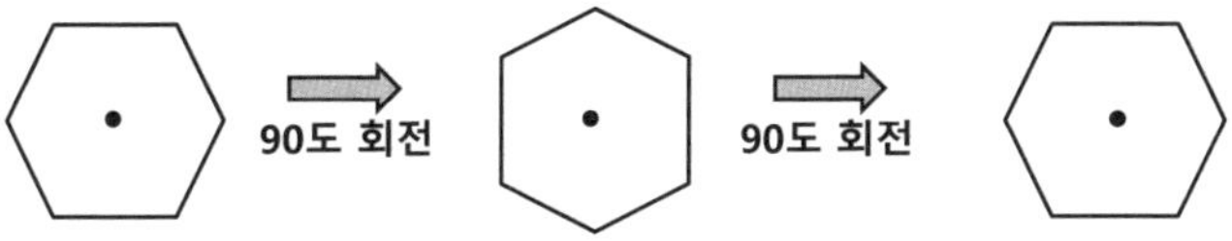

이 도형은 180° 돌렸을 때 처음 도형과 완전히 겹쳐졌습니다. 따라서 점대칭도형입니다.

(3) 직육면체란 무엇일까? (직육면체, 겨냥도)

직육면체의 개념은 무엇일까요? 그 전에 '육면체'의 개념은 무엇일까요?

* 육면체 ⇒ 여섯 육(六) + 얼굴 면(面) + 몸 체(體)

얼굴이 6개인 몸? 괴물이네요. ^^! 육면체는 면이 6개인 모양(형체)입니다. 그럼 '면'은 뭘까요?

저는 여전히 '점선면체'로 이해하는 것이 쉽게 느껴집니다.

- 점 : 까맣게 콕 찍은 것. 검정색이어야 하는 건 아니지만요.
- 선 : 점들이 길게 이어져 있는 것
- 면 : 선들이 나란히 모여 있는 것

• 체 : 면들이 쌓여 있는 것

즉, 육면체는 표면이 면 6개로 이루어진 체(덩어리)입니다. 이제 교과서 정리를 보겠습니다.

그림과 같은 네모 상자 모양에서 선분으로 둘러싸인 부분을 **면**이라고 하고, 면과 면이 만나는 선분을 **모서리**라고 합니다. 또, 모서리가 만나는 점을 **꼭짓점**이라고 합니다.

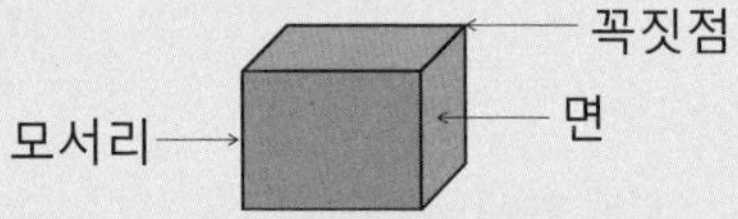

위의 그림과 같이 직사각형 모양의 면 6개로 둘러싸인 도형을 **직육면체**라고 합니다.

* 직육면체 ⇒ 곧을 직(直) + 여섯 육(六) + 얼굴 면(面) + 몸 체(體)

즉, 직육면체는 면이 6개인 도형인데요. 6개의 면이 모두 직사각형인 도형입니다.

• 직육면체 : 직사각형 모양이 6(육)개 있고, 그 6개의 면으로 둘러싸인 도형(체)

국어, 영어, 수학, 사회, 과학 모두 학습에 있어서 읽고 이해하는 것이 기본입니다. 잘 읽으려면 용어(단어, 어휘)의 개념을 잘 알아야 하고요. 직육면체에 관한 내용에 나오는 수학 용어들입니다. 각 용어의 개념을 달달 외우는 것보다는 그림과 함께 보면서 자꾸 이해하고 설명하게 하세요.

- 선분 : 두 점을 곧게 이은 선 (3학년 내용)
- 면 : 선분으로 둘러싸인 부분
- 모서리 : 면과 면이 만나는 선분
- 꼭짓점 : 모서리와 모서리가 만나는 점
- 직사각형 : 네 각이 모두 직각인 사각형 (3학년 내용)
- 직육면체 : 직사각형 모양의 면 6개로 둘러싸인 도형

겨냥도란 무엇일까요? 겨냥도의 개념은 어렵지 않습니다.

직육면체의 모양을 잘 알 수 있도록 하기 위하여 보이는 모서리는 실선으로, 보이지 않는 모서리는 점선으로 그립니다. 이와 같은 그림을 직육면체의 **겨냥도**라고 합니다.

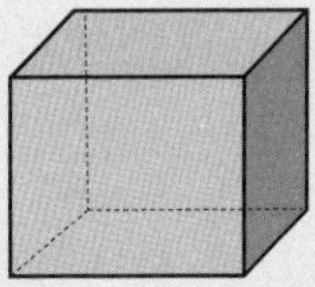

겨냥도에서 '겨냥'은 '목표물을 겨누다.'라는 의미를 갖고 있습니다. 예를 들어 총으로 사슴을 사냥할 경우, 총으로 사슴(목표)을 잘 겨냥한 다음 총을 쏴야 합니다. 잘 겨냥하려면 잘 보여야겠죠. 겨냥도는 물체를 잘 알 수 있도록 그린 그림이고요. ^^

겨냥도를 그릴 때 3가지 포인트를 정리했습니다. 이 포인트에 맞춰 직접 겨냥도를 그려 보는 것이 가장 좋은 학습 방법입니다. ^^

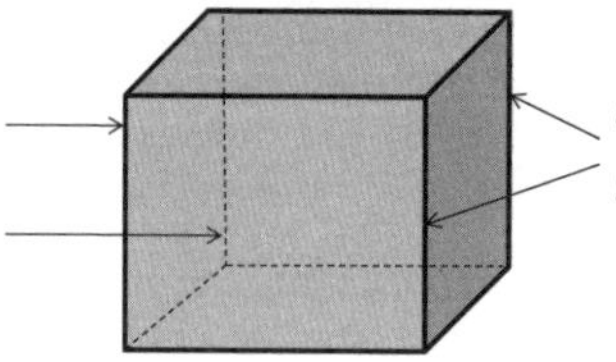

(4) 정육면체란 무엇일까? (정육면체, 전개도)

정육면체의 개념은 무엇일까요?

* 정육면체 ⇒ 바를 정(正) + 여섯 육(六) + 얼굴 면(面) + 몸 체(體)

앞에서 정삼각형, 정사각형의 개념을 살펴봤습니다. 정삼각형은 세 변의 길이가 같고, 정사각형은 네 변의 길이가 같습니다. 그럼, 정육면체는 모든 변의 길이가 같은 육면체일까요?

정사각형 모양의 면 6개로 둘러싸인 도형을 **정육면체**라고 합니다.

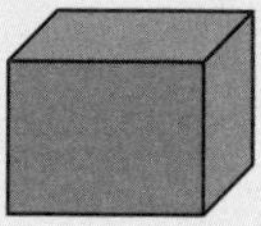

정육면체는 정사각형 모양의 면 6개로 둘러싸인 도형입니다. 개념 자체는 어렵지 않습니다. 중요한 것은 '아래 질문에 답할 수 있느냐?'입니다.

- '정육면체는 직육면체이다.'라고 말할 수 있나요? 왜 그런가요?
- '직육면체는 정육면체이다.'라고 말할 수 있나요? 왜 그런가요?

'정육면체는 직육면체이다.'라고 말할 수 있습니다. 정육면체는 정사각형 모양의 면 6개로 둘러싸인 도형입니다. 그런데 정사각형은 직사각형이기도 하죠. 즉, 정육면체는 직사각형 모양의 면 6개로 둘러싸인 도형이기도 합니다. 그래서 '정육면체는 직육면체이다.'라고 말할 수 있습니다.

하지만 '직육면체는 정육면체이다.'라고 말할 수 없습니다. 직육면체는 직사각형 모양의 면 6개로 둘러싸인 도형입니다. 직사각형은 네 각의 크기가 같지만 네 변의 길이가 항상 같은 것은 아니므로 직사각형은 정사각형이라고 말할 수 없습니다. 그래서 '직육면체는 정육면체이다.'라고 말할 수 없습니다.

수학에서 **'A는 B이다' 라고 말할 수 있으려면 항상 A는 B이어야 합니다.** A는 B가 될 때도 있고, B가 아닐 때도 있으면 'A는 B이다' 라고 말할 수 없습니다.

전개도란 무엇일까요?

* 전개도 ⇒ 펼 전(展) + 열 개(開) + 그림 도(圖)

전개도란 펼치고 열어서 그린 그림? 아래 그림을 보면 쉽게 이해할 수 있습니다.

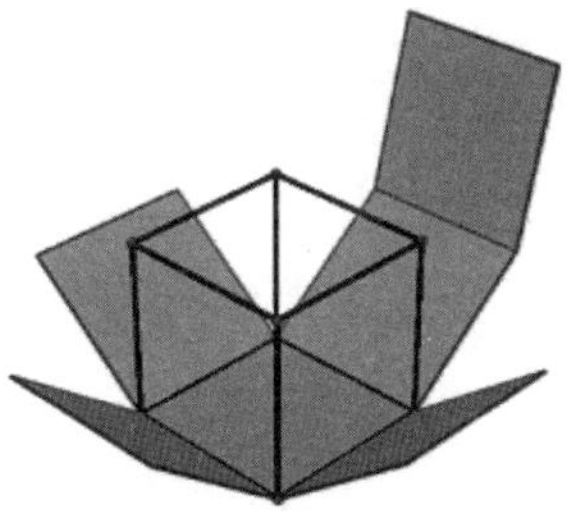

교과서에서는 전개도의 개념을 이렇게 설명하고 있습니다.

오른쪽 그림은 직육면체를 펼쳐서 잘리지 않은 모서리는 점선, 잘린 모서리는 실선으로 나타낸 것입니다. 이와 같이 직육면체의 모서리를 잘라서 펼쳐 놓은 그림을 직육면체의 **전개도**라고 합니다.

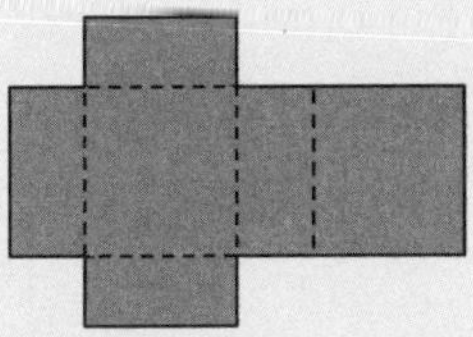

전개도 개념에서 꼭 기억해야 할 내용은 다음과 같습니다.

- 전개도는 모서리를 잘라서 펼쳐 놓은 그림이다.
- 잘리지 않은 모서리는 점선으로 나타낸다.
- 잘린 모서리는 실선으로 나타낸다.

(5) 각기둥은 각이 있는 기둥이에요. (각기둥)

각기둥의 개념은 무엇일까요? 그 전에 기둥은 무엇일까요?

위 그림을 보면 무언가가 세모 모양의 지붕을 떠받치고 있습니다. 이런 것을 기둥이라고 부릅니다.

* 기둥 : 어떤 물건을 밑에서 위로 곧게 받치거나 버티는 것

그럼 각기둥은 뭘까요? 기둥인데 각이 있는 것? 아래와 같은 도형을 **각기둥**이라고 합니다.

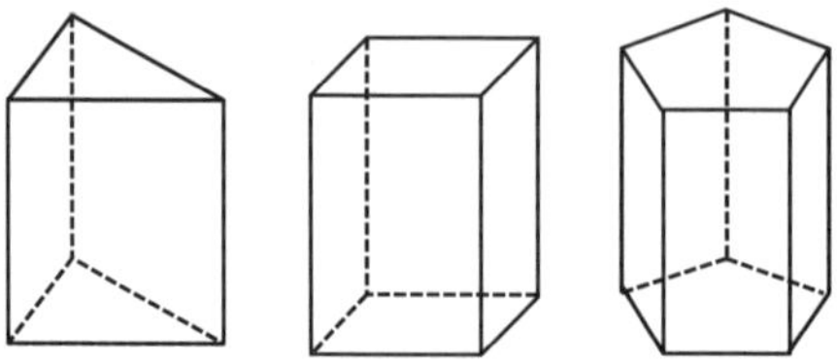

기둥처럼 생겼고, 각이 진 모양이죠. 그래서 각기둥이라고 합니다. 각기둥은 위아래에 있는 면이 서로 평행하고 합동입니다.

각기둥의 구성 요소는 다음과 같습니다.

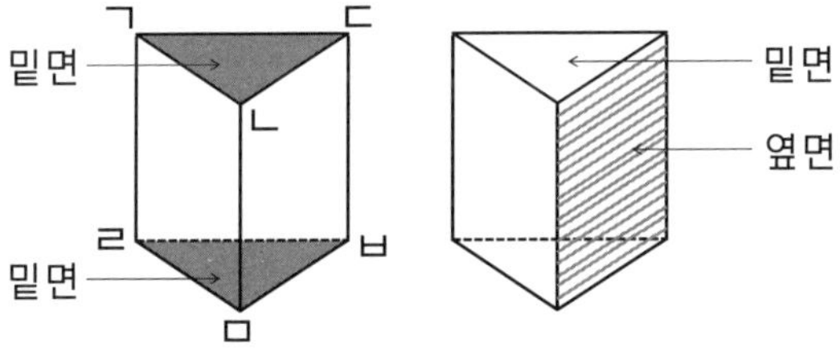

위 각기둥에서 면 ㄱㄴㄷ과 면 ㄹㅁㅂ과 같이 서로 평행하고 나머지 다른 면에 수직인 두 면을 **밑면**이라고 합니다. 단순히 밑에 있으면 밑면이 아닙니다. 2가지 조건을 모두 만족해야 밑면입니다. 첫째, **두 면이 서로 평행할 것.** 서로 평행하다는 것은 서로 만나지 않는다는 거죠. 둘째, 나머지 **다른 면에 수직일 것.** 다른 면에 수직이라는 것은 다른 면과 만났을 때 이루는 각이 90°라는 겁니다. 이 두 조건을 모두 만족해야 밑면입니다.

그리고 각기둥에서 밑면에 수직인 면을 **옆면**이라고 합니다. 역시나 단순히 옆에 있으면 옆면이 아니죠. 밑면과 만나야 하고, 밑면과 만났을 때 이루는 각이 90°이어야 합니다. 다시 아래 그림을 보세요. 각기둥 3가지는 각각 이름이 있습니다. 각각 무엇이라고 부를까요?

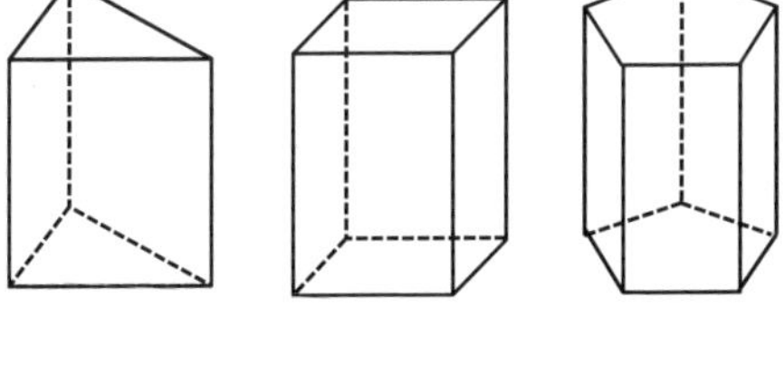

각기둥의 이름은 밑면의 모양을 보고 정합니다. 밑면의 모양이 삼각형이면 삼각기둥이라고 하고요. 밑면의 모양이 사각형이면 사각기둥이라고 합니다. 밑면의 모양이 오각형이면? 오각기둥이라고 합니다. 앞에서 각기둥의 구성 요소인 밑면과 옆면에 대해 알아봤는데요.

또 다른 구성 요소는 다음과 같습니다.

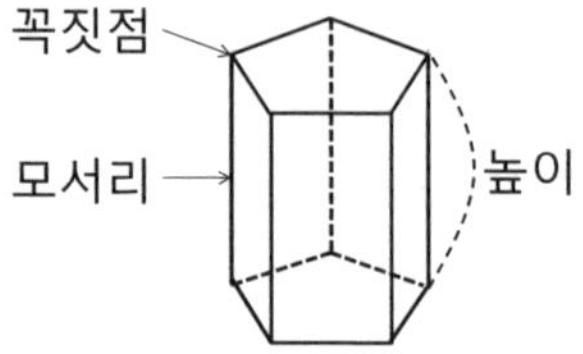

모서리는 각기둥에서 면과 면이 만나는 선분이고요. 꼭짓점은 모서리와 모서리가 만나는 점입니다. 그리고 두 밑면 사이의 거리를 높이라고 합니다. 모서리, 꼭짓점, 높이 각각의 개념도 그리 어렵지 않습니다. 그럼, 아래 문장을 읽고 의미를 파악해 보세요.

'합동인 두 밑면의 대응하는 꼭짓점을 이은 모서리의 길이는 각기둥의 높이와 같습니다.'

무슨 뜻일까요? 먼저 '합동인 두 밑면!' 각기둥에서 서로 마주 보는 두 밑면은 합동입니다. 당연한 얘기죠. 조금 더 길게 보겠습니다. '합동인 두 밑면의 대응하는 꼭짓점!' 대응점의 개념이 생각나나요? 대응점은 합동인 두 도형을 포개었을 때 만나는 점입니다. 각기둥에서 두 밑면은 서로 합동이므로 대응점, 대응변, 대응각이 있습니다. '합동인 두 밑면의 대응하는 꼭짓점'이란 합동인 두 밑면의 대응점을 말하는 거죠. 그리고 이 대응점(꼭짓점)을 이은 선이 모서리이고요.

그런데 이 모서리의 길이는 합동인 두 밑면 사이의 거리입니다. 위에서 각기둥의 두 밑면 사이의 거리를 높이라고 했죠. 그러면 이렇게 됩니다.

- 모서리의 길이 = 두 밑면 사이의 거리 = 높이

수학을 학습하는 이유 중 하나가 논리적 증명 과정을 통한 논리적 사고력 훈련입니다. 그래서 위와 같이 따져 보고 생각해 보는 경험도 중요합니다.

(6) 각뿔에는 각도 있고 뿔도 있어요. (각뿔)

각뿔의 개념은 무엇일까요? 각기둥과는 뭔가 다른 것이겠죠? 아래와 같은 도형을 각뿔이라고 합니다.

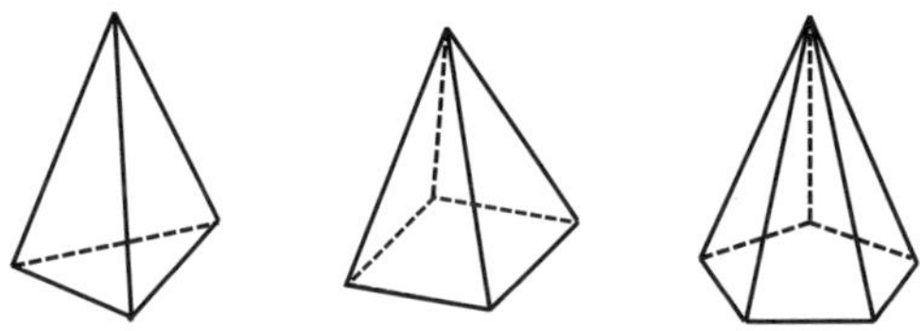

각기둥과 비교했을 때 어떤 점이 다를까요? 각기둥은 위와 아래 모두 면으로 되어 있었습니다. 그런데 각뿔은 한쪽만 면이고 반대쪽은 점입니다. 그래서 한쪽이 뿔처럼 뾰족하죠. 각도 져 있으면서 뿔처럼 뾰족한 부분도 있어서 각뿔이라고 하나 봅니다. ^^

각뿔의 구성 요소는 다음과 같습니다.

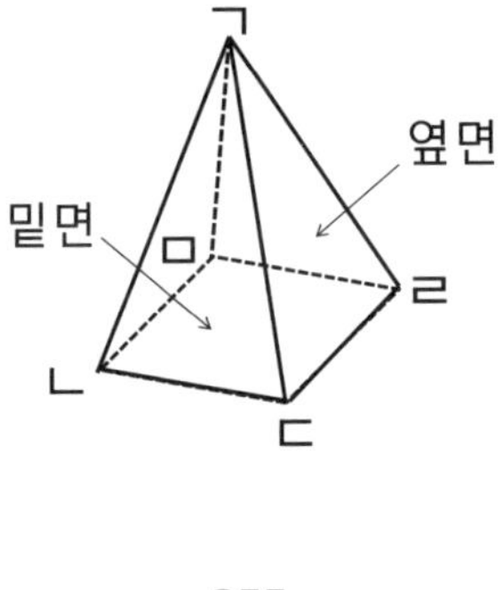

위 각뿔에서 면 ㄴㄷㄹㅁ과 같은 면을 밑면이라 하고, 면 ㄱㄷㄹ과 같이 옆으로 둘러싼 면을 옆면이라고 합니다. 각뿔에서 밑면과 옆면의 개념은 각기둥보다 더 쉽게 인지할 수 있습니다. 각뿔에서 밑면은 실제로 밑에 있는 면이고, 옆면은 옆쪽 면이거든요.

다시 아래 그림을 보세요. 각뿔 3가지는 각각 이름이 있습니다. 각각 무엇이라고 부를까요?

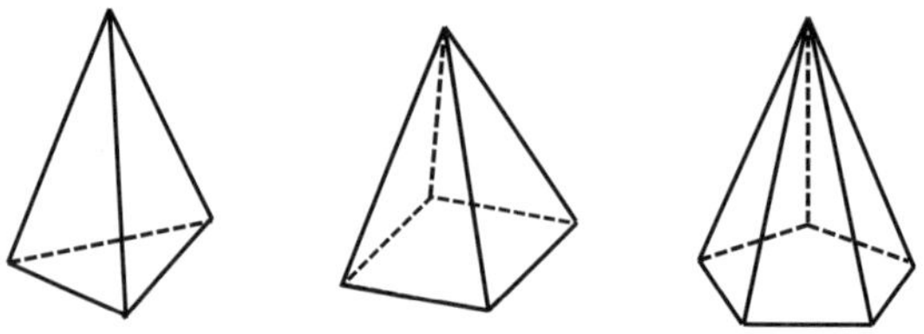

각뿔의 이름도 밑면의 모양을 보고 정합니다. 밑면의 모양이 삼각형이면 삼각뿔이라고 하고요. 밑면의 모양이 사각형이면 사각뿔이라고 합니다. 밑면의 모양이 오각형이면? 오각뿔이라고 합니다.

각뿔의 또 다른 구성 요소는 다음과 같습니다.

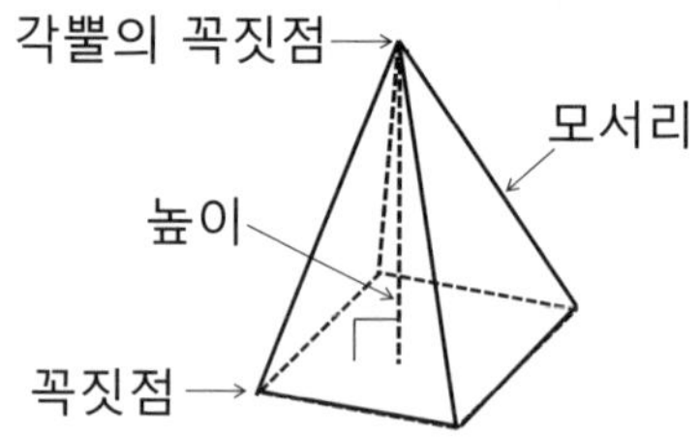

모서리는 각뿔에서 면과 면이 만나는 선분입니다. 모서리의 개념은 각기둥과 똑같죠. 그리고 모서리와 모서리가 만나는 점을 꼭짓점이라고 합니다. 꼭짓점의 개념도 각기둥과 똑같습니다. 단, '각뿔의 꼭짓점'은 각뿔에만 있습니다. 꼭짓점 중에서도 옆면이 모두 만나는 점을 '각뿔의 꼭짓점'이라고 하는데요. 이 꼭짓점은 각기둥에는 없습니다.

각기둥에서 높이는 두 밑면 사이의 거리였습니다. 그런데 각뿔은 밑면이 하나뿐입니다. 그래서 각기둥과 같은 개념을 쓸 수는 없고요. 각뿔에서 높이는 각뿔의 꼭짓점에서 밑면에 수직인 선분을 말합니다.

각기둥이나 각뿔의 높이라고 하면, 각기둥과 각뿔의 키라고 생각할 수 있습니다. 키를 잴 때 비스듬하게 재지 않고 수직으로 재는 것처럼 각뿔의 높이도 수직으로 재야 합니다. 각뿔의 높이를 만족하는 두 가지 조건을 꼭 기억하세요. 첫째, 각뿔의 꼭짓점에서부터 밑면까지의 선분이고요. 둘째, 밑면에 수직인 선분입니다.

(7) 원기둥, 원뿔, 구의 차이점은 뭘까? (원기둥, 원뿔, 구)

원기둥의 개념은 무엇일까요? 원기둥의 개념과 구성 요소는 다음과 같습니다.

둥근 기둥 모양의 도형을 **원기둥**이라고 합니다. 원기둥에서 옆을 둘러싼 굽은 면을 **옆면**이라 하고, 서로 평행하고 합동인 두 면을 **밑면**이라고 합니다. 또 두 밑면에 수직인 선분의 길이를 **높이**라고 합니다.

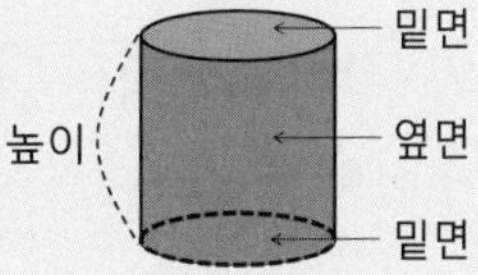

원기둥의 개념과 구성 요소는 각기둥과 비슷합니다. 기둥인데 밑면의 모양이 원이므로 원기둥이라고 하고요. 서로 평행하고 합동인 두 면을 밑면이라고 합니다. 다만, 원기둥에는 꼭짓점이 없습니다.

원뿔의 개념은 무엇일까요? 원뿔의 개념과 구성 요소는 다음과 같습니다.

둥근 뿔 모양의 도형을 **원뿔**이라고 합니다. 원뿔에서 옆을 둘러싼 굽은 면을 **옆면**, 뾰족한 점을 **꼭짓점**, 평평한 면을 **밑면**이라고 합니다.
원뿔의 꼭짓점과 밑면인 원의 둘레의 한 점을 잇는 선분을 **모선**이라고 합니다.

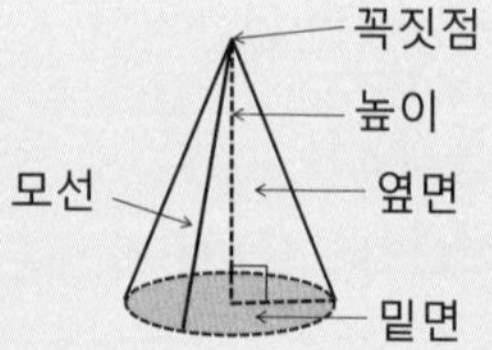

또 원뿔의 꼭짓점에서 밑면에 수직인 선분의 길이를 **높이**라고 합니다.

원뿔의 개념과 구성 요소는 각뿔과 비슷합니다. 각뿔처럼 밑면의 모양에 따라 원뿔이라고 하고요. 높이의 개념도 똑같습니다. 다만, 각뿔은 꼭짓점을 '각뿔의 꼭짓점'과 그냥 '꼭짓점'으로 구분했는데요. 원뿔은 꼭짓점이 딱 하나만 있어서 그냥 '꼭짓점'이라고 부릅니다.

그리고 각뿔에는 없던 구성 요소가 하나 있습니다. '모선'이라는 건데요. 원뿔의 꼭짓점과 밑면인 원의 둘레의 한 점을 잇는 선분입니다. 각뿔의 구성 요소 중 모서리와 비슷한데요. 다른 점은, 각뿔에서 모서리는 각뿔의 종류에 따라 수가 정해져 있지만 **원뿔에서 모선의 수는 무수히 많다**는 것입니다. 모선은 원뿔의 꼭짓점과 밑면인 원의 둘레의 한 점을 잇는 선분입니다. 그런데 밑면인 원은 무수히 많은 점들이 모여 있는 거죠. 즉, 원의 둘레의 한 점이 무수히 많기 때문에 모선도 무수히 많습니다.

구의 개념은 무엇일까요? 구의 개념과 구성 요소는 다음과 같습니다.

공 모양의 도형을 **구**라고 합니다.
구의 가장 안쪽에 있는 점을 **중심**이라고 하고, 중심에서 구의 표면의 한 점을 잇는 선분을 **반지름**이라고 합니다.

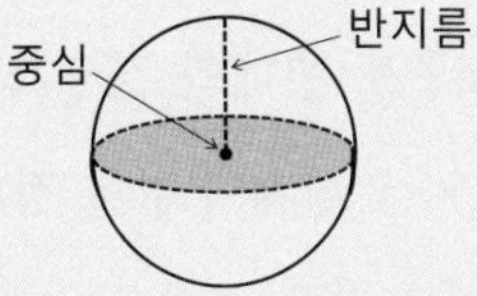

구는 공처럼 생긴 도형입니다. 지구도 구 모양이죠. 달도 그렇고요. 구의 가장 안쪽에 있는 점을 중심이라고 하는데요. 원에서 '원의 중심'도 원의 가장 안쪽에 있는 점입니다. 구 표면 어느 곳에서 봐도 가장 안쪽에 해당하는 점은 딱 하나이고요. 그 점이 중심입니다. 그리고 구의 표면에는 무수히 많은 점이 있습니다. 그래서 구의 반지름도 무수히 많습니다.

3 측정

(1) 이상은 그것부터, 초과는 다음부터! (어림, 이상, 이하, 초과, 미만)

어림이란 무엇일까요? 어림에 대한 정의는 매우 다양한데요. 일단 이렇게 정리하고요.

- 어림 : 대강 짐작으로 헤아림

역시나 쉽지 않은데요. 구체적인 예를 들어야 쉬워집니다. 캠핑을 갑니다. 어른 2명, 초등학교 4학년 2명이 갑니다. 삼겹살을 얼마만큼 사 가야 할까요? "어른 1명은 삼겹살을 정확히 375.6g 먹고요." 이렇게 구할 수가 없죠. 대충 계산해야 합니다. 어림의 정의를 다시 보겠습니다. '대강 짐작으로 헤아림' 그런데 짐작으로 실제와 많은 차이를 두고 어림하여 삼겹살을 많이 산다면 삼겹살이 너무 많이 남겠죠? 또 반대의 경우가 발생할 수도 있고요. 그렇다면 어림을 하는 목적은 무엇일까요? 실제의 값을 정확히 알 수 없을 때 '합리적인 추측으로 실제 값에 가까운 타당한 값을 결정하기 위한 것'입니다. 삼겹살의 양을 정할 때 '어른 남자이고, 평소에 많이 먹으니까 혼자 1근은 먹겠네.'라고 생각하면 비교적 합리적으로 추측한 거죠.

어림하기를 학습하는 이유는 위 사례처럼 실생활에서 어림으로 측정하는 경우가 많기 때문입니다. 밥을 합니다. 밥을 할 때 쌀의 수를 어림해서 밥을 합니다. 시간 약속을 할 때 이동 시간을 어림해서 약속 시간을 정합니다. 하루 계획을 정할 때에도 일과에 소요되는 시간을 어림해서 계획을 정합니다. 이처럼 우리의 일상생활에서는 정확히 계산하는 것보다 어림하기가 더 많습니다.

이상의 의미는 무엇일까요? '100 이상인 수'라고 하면 100을 빼고, 100보다 큰 수일까요? 아니면 100을 포함하고, 100보다 큰 수일까요?

* 이상 ⇒ ~를 가지고 이(以) + 위 상(上)

이상에서 '이'는 '~를 가지고'라는 뜻입니다. 따라서 '100 이상'이라고 하면 '100을 가지고 그 위'를 뜻하고요. 100과 100보다 큰 수를 뜻합니다.

그럼 이하의 의미는 무엇일까요?

* 이하 ⇒ ~를 가지고 이(以) + 아래 하(下)

이하에서 '이'도 '~를 가지고'라는 뜻입니다. 따라서 '100 이하' 라고 하면 '100을 가지고 그 아래'를 뜻하고요. 100과 100보다 작은 수를 뜻합니다. 꼭 기억하세요. 이상과 이하에서 '이'는 '~를 가지고'라는 뜻입니다.

초과의 의미는 무엇일까요? '100 초과인 수'라고 하면 100을 빼고, 100보다 큰 수일까요? 아니면 100을 포함하고, 100보다 큰 수일까요?

* 초과 ⇒ 뛰어넘을 초(超) + 지날 과(過)

초과에서 '초'는 '~를 (포함하지 않고) 뛰어넘음'이란 뜻입니다. 따라서 '100 초과'라고 하면 '100은 빼고 그다음부터'를 뜻합니다. 만약 '100을 초과하는 자연수'라고 하면 101, 102, 103…입니다.

그럼, 미만의 의미는 무엇일까요?

* 미만 ⇒ 아닐 미(未) + 가득 찰 만(滿)

즉, 미만은 '가득 차지 않음'이고요. '100 미만'이라고 하면 '100까지 가득 차지 않음'이므로 100은 빼고 100보다 작은 수입니다.

(2) 올림은 무조건, 반올림은 5 이상부터! (올림, 버림, 반올림)

"121은 십의 자리 미만을 올림 하면 얼마입니까?" 이 문장을 잘 읽을 수 있어야 하는데요. '십의 자리 미만'이라는 건 '십의 자리'는 해당하지 않고 일의 자리까지만 해당한다는 겁니다. 즉, '십의 자리 미만을 올림'이라는 것은 '일의 자리에서 올림'이란 의미입니다. 그리고 올림이란 무조건 올리는 것입니다. '일의 자리에서 올림'이란 일의 자리가 1이든 2든 3이든 무조건 10으로 올리는 거죠.

- 121을 십의 자리 미만에서 올리면 130
- 122를 십의 자리 미만에서 올리면 130
- 123을 십의 자리 미만에서 올리면 130
- 124를 십의 자리 미만에서 올려도 130
- 125를 십의 자리 미만에서 올려도 130
- 126을 십의 자리 미만에서 올려도 130

"3.843은 소수 첫째 자리 미만을 버림 하면 3.8입니다." 이 문장도 잘 읽어야 하는데요. '소수 첫째 자리 미만'은 '소수 둘째 자리부터'라는 뜻입니다. 소수 둘째 자리부터 버리라고 했으므로 3.843에서는 3.8만 남게 됩니다.

반올림의 의미는 무엇일까요?

구하려는 자리 바로 아래 자리의 숫자가 0, 1, 2, 3, 4이면 버리고, 5, 6, 7, 8, 9이면 올리는 방법을 **반올림**이라고 합니다.

위 개념만 읽고 이해하는 것보다는 구체적인 몇 가지 사례를 보면서 이해하는 것이 좋습니다.

- 2873은 일의 자리에서 반올림하면 2870입니다. 일의 자리 숫자는 3입니다. 3은 5보다 작죠. 그래서 그냥 버려야 합니다.
- 2873은 십의 자리에서 반올림하면 2900입니다. 십의 자리 숫자는 7입니다. 7은 5보다 크죠. 그래서 백을 하나 올려 백의 자리 숫자가 8에서 9로 올라갑니다.
- 2873은 백의 자리에서 반올림하면 3000입니다. 백의 자리 숫자는 8입니다. 8은 5보다 크죠. 그래서 천을 하나 올려 천의 자리 숫자가 2에서 3으로 올라갑니다.
- 8.403은 소수 첫째 자리에서 반올림하면 8입니다. 소수 첫째 자리 숫자는 4입니다. 4는 5보다 작죠. 그래서 소수 첫째 자리부터 모두 버려야 합니다.
- 5.047은 소수 셋째 자리에서 반올림하면 5.05입니다. 소수 셋째 자리 숫자는 7입니다. 7은 5보다 크죠. 그래서 소수 둘째 자리를 하나 올려 소수 둘째

자리 숫자가 4에서 5가 됩니다.

- 1.098은 소수 셋째 자리에서 반올림하면 1.1 또는 1.10입니다. 소수 셋째 자리 숫자는 8입니다. 8은 5보다 크죠. 그래서 소수 둘째 자리를 하나 올려야 하는데요. 소수 둘째 자리 숫자가 9이므로 9에 1을 더하면 소수 첫째 자리 숫자가 1 증가합니다. 소수 첫째 자리 숫자가 0이므로 1을 더하면 0.1이 됩니다.

(3) $1cm^2$란?, $1m^2$란?, $1km^2$란? ($1cm^2$, $1m^2$, $1km^2$)

cm, m, km 등은 길이의 단위고요. cm^2, m^2, km^2 등은 넓이의 단위입니다. 이 중에서 먼저 $1cm^2$란 무엇인지 알아보겠습니다.

정사각형이 하나 있습니다. 이 정사각형의 가로 길이는 1cm이고, 세로 길이도 1cm입니다.

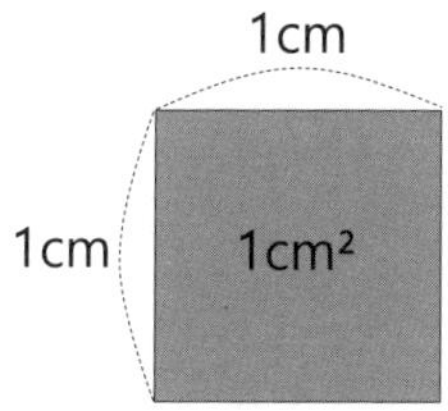

이 정사각형의 넓이를 **$1cm^2$라 쓰고 1 제곱센티미터**라고 읽기로 약속을 했습니다. 그리고 어떤 것의 넓이는 **'이 정사각형(넓이가 $1cm^2$인 정사각형)이 몇 개 들어 있는가.'**입니다.

아래 그림을 보세요.

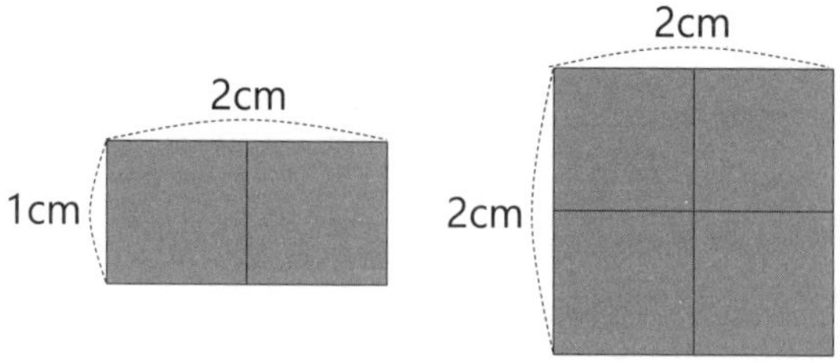

왼쪽 도형의 넓이는 2cm^{2}인데요. 넓이가 2cm^{2}라는 것은 넓이 1cm^{2}짜리 정사각형 2개만큼의 넓이라는 뜻입니다. 그리고 오른쪽 도형의 넓이는 4cm^{2}인데요. 넓이가 4cm^{2}라는 것은 넓이 1cm^{2}짜리 정사각형 4개만큼의 넓이라는 뜻입니다. 이처럼 넓이는 **'넓이 1cm^{2}짜리 정사각형 몇 개만큼인가'**로 나타냅니다. 그런데 넓이를 나타낼 때는 cm^2 외에 다른 단위도 사용합니다.

1m^{2}는 무엇일까요? 앞에서 길이를 학습할 때 1mm짜리 10개만큼의 길이가 1cm이고, 1cm짜리 100개만큼의 길이가 1m이고, 1m짜리 1000개만큼의 길이가 1km라고 했습니다. 그럼 1cm^{2}와 1m^{2}는 어떤 관계일까요? 1m^{2}는 1cm^2 10000개만큼의 넓이입니다.

- 1m^2 = 10000cm^2

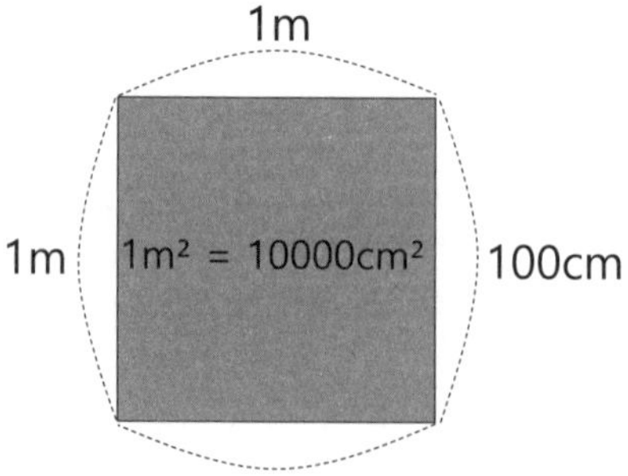

위 정사각형을 보면, 가로 길이도 1m이고 세로 길이도 1m입니다. 이 정사각형의 넓이를 $1m^2$라 쓰고 **1 제곱미터**라고 읽기로 약속을 했습니다. 그런데 1m = 100cm입니다. 즉, 위 정사각형은 1cm가 가로로 100번, 세로로 100번 있는 거죠. 칸으로 생각하면 넓이가 $1cm^2$인 정사각형이 가로로 100개, 세로로 100개 있는 거고요. 가로로 100칸이 1줄이면 100개고요. 2줄이면 200개, 10줄이면 1000개, 50줄이면 5000개, 100줄이면 10000개가 됩니다. 그래서 $1m^2 = 10000cm^2$ 입니다.

그럼 $1km^2$은 무엇일까요? $1km^2$은 가로 길이가 1km이고, 세로 길이가 1km인 정사각형의 넓이입니다.

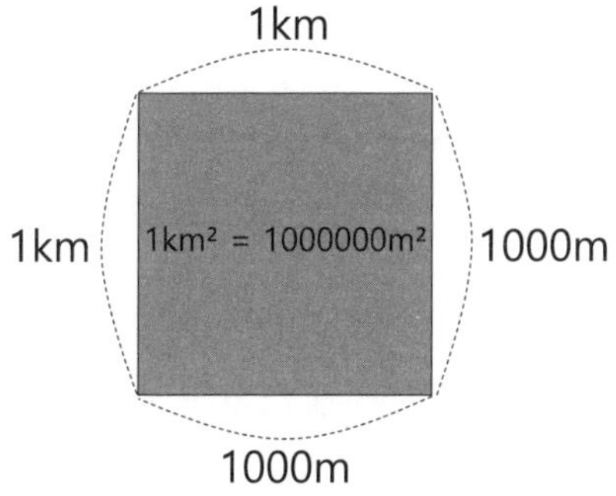

이 정사각형의 넓이를 $1km^2$라 쓰고 **1 제곱킬로미터**라고 읽기로 약속을 했습니다. 그런데 1km = 1000m입니다. 칸으로 생각하면 넓이가 $1m^2$인 정사각형이 가로로 1000개, 세로로 1000개 있는 거고요. 가로로 1000칸이 1줄이면 1000개고요. 2줄이면 2000개, 10줄이면 10000개, 100줄이면 100000개, 1000줄이면 1000000개가 됩니다. 그래서 $1km^2 = 1000000m^2$입니다. ^^

(4) 평행사변형의 넓이는 어떻게 구할까? (평행사변형의 넓이)

평행사변형도 1cm²라는 단위넓이를 이용해서 넓이를 구해야 합니다. 그래서 평행사변형에 1cm²가 몇 개 들어가는지 세어야 하는데요.

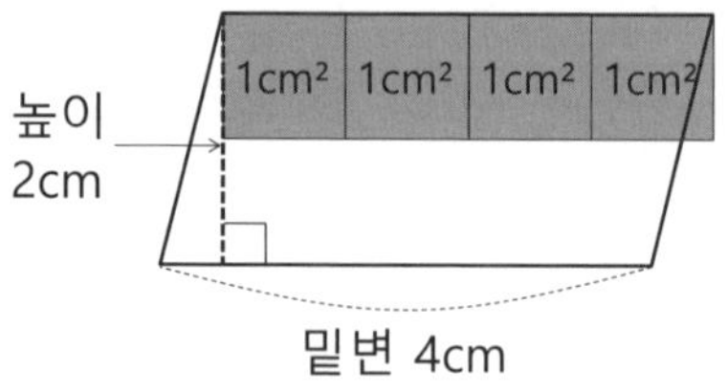

뭔가 이상합니다. 다른 방법으로 문제를 해결해야 합니다. 이렇게요~

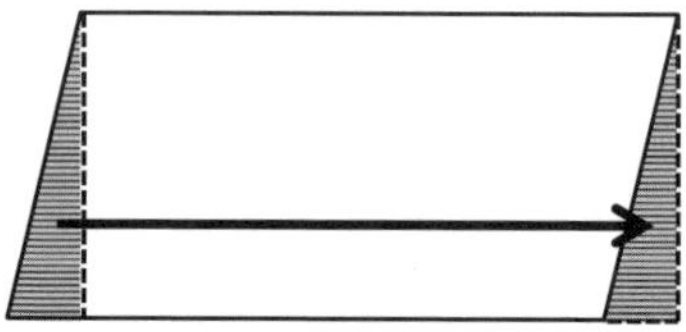

왼쪽에 있는 검은색 삼각형 부분을 잘라서 오른쪽에 넣으면 딱 맞습니다. 그렇게 하면 직사각형 모양이 되고요. 그러면 넓이 구하는 게 쉬워집니다. 직사각형이 되었으니까 넓이는 '가로×세로'인데요. 평행사변형에서는 가로가 밑변이고, 세로가 높이입니다. 그래서 **평행사변형의 넓이는 '밑변×높이'**로 구합니다.

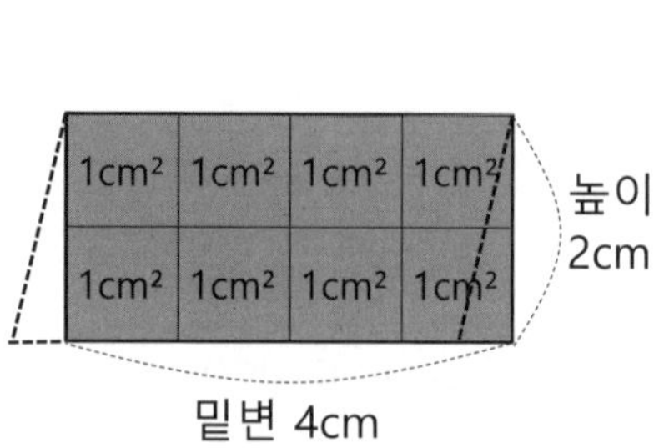

• 평행사변형의 넓이 = 밑변×높이 = 4cm×2cm = $8cm^2$

즉, 이 평행사변형의 넓이는 $1cm^2$짜리 정사각형 8개만큼의 넓이입니다.

(5) 사다리꼴의 넓이는 어떻게 구할까? (사다리꼴의 넓이)

사다리꼴의 넓이 구하는 방법에 대해 알아보기 전에 사다리꼴의 구성 요소에 대해 정리해 보겠습니다.

사다리꼴에서 평행한 두 변을 **밑변**이라 하고, 밑변을 위치에 따라 **윗변**, **아랫변**이라고 합니다. 이때 두 밑변 사이의 거리를 **높이**라고 합니다.

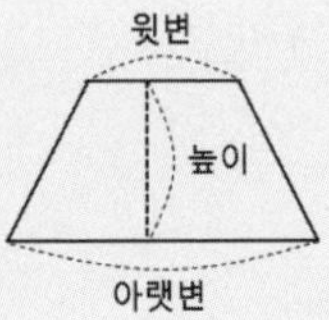

사다리꼴의 넓이 구하는 공식은 다음과 같습니다.

• 사다리꼴의 넓이 = (윗변+아랫변)×높이÷2

혼합 계산에서 ( )가 있으면 ( )부터 계산해야 합니다. 따라서 '윗변+아랫변'을 먼저 계산한 다음, 높이를 곱하고 2로 나누어야 합니다. 그럼 이 공식은 어떻게 나오게 되었을까요?

아래 그림을 보세요. 이 사다리꼴의 넓이는 어떻게 구하면 좋을까요?

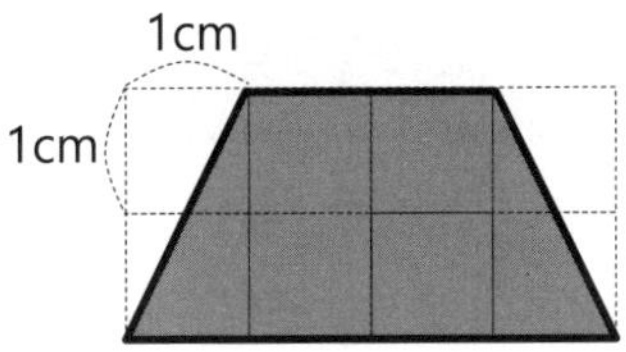

삼각형의 넓이 구하는 방법을 이용할 수도 있습니다. 그런데 다른 방법도 있습니다. 아래 그림처럼 똑같은 모양과 크기의 사다리꼴 하나를, 위아래 뒤집어서 옆에 붙입니다.

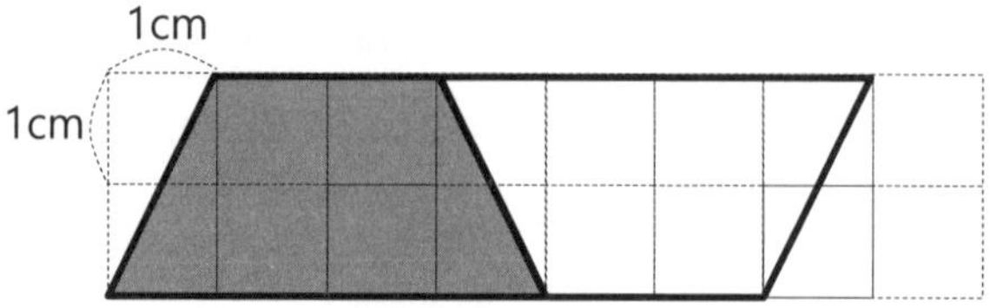

그리고 왼쪽 빗금 친 삼각형 부분을 오려서 오른쪽에 붙입니다.

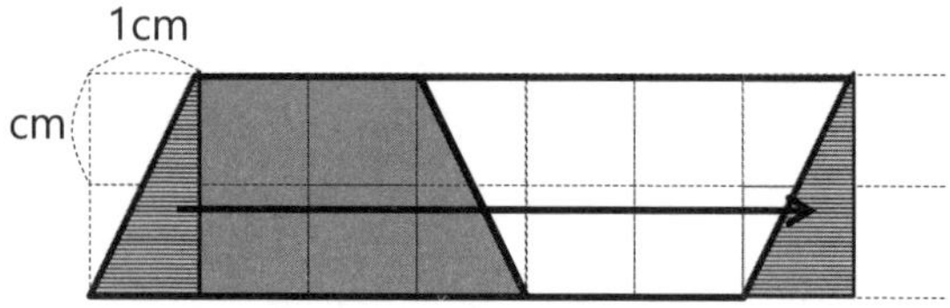

그러면 직사각형 모양이 됩니다. 이때 **직사각형의 가로 길이는 사다리꼴의 윗변과 아랫변의 길이를 더한 것**과 같고, **직사각형의 세로 길이는 사다리꼴의 높이**와 같습니다. 따라서!

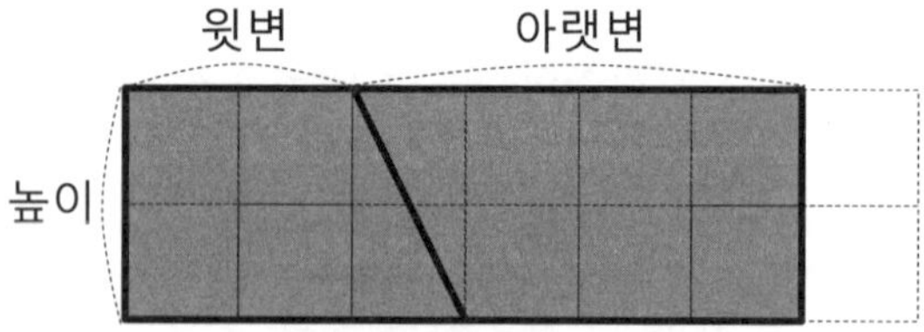

- 직사각형의 넓이 = (윗변+아랫변)×높이

그런데 이 직사각형의 넓이는 사다리꼴 2개의 넓이와 같습니다. 따라서!

- 사다리꼴의 넓이 = (직사각형의 넓이)÷2 = (윗변+아랫변)×높이÷2

위 과정을 정확하게 이해했다면 사다리꼴의 넓이 구하는 공식은 쉽고 빠르게 생각해 낼 수 있습니다. 무조건 공식을 암기하게 하고, 문제에 주어진 숫자를 공식에 대입해서 정답을 빨리 구하게 하는 것은 좋은 수학 학습 방식이 아닙니다. 약간 시간이 더 걸리더라도 공식이 나오게 된 과정을 떠올리면서 공식을 활용해 문제를 해결하는 것이 훨씬 바람직한 수학 학습 방법입니다.

(6) 마름모의 넓이는 어떻게 구할까? (마름모의 넓이)

마름모는 '마름'이라는 식물처럼 생긴 도형입니다. 네 변의 길이가 모두 같은 사각형이 마름모인데요. 아래 도형 중에서 왼쪽 도형만 마름모입니다.

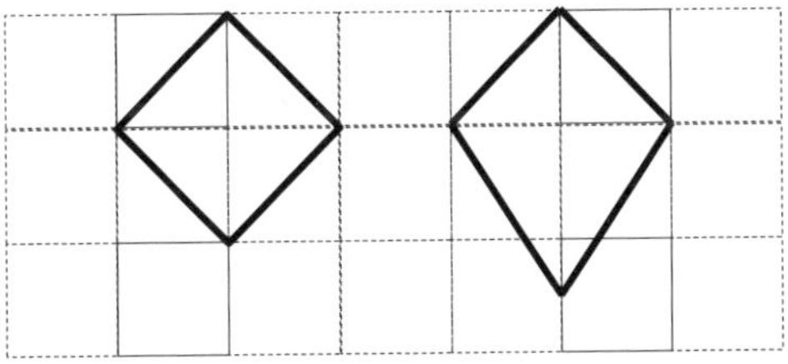

그리고 가로 점선은 마름모의 가로 대각선이고, 세로 점선은 마름모의 세로 대각선입니다.

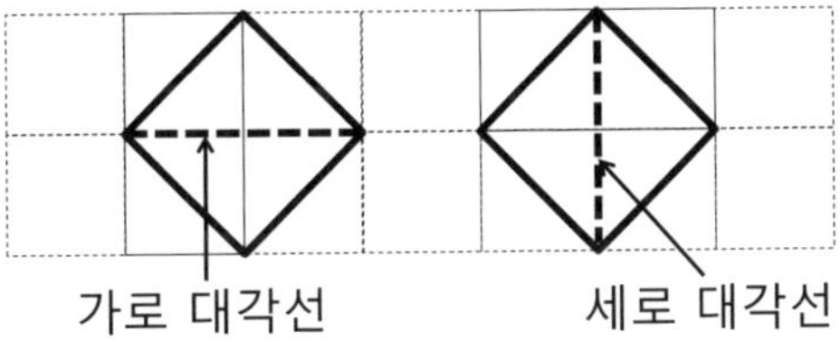

다음 그림을 보세요.

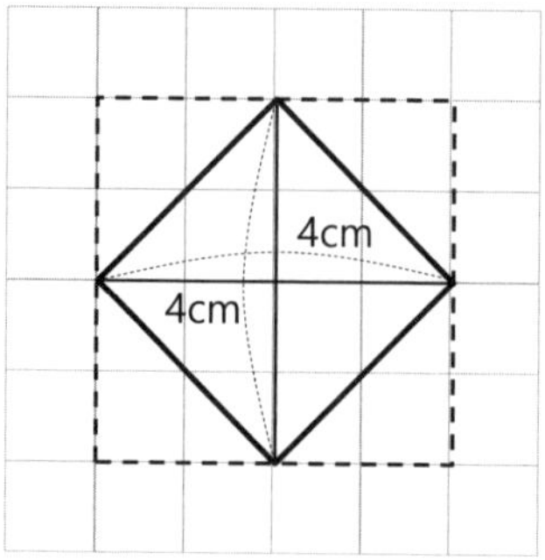

마름모 주변에 점선으로 직사각형을 그렸습니다. 점선으로 그린 직사각형의 넓이는 마름모 넓이의 2배입니다. 그리고 **'직사각형의 가로 길이 = 마름모의 가로 대각선 길이'**이고요. **'직사각형의 세로 길이 = 마름모의 세로 대각선 길이'**입니다.

- 직사각형의 넓이 = 가로×세로 = (마름모의 가로 대각선)×(마름모의 세로 대각선)

그리고 마름모의 넓이는 직사각형 넓이의 절반입니다. 따라서!

- 마름모의 넓이 = 직사각형의 넓이÷2 = (가로 대각선)×(세로 대각선)÷2

마름모의 넓이는 삼각형의 넓이 구하는 방법을 이용해서 구할 수도 있습니다. 가로 대각선을 기준으로 위쪽과 아래쪽 삼각형으로 구분해서 구할 수도 있고요. 세로 대각선을 기준으로 왼쪽과 오른쪽 삼각형으로 구분해서 구할 수도 있습니다. 그리고 가로와 세로 대각선을 기준으로 4개 삼각형으로 쪼개서 구할 수도 있습니다.

수학은 정답보다 더 중요한 것이 **정답을 구하는 방법과 과정**입니다. 똑같이 정답을 구하더라도 어떤 방법으로 문제를 해결했느냐에 따라 아이의 수학 실력이 달라집니다.

(7) 원주란 뭘까? 원주율이란 뭘까? (원주, 원주율)

원주와 원주율에 대해 알아보기 전에 원에 대해 복습해 보겠습니다.

원의 가장 안쪽에 있는 점을 원의 **중심**이라 하고, 원의 중심과 원 위의 한 점을 이은 선분을 원의 **반지름**이라고 합니다.
그리고 원 위의 두 점을 이은 선분이 원의 중심을 지날 때, 이 선분을 원의 **지름**이라고 합니다.

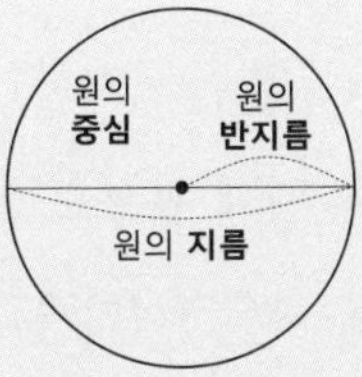

이제 원주에 대해 알아보겠습니다. 원주의 개념은 무엇일까요?

* 원주 ⇒ 둥글 원(圓) + 골고루 주(周)

원의 둘레를 원둘레 또는 **원주**라고 합니다.
또 원주의 길이를 간단히 **원주**라고도 합니다.

원주는 2가지 개념이 있습니다. 하나는 원의 둘레이고요. 다른 하나는 원의 둘레의 길이입니다. 그럼, 원주율의 개념은 무엇일까요?

아래 그림을 보세요. 3가지 원이 있습니다. 크기가 서로 다르죠.

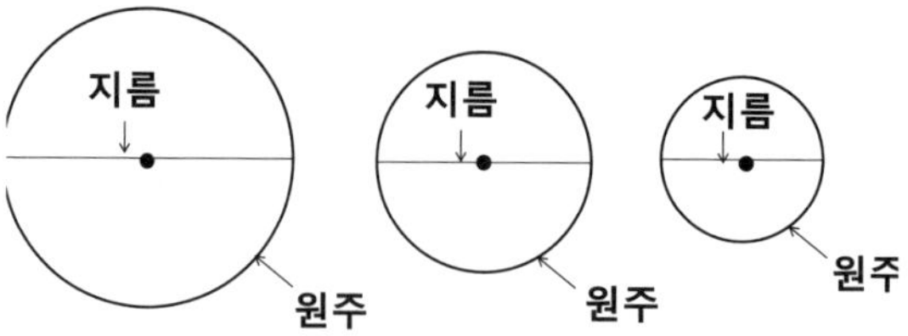

첫 번째 원에서 원주와 지름의 길이를 잰 다음 (원주)÷(지름)을 계산했더니 다음과 같은 결과가 나왔습니다.

• (원주)÷(지름) = 3.1415926535897932……

두 번째 원으로 (원주)÷(지름)을 계산했더니 다음과 같은 결과가 나왔습니다.

• (원주)÷(지름) = 3.1415926535897932……

세 번째 원으로 (원주)÷(지름)을 계산했더니 다음과 같은 결과가 나왔습니다.

• (원주)÷(지름) = 3.1415926535897932……

즉, 원의 크기와 관계없이 (원주)÷(지름)을 계산하면 똑같이 3.1415926535897932…… 라는 값이 나옵니다. 이 값을 원주율이라고 합니다.

* 원주율 ⇒ 둥글 원(圓) + 골고루 주(周) + 비율 비(率)

원의 크기와 관계없이 지름에 대한 원주의 비는 일정합니다. 이 비의 값을 **원주율**이라고 합니다.

(원주율) = (원주)÷(지름)

원주율을 소수로 나타내면 3.1415926535897932……와 같이 끝없이 써야 합니다.

위의 개념 정리는 좀 어렵게 느껴질 수 있는데요. 아래 2가지 내용은 꼭 기억해야 합니다.

- 원의 크기와 관계없이 (원주)÷(지름) = 3.1415926535897932…… 이다.
- 원주율 = (원주)÷(지름) = 3.1415926535897932……

이제 문제를 풀어보세요.

[문제] 아래 그림을 보고 굵은 점선의 길이와 굵은 실선의 길이를 구하시오.

(원주율 : 3)

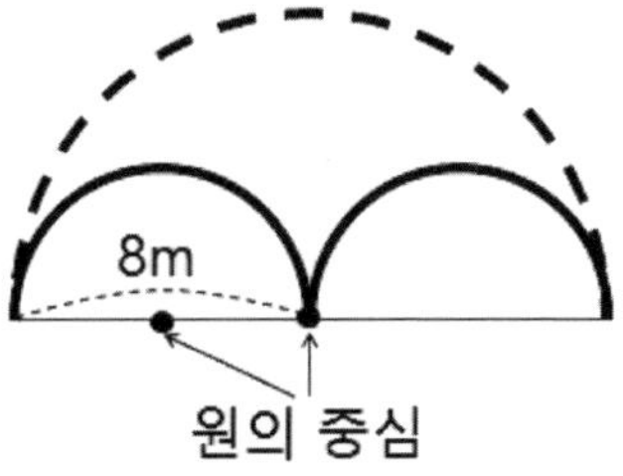

<굵은 점선의 길이>

굵은 점선의 길이는 반지름의 길이가 8m인 원의 원주의 절반입니다. 반지름이 8m이면 지름은 16m이고요. 원주율은 3으로 계산합니다.

(원주율) = (원주)÷(지름) ⇒ 3 = (원주)÷16

(원주) = 3×16 = 48

따라서 굵은 점선의 길이는 48m의 절반인 24m입니다.

<굵은 실선의 길이>

굵은 실선의 길이는 지름이 8m인 원의 원주입니다.

(원주율) = (원주)÷(지름) ⇒ 3 = (원주)÷8

(원주) = 3×8 = 24

따라서 굵은 실선의 길이는 24m입니다. 원주 절반이 2개이므로 원주 하나의 길이와 같죠.

(8) 원의 넓이는 어떻게 구할까? (원의 넓이)

원의 넓이를 구하는 공식은 다음과 같습니다.

- (원의 넓이) = (원주율)×(반지름)×(반지름)

원주율은 (원주)÷(지름)이고요. 모든 원이 똑같이 3.1415926535897932……입니다. 따라서 어떤 원의 반지름 또는 지름만 알면 그 원의 넓이를 구할 수 있습니다. 위와 같은 공식은 어떻게 나올 수 있었을까요?

원을 똑같은 크기로 8조각 내면 원의 넓이를 아래 그림처럼 그릴 수 있습니다.

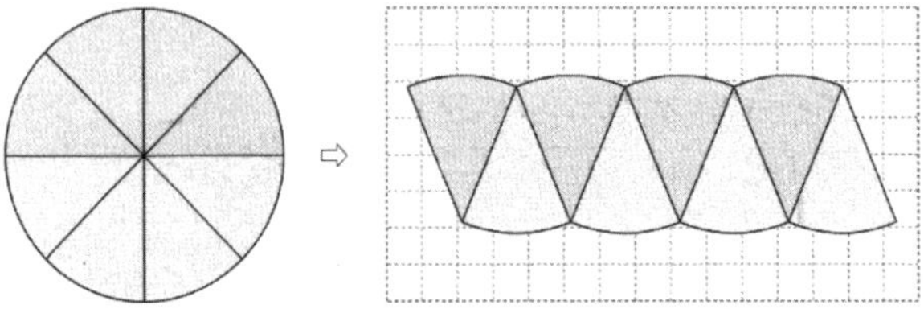

평행사변형 비슷하게 생겼죠?

원을 똑같은 크기로 16조각 내면 원의 넓이를 아래 그림처럼 그릴 수 있습니다.

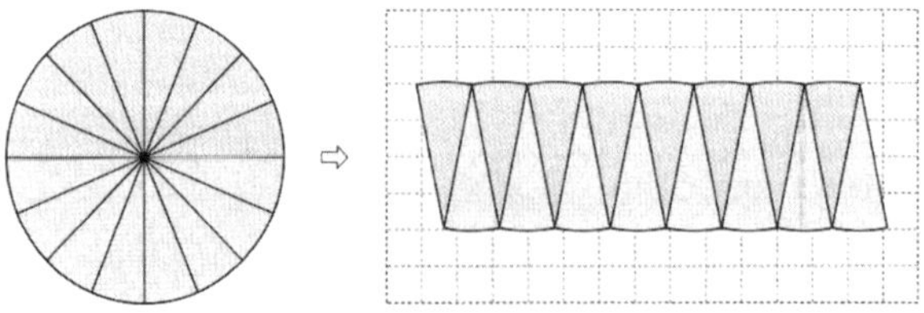

원을 똑같은 크기로 32조각 내면 원의 넓이를 아래 그림처럼 그릴 수 있습니다.

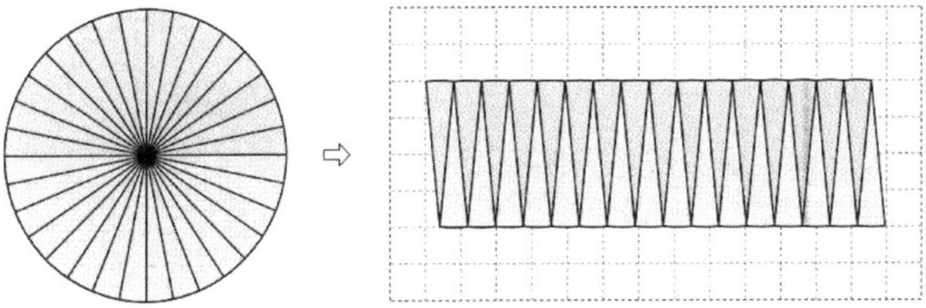

원을 똑같은 크기로 64조각 내면 원의 넓이를 아래 그림처럼 그릴 수 있습니다.

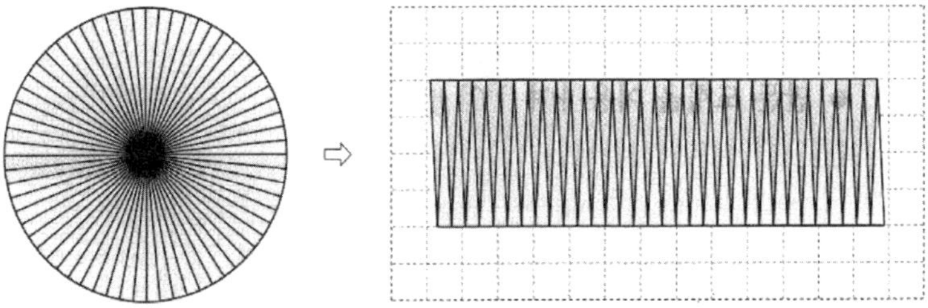

평행사변형보다는 직사각형 비슷하게 생겼습니다. 만약 원을 똑같은 크기로 한없이 잘게 잘라 붙이면 직사각형이 됩니다. 직사각형의 넓이는 (가로)×(세로)죠. 그런데 위 그림에서 가로는 원주(원둘레)의 절반입니다. 세로는 원의 반지름이고요. 그래서!

- 원의 넓이 = (가로)×(세로) = (원주)× $\frac{1}{2}$ ×(반지름)

그런데 (원주율)=(원주)÷(지름)이므로 (원주)=(원주율)×(지름)입니다. 그러면!

- 원의 넓이 = (원주)× $\frac{1}{2}$ ×(반지름) = (원주율)×(지름)× $\frac{1}{2}$ ×(반지름)

그런데 지름은 반지름이 2개 있는 것이므로 (지름)=2×(반지름)입니다. 그러면!

- 원의 넓이 = (원주율)×(지름)× $\frac{1}{2}$ ×(반지름) = (원주율)×2× $\frac{1}{2}$ ×(반지름)×(반지름)

그래서 (원의 넓이) = (원주율)×(반지름)×(반지름)입니다.

(9) 직육면체의 겉넓이는 어떻게 구할까? (직육면체와 정육면체의 겉넓이)

직육면체의 겉넓이 구하는 방법은 전개도를 보면 쉽게 이해할 수 있습니다. 아래 그림을 보세요.

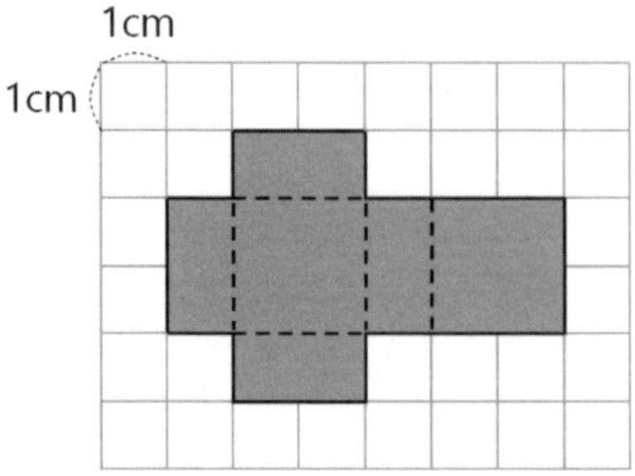

직육면체는 직사각형 모양의 면 6개로 둘러싸인 도형이기 때문에 전개도를 보면 직사각형 모양이 6개 있습니다. 위 전개도에서 가로가 1cm이고 세로가 2cm인 직사각형을 찾아보세요. 몇 개 있나요? 2개 있습니다. 가로가 2cm이고 세로가 1cm인 직사각형도 2개 있습니다. 가로가 2cm이고 세로가 2cm인 직사각형도 2개 있습니다. 따라서 이 직사각형의 겉넓이는 다음과 같습니다.

- 가로가 1cm이고 세로가 2cm인 직사각형 2개의 넓이

$\Rightarrow$ 1cm × 2cm × 2 = 4cm^2

- 가로가 2cm이고 세로가 1cm인 직사각형 2개의 넓이

$\Rightarrow$ 2cm × 1cm × 2 = 4cm^2

- 가로가 2cm이고 세로가 2cm인 직사각형 2개의 넓이

$\Rightarrow$ 2cm × 2cm × 2 = 8cm^2

- 직사각형의 겉넓이

$\Rightarrow 4cm^2 + 4cm^2 + 8cm^2 = 16cm^2$

즉, 직육면체에서는 서로 마주 보는 두 면이 합동입니다. 합동인 두 면은 넓이가 같고요. 따라서 **직육면체의 넓이를 구할 때는 합동인 세 면의 넓이의 합을 2배** 하면 됩니다.

그럼, 정육면체의 겉넓이는 어떻게 구할까요?

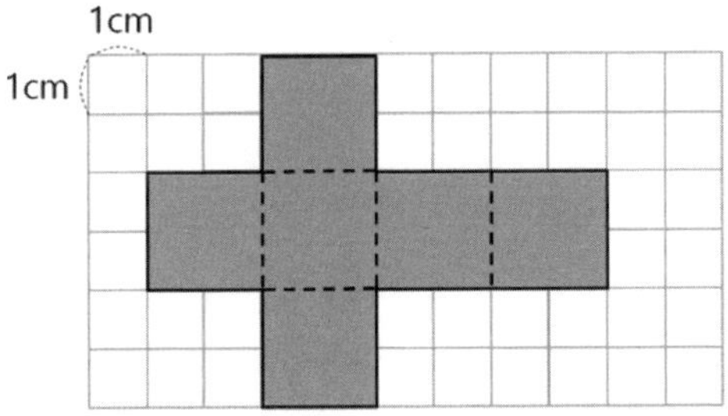

정육면체는 정사각형 모양의 면 6개로 둘러싸인 도형입니다. 위 전개도에서 가로가 2cm이고 세로가 2cm인 정사각형을 찾아보세요. 몇 개 있나요? 6개 있습니다. 따라서 이 정사각형의 겉넓이는 다음과 같습니다.

- $2cm \times 2cm \times 6 = 24cm^2$

정육면에서 6개의 정사각형은 모두 합동입니다. 모두 넓이가 같죠. 따라서 **정육면체의 넓이를 구할 때는 정사각형 한 면의 넓이에 6배**를 하면 됩니다.

- (정육면체의 겉넓이) = (한 면의 넓이)×6

(10) $1cm^3$란? $1m^3$란? $1km^3$란? ($1cm^3$, $1m^3$, $1km^3$, 직육면체의 부피)

항아리의 들이는 항아리에 담을 수 있는 양이고요. 항아리의 부피는 항아리가지 포함한 전체 양입니다. 아래 상자 그림을 보세요. 이 상자는 가로, 세로, 높이의 길이가 모두 1cm입니다.

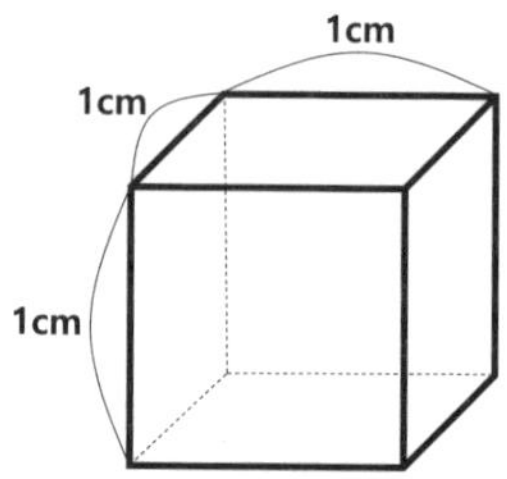

이 상자의 부피가 $1cm^3$입니다.

한 모서리가 1cm인 정육면체의 부피를 **$1cm^3$**라 하고 **1 세제곱센티미터**라고 읽습니다.

아래 그림을 보세요. 부피가 $1cm^3$인 쌓기나무로 만든 모양입니다. 각 모양의 부피는 얼마일까요?

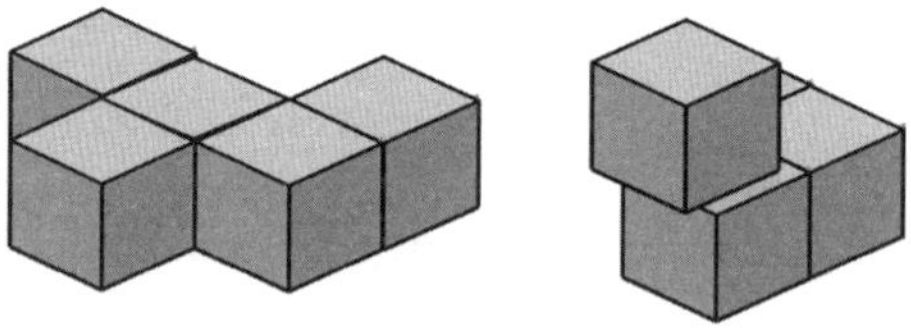

왼쪽 모양은 쌓기나무 5개로 만들었습니다. 쌓기나무 1개의 부피가 $1cm^3$이므로, 이 모양의 부피는 $5cm^3$입니다. 오른쪽 모양은 쌓기나무 4개로 만들었으므로 부피는 $4cm^3$입니다. 이처럼 부피란 $1cm^3$가 몇 개인지를 측정하는 것입니다.

아래 그림을 보세요. 부피가 $1cm^3$인 쌓기나무가 직육면체 모양으로 쌓여 있습니다. 각 모양의 부피는 얼마일까요?

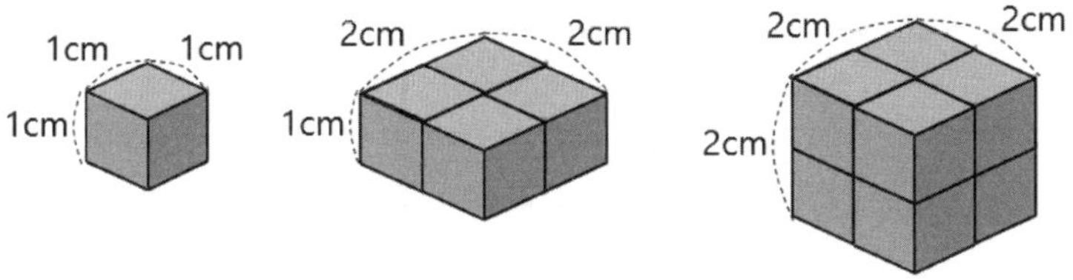

왼쪽 모양은 부피 $1cm^3$짜리 쌓기나무 1개이므로 부피는 $1cm^3$입니다. 가운데 모양은 부피 $1cm^3$짜리 쌓기나무가 가로 2개, 세로 2개로 1층 쌓여 있습니다. 쌓기나무의 전체 수는 (가로)×(세로) = 2×2 = 4(개) 이므로 부피는 $4cm^3$입니다. 오른쪽 모양은 부피 $1cm^3$짜리 쌓기나무가 가로 2개, 세로 2개, 위로 2층 쌓여 있습니다. 쌓기나무의 전체 수는 (가로)×(세로)×(높이) = 2×2×2 = 8(개) 이므로 부피는 $8cm^3$입니다. 즉, 직육면체의 부피를 구할 때에는 '(가로)×(세로)×(높이)'로 구할 수 있습니다.

- 직육면체의 부피 = (가로)×(세로)×(높이)

그리고 정육면체는 가로, 세로, 높이의 길이가 모두 같기 때문에 정육면체의 부피는 한 모서리의 길이를 3번 곱하면 구할 수 있습니다.

- 정육면체의 부피 = (한 모서리)×(한 모서리)×(한 모서리)

이제 $1cm^3$와 $1m^3$의 관계를 알아보겠습니다. 아래 그림을 보세요. 가로 1m, 세로 1m, 높이 1m인 정육면체가 있습니다. 이 정육면체의 부피를 $1m^3$이라고 합니다.

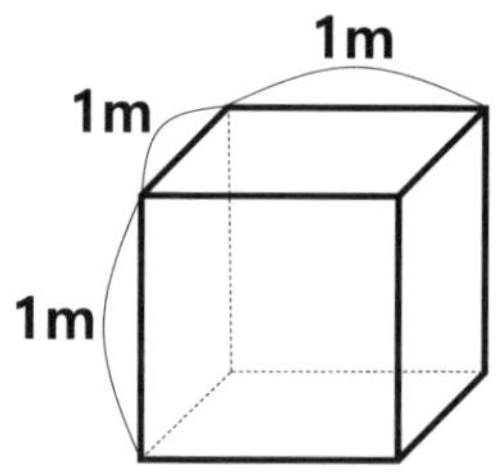

한 모서리가 1m인 정육면체의 부피를 **$1m^3$**라 하고 **1 세제곱미터**라고 읽습니다.

그런데 1m = 100cm입니다. 즉, 아래 그림과 같습니다.

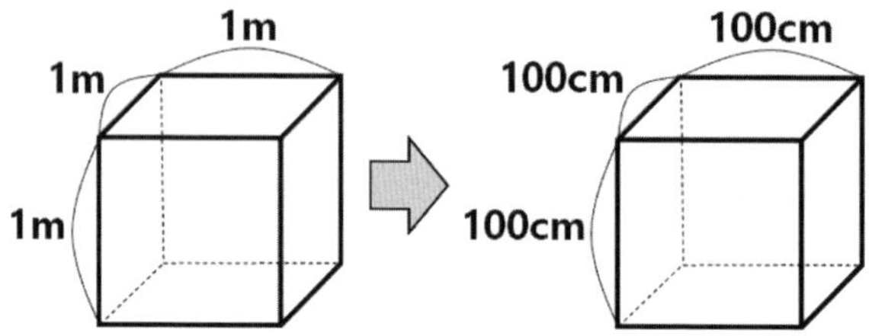

즉, 부피 $1m^3$짜리 정육면체는 부피 $1cm^3$짜리 정육면체가 가로로 100개, 세로로 100개, 높이 100층만큼 모여 있는 것과 같습니다.

- $1m^3 = 100cm \times 100cm \times 100cm = 1000000cm^3$

$1m^3$와 $1km^3$의 관계도 비슷한 방법으로 알아낼 수 있습니다.

한 모서리가 1km인 정육면체의 부피를 **$1km^3$**라 하고 **1 세제곱킬로미터**라고 읽습니다.

그런데 1km = 1000m입니다. 즉, 아래 그림과 같습니다.

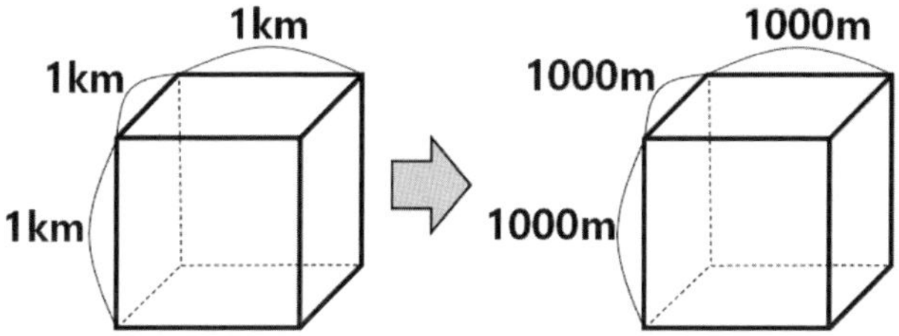

즉, 부피 $1km^3$짜리 정육면체는 부피 $1m^3$짜리 정육면체가 가로로 1000개, 세로로 1000개, 높이 1000층만큼 모여 있는 것과 같습니다.

- $1km^3 = 1000m \times 1000m \times 1000m = 1000000000m^3$

부피는 3차원이기 때문에 길이나 넓이를 이해하고 계산하는 것보다 어렵습니다. 따라서 상자 같은 구체물을 적극적으로 활용하는 것이 좋습니다.

4 규칙성

(1) 비란? 비율이란? 백분율이란? (비, 비율, 백분율)

① 비의 개념

비의 개념은 무엇일까요? 우리 고장에서 체육대회가 열렸습니다. 참석한 고장 사람들에게 한 사람당 2개씩 빵을 주기로 했습니다. 필요한 빵의 수는 다음과 같습니다.

사람(명)	1	2	3	4	5	6	7	8	9
빵(개)	2	4	6	8	10	12	14	16	18

날씨가 더워서 물병은 한 사람당 4개씩 주기로 했습니다. 필요한 물병의 수는 다음과 같습니다.

사람(명)	1	2	3	4	5	6	7	8	9
물병(개)	4	8	12	16	20	24	28	32	36

체육대회에 참석한 사람들에게 기념품으로 연필을 3자루씩 주기로 했습니다. 필요한 연필의 수는 다음과 같습니다.

사람(명)	1	2	3	4	5	6	7	8	9
연필(자루)	3	6	9	12	15	18	21	24	27

사람 수와 빵, 물병, 연필의 수를 비교해 보면, 빵은 사람 수의 2배, 물병은 사람 수의 4배, 연필은 사람 수의 3배입니다. 이를 다음과 같이 나타낼 수 있습니다.

- 빵은 사람 수의 2배 ⇒ 빵의 수 : 사람의 수 = 2 : 1
  (2 : 1 ⇒ '2 대 1'이라고 읽습니다.)
- 물병은 사람 수의 4배 ⇒ 물병의 수 : 사람의 수 = 4 : 1
  (4 : 1 ⇒ '4 대 1'이라고 읽습니다.)
- 연필은 사람 수의 3배 ⇒ 연필의 수 : 사람의 수 = 3 : 1
  (3 : 1 ⇒ '3 대 1'이라고 읽습니다.)

이처럼 **'비'란 어떤 두 개의 수 또는 양(사람과 빵, 사람과 물병, 사람과 연필)을**

서로 비교하여 몇 배인가를 ':' 기호와 숫자로 나타낸 것입니다.

* 비 ⇒ 견줄 비(比)

- 빵과 사람의 비 ⇒ 빵의 수 : 사람의 수 = 2 : 1 ⇒ 빵이 2배
- 물병과 사람의 비 ⇒ 물병의 수 : 사람의 수 = 4 : 1 ⇒ 물병이 4배
- 연필과 사람의 비 ⇒ 연필의 수 : 사람의 수 = 3 : 1 ⇒ 연필이 3배

② 비율의 개념

비율의 개념은 무엇일까요? 남학생 한 명당 여학생 두 명씩 짝을 지었습니다. 여학생과 남학생의 수를 비교하면 다음 표와 같습니다.

여학생(명) 수	2	4	6	8	10	12	14	16	18
남학생(명) 수	1	2	3	4	10	12	14	16	18

여학생과 남학생의 수를 서로 비교하여 비로 나타내면 다음과 같습니다.

- 여학생 : 남학생 = 2 : 1 ⇒ 여학생이 2배로 많음

이때 ':' 기호의 왼쪽에 있는 '2'는 비교하는 양이고, 오른쪽에 있는 '1'은 기준량입니다.

- : 기호의 왼쪽 ⇒ 비교하는 양
- : 기호의 오른쪽 ⇒ 기준량

그리고 비교하는 양(왼쪽)을 기준량(오른쪽)으로 나눈 값을 비의 값 또는 비율이라고 합니다. 위 여학생과 남학생의 비율은 다음과 같습니다.

- 여학생과 남학생의 비 ⇒ 2 : 1
- : 기호의 왼쪽 ⇒ 비교하는 양 ⇒ 2

• : 기호의 오른쪽 ⇒ 기준량 ⇒ 1

• 비율 ⇒ (비교하는 양)÷(기준량) = 2÷1 = 2

그럼, 비율이 2라는 것은 어떤 의미일까요?

• 여학생 : 남학생 = 2 : 1

• 비교하는 양(여학생) : 기준량(남학생) = 2 : 1

• 비율 ⇒ 기준량(남학생)에 대한 비교하는 양(여학생) = 2

⇒ 남학생(기준량)이 1명일 경우 여학생(비교하는 양)은 2명 있음

즉, 기준량(오른쪽, 남학생)이 '1'일 때 비교하는 양(왼쪽, 여학생)이 얼마만큼인지를 나타낸 것이 '비율'입니다.

* 비율 ⇒ 견줄 비(比) + 비율 률(율)(率)

비 15 : 20에서 기호 : 의 왼쪽에 있는 15는 **비교하는 양**이고, 오른쪽에 있는 20은 **기준량**입니다.

비교하는 양을 기준량으로 나눈 값을 **비의 값** 또는 **비율**이라고 합니다.

$(\text{비율}) = (\text{비교하는 양}) \div (\text{기준량}) = \frac{(\text{비교하는 양})}{(\text{기준량})}$

비 15 : 20을 비율로 나타내면 $\frac{15}{20}$ 또는 0.75입니다.

③ 백분율의 개념

백분율의 개념은 무엇일까요? 여학생 한명 당 남학생 두 명씩 짝을 지으면 여학생과 남학생의 수는 다음 표와 같습니다.

여학생(명) 수	1	2	3	4	5	6	7	8	9
남학생(명) 수	2	4	6	8	10	12	14	16	18

위 자료를 비와 비율로 나타내고, 비율의 의미를 읽으면 다음과 같습니다.

- 비 ⇒ 여학생 : 남학생 = 1 : 2
- 비율 ⇒ $\frac{(\text{비교하는 양})}{(\text{기준량})} = \frac{1}{2} = 0.5$
- 비율 ⇒ 남학생(기준량) 1명 당 여학생 0.5명이 있다.

이 비율에 100을 곱한 값이 백분율입니다.

비율에 100을 곱한 값을 **백분율**이라고 합니다.
백분율은 기호 **%**를 사용하여 나타냅니다.
비율 $\frac{50}{100}$ 또는 0.50를 백분율로 50%라 쓰고 50 퍼센트라고 읽습니다.

* 백분율 ⇒ 백 백(百) + 나눌 분(分) + 비율 률(율)(率)

정리하면, 비는 어떤 두 개의 수 또는 양을 서로 비교할 때, 왼쪽에 있는 것의 수나 양을 오른쪽에 있는 것의 수나 양에 비추어 생각하는 것입니다. 즉, '4 : 5'라는 비는 '왼쪽에 있는 4는 오른쪽에 있는 5에 비추어 보았을 때 어떠한가?'라고 읽어야 합니다. 4는 5와 비교하면 $\frac{1}{5}$ 만큼이 적습니다. 그래서 비의 값이 0.8입니다. 그런데 비가 '5 : 4'라면 '왼쪽에 있는 5는 오른쪽에 있는 4에 비추어 보았을 때 어떠한가?'라고 읽어야 합니다. 5는 4와 비교하면 $\frac{1}{4}$ 만큼 많습니다. 그래서 비의 값이 1.25입니다.

비율은 비를 하나의 수치로 나타낼 때 쓰는 개념입니다. '1 : 4'라는 비는 1과 4

두 개의 수를 사용하지만 '1 : 4'의 비율은 0.25 하나의 수만 사용합니다. 이때 **비의 뒤쪽에 있는 수가 분모가 되고, 앞쪽에 있는 수가 분자**가 됩니다.

- 1 : 4의 비율 = $\frac{1}{4}$ = 0.25

(2) 전항은 '앞 전', 후항은 '뒤 후'예요. (비례식, 전항, 후항, 내항, 외항)

① 비례식의 개념

비례식의 개념은 무엇일까요? 아래 그림을 보세요. 직사각형이 2개 있습니다. 큰 직사각형은 가로 8칸, 세로 6칸짜리고요. 작은 직사각형은 가로 4칸, 세로 3칸짜리예요. 큰 직사각형을 작게 줄인 것이 작은 직사각형입니다.

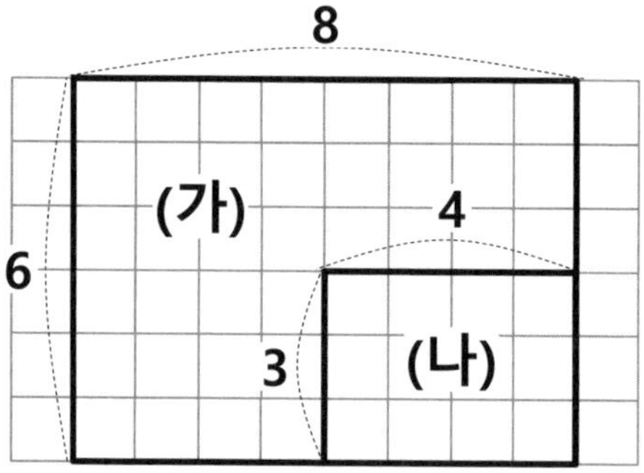

큰 직사각형을 (가)라하고 작은 직사각형을 (나)라고 했을 때, 두 직사각형의 가로와 세로 길이를 서로 비교해서 비로 나타내면 다음과 같습니다.

- (가)의 가로 길이 : (나)의 가로 길이 = 8 : 4
- (가)의 세로 길이 : (나)의 세로 길이 = 6 : 3

이를 비율로 나타내면 다음과 같습니다.

- (가)와 (나)의 가로 길이의 비율 = $\frac{8}{4}$ = 2
- (가)와 (나)의 세로 길이의 비율 = $\frac{6}{3}$ = 2

즉, '8 : 4'의 비율과 '6 : 3'의 비율은 똑같이 2입니다. 그래서 '8 : 4 = 6 : 3'과 같이 나타낼 수 있습니다. 이와 같이 **비율이 같은 두 비를 등호를 사용하여 나타낸 식**이 바로 **비례식**입니다.

> 비율이 같은 두 비를 등호를 사용하여 8 : 4 = 6 : 3과 같이 나타낼 수 있습니다. 이와 같은 식을 **비례식**이라고 합니다.

- 비율이 같은 두 비 ⇒ 8 : 4 와 6 : 3
- 등호를 사용 ⇒ = 사용
- 비례식 ⇒ 8 : 4 = 6 : 3

② 전항, 후항, 내항, 외항의 개념

전항, 후항, 내항, 외항의 개념은 다음과 같습니다.

> 비 8 : 4에서 8과 4를 비의 **항**이라 하고,
> ':' 기호 앞에 있는 8을 **전항**,
> 뒤에 있는 4를 **후항**이라 합니다.

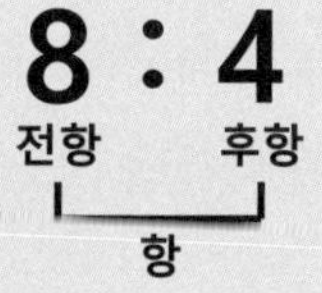

'8 : 4' 라는 비에서 앞에 있는 8을 전항이라 하고, 4를 후항이라 하는데요. 전항에서 '전'은 '앞 전(前)'이란 한자고요. 후항에서 '후'는 '뒤 후(後)'라는 한자입

니다. 즉, 전항은 '앞에 있는 항'이고, 후항은 '뒤에 있는 항'입니다.

비례식이 성립하려면 두 비의 비율이 같아야 합니다.

비례식 8 : 4 = 6 : 3에서
바깥쪽에 있는 두 항 8과 3을 **외항**,
안쪽에 있는 두 항 4와 6을 **내항**이라 합니다.

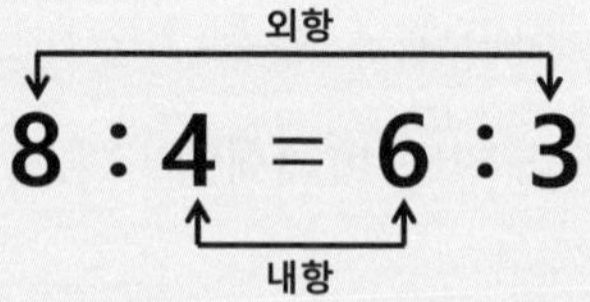

'8 : 4 = 6 : 3'이라는 비례식에서 8과 3을 외항이라 하고, 4와 6을 내항이라 하는데요. 외항에서 '외'는 '바깥 외(外)'라는 한자고요. 내항에서 '내'는 '안 내(內)'라는 한자입니다. 즉, **외항은 '바깥쪽에 있는 두 항'이고, 내항은 '안쪽에 있는 두 항'입니다.**

(3) 내항끼리, 외항끼리 곱해야 해요. (비례식의 성질, 비례배분)

① 비례식의 성질

위에서 비례식의 개념과 외항, 내항의 개념에 대해 알아봤는데요. 이번에는 비례식의 성질에 대해 알아보겠습니다. **비례식은 비율이 같은 두 비를 등호를 사용하여 나타낸 식**입니다. 예를 들면 이런 거죠.

- 1 : 3 = 2 : 6

위 비례식에서 외항은 1과 6이고 내항은 3과 2입니다. 외항끼리 그리고 내항끼리 곱해 볼까요?

- 외항끼리의 곱 ⇒ 1×6 = 6

- 내항끼리의 곱 ⇒ 3×2 = 6

둘 다 6입니다. 즉, **(외항의 곱) = (내항의 곱)**입니다. 아래 비례식으로 또 확인해 보겠습니다.

- 비례식 ⇒ 2 : 5 = 4 : 10
- 외항끼리의 곱 ⇒ 2×10 = 20
- 내항끼리의 곱 ⇒ 5×4 = 20

둘 다 20입니다. 즉, **(외항의 곱) = (내항의 곱)**입니다.

이 비례식의 성질을 이용하면 다음과 같은 문제를 쉽게 해결할 수 있습니다.

[문제] 소금 10kg을 얻으려면 바닷물 200L가 필요합니다. 소금 15kg을 얻으려면 바닷물 몇 L가 필요할까요?

- 비례식 ⇒ 10 : 200 = 15 : □
- 내항끼리의 곱 ⇒ 200×15 = 3000
- 외항끼리의 곱 ⇒ 10×□
- (외항의 곱) = (내항의 곱)
- 외항끼리의 곱 ⇒ 10×□ = 3000 ⇒ □ = 3000÷10 = 300

② 비례배분의 개념

비례배분의 개념은 무엇일까요? 먼저 '배분'이란 무엇일까요?

* 배분 ⇒ 나눌 배(配) + 나눌 분(分)

'배분'은 나눠준다는 뜻입니다. 그럼, 비례배분은 비례대로 나눠주는 것?

구슬이 30개 있습니다. 상욱이와 인수가 1 : 2의 비로 나누어 가지려 합니다. 즉, 상욱이가 1개 가질 때 인수는 2개 가지는 거죠.

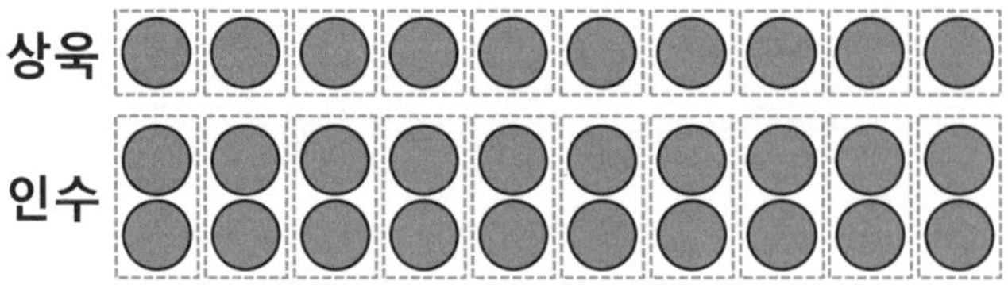

따라서 구슬 30개를 상욱이와 인수가 1 : 2의 비로 나누어 가지면 상욱이는 10개, 인수는 20개를 갖게 됩니다. 이렇게 **전체를 주어진 비로 배분하는 것을 비례배분**이라고 합니다. 그런데 비례배분을 쉽게 하는 방법이 있습니다.

만약 구슬이 3개라면 상욱이가 가지게 되는 구슬의 수는 전체의 몇 분의 몇일까요?

- 상욱 $\Rightarrow \frac{(\text{상욱이 구슬})}{(\text{상욱이 구슬}) + (\text{인수 구슬})} = \frac{1}{1+2} = \frac{1}{3}$

그리고 인수가 가지게 되는 구슬의 수는 전체의 몇 분의 몇일까요?

- 인수 $\Rightarrow \frac{(\text{인수 구슬})}{(\text{상욱이 구슬}) + (\text{인수 구슬})} = \frac{1}{1+2} = \frac{2}{3}$

즉, 전체 구슬의 $\frac{1}{3}$는 상욱이의 구슬이고, $\frac{2}{3}$는 인수의 구슬입니다. 전체 구슬이 9개라면

- 상욱이의 구슬 $\Rightarrow 9 \times \frac{1}{3} = 3$(개)
- 인수의 구슬 $\Rightarrow 9\times \frac{2}{3} = 6$(개)

이 방법을 주어진 비와 비교해 보겠습니다.

- 비 ⇒ 상욱 : 인수 = 1 : 2
- 상욱이의 구슬 ⇒ (전체 구슬)$\times \frac{1}{1+2} =$ (전체 구슬) $\times \frac{1}{3}$
- 인수의 구슬 ⇒ (전체 구슬)$\times \frac{2}{1+2} =$ (전체 구슬) $\times \frac{2}{3}$

이제 아래의 내용을 읽어보세요.

전체를 주어진 비로 배분하는 것을 **비례배분**이라고 합니다. 비례배분을 할 때에는 주어진 비의 전항과 후항의 합을 분모로 하는 분수의 비로 고쳐서 계산하면 편리합니다.

위 내용을 사례에 적용해서 정리해 보겠습니다.

- 주어진 비 ⇒ 1 : 2
- 주어진 비의 전항 ⇒ 1
- 주어진 비의 후항 ⇒ 2
- 주어진 비의 전항과 후항의 합 ⇒ 1+2
- 주어진 비의 전항과 후항의 합을 분모로 한 분수 ⇒ $\frac{1}{1+2}$, $\frac{2}{1+2}$

이처럼 개념을 이해하거나 설명할 때는 구체적인 사례를 적용하면 훨씬 쉬워집니다. ^.^

5 자료와 가능성

(1) 평균은 주고받기를 해서 구해요. (평균)

평균의 개념은 무엇일까요? 평평하고 균일한 것?

* 평균 ⇒ 평평할 평(平) + 가지런할 균(均)

아래 그래프는 인수네 모둠 아이들이 가지고 있는 구슬의 수를 나타낸 것입니다. 그래프를 보고 질문에 대답해 보세요.

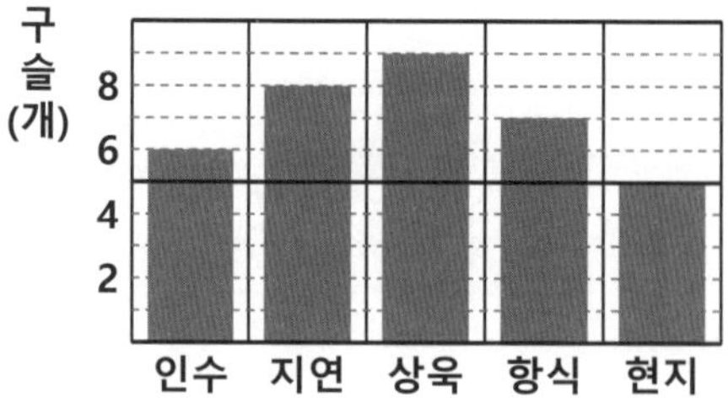

구슬을 똑같이 나누어 가지려면 어떻게 해야 할까요? 이렇게 하면 됩니다.

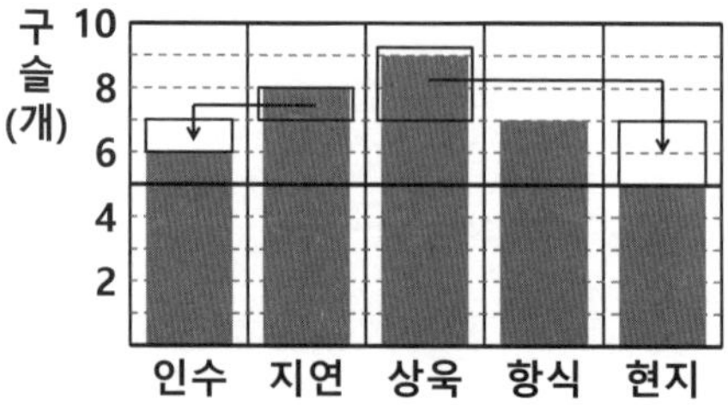

위와 같이 하면 똑같이 나눌 수 있는데요.

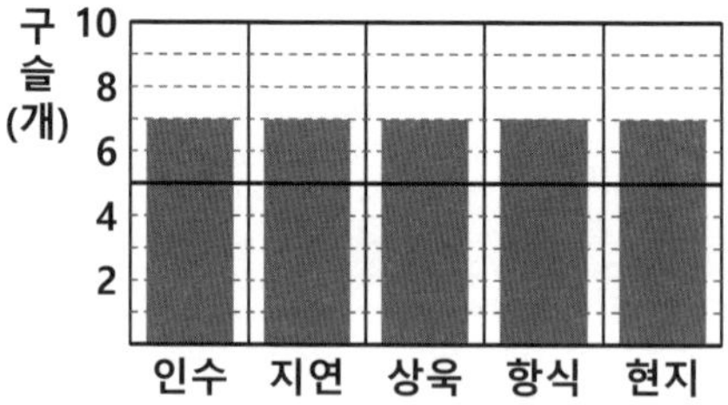

그래프 모양이 평평하고 가지런해졌습니다. 구슬은 한 사람당 7개씩 나눠주면 되죠. 이처럼 평평하고 가지런하게 했을 때 구한 값(7)을 **평균**이라고 합니다.

평균은 이렇게 구할 수도 있습니다.

이름	인수	지연	상욱	항식	현지
구슬의 수(개)	6	8	9	7	5

구슬 전체를 5명에게 똑같이 나눠주어야 하죠. 그러면

- 구슬 전체의 수 : 6+8+9+7+5 = 35개
- 나눠 가질 사람 수 : 5명
- 평균 = 35÷5 = 7개

이 내용을 교과서에서는 이렇게 정리해 놓았습니다.

각 자료의 값을 모두 더하여 자료의 수로 나눈 값을 그 자료를 대표하는 값으로 정하면 편리합니다. 이 값을 **평균**이라고 합니다.
(평균) = (자룟값의 합) ÷ (자료의 수)

이제 아래 문제의 평균을 구해 보세요.

[문제] 민수네 모둠 학생들의 윗몸 일으키기 기록을 조사하여 나타낸 표입니다. 민수네 모둠 학생들의 윗몸 일으키기 평균 기록을 구하시오.

이름	민수	지선	현주	지성	민우
윗몸 일으키기 기록	45번	42번	36번	37번	40번

- 윗몸 일으키기 전체의 수 : 45+42+36+37+40 = 200번
- 모둠 인원수 : 5명
- 평균 = 200÷5 = 40번

역시나 '(평균) = (자룟값의 합) ÷ (자료의 수)' 라는 공식만 바로 암기하는 것보다는 평균이란 무엇인지 생각해 보는 게 더 좋습니다.

(2) 띠그래프란? 원그래프란? (띠그래프, 원그래프)

아래 그래프는 띠그래프입니다.

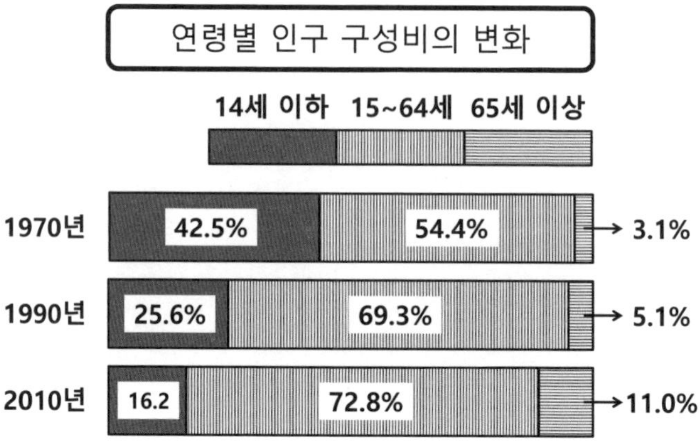

띠그래프는 전체에 대한 각 부분의 비율을 띠 모양으로 나타낸 것입니다. 띠그래프는 그리기도 쉽고 길이 감각을 이용하여 자료의 크기를 비교하기 쉽습니다. 1970년에는 우리나라 인구에서 14세 이하가 100명 중 42.5명이었고, 1990년에는 100명 중 42.5명이 14세 이하였습니다. 그리고 2010년에는 100명 중 16.2명이 14세 이하였습니다. 위 띠그래프를 보면 14세 이하 인구는 점점 줄어들었고, 65세 이상인 인구는 점점 늘었다는 것을 알 수 있습니다.

아래 그래프는 원그래프입니다.

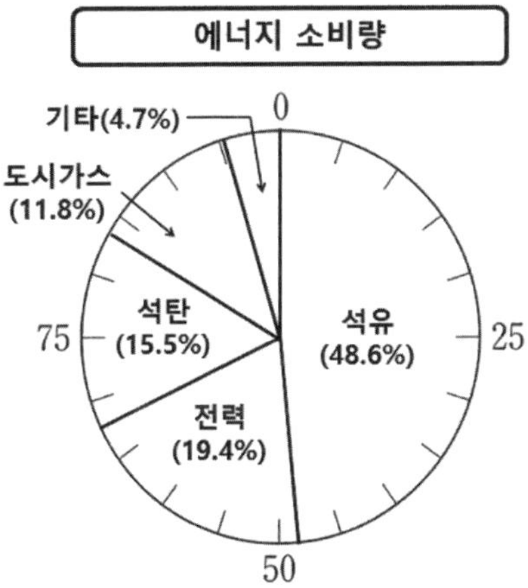

원그래프는 전체에 대한 각 부분의 비율을 원 모양으로 나타낸 것입니다. 전체와 부분, 부분과 부분 사이의 비율을 한눈에 알아보기 쉽습니다. 하지만 원그래프는 중심각의 크기를 100등분해야 해서 띠그래프에 비해 그리기가 어렵다는 단점이 있습니다.

위 원그래프를 보면 소비되는 에너지 중 가장 높은 비율을 차지하는 에너지는 석유입니다. 우리나라는 석유가 아주 조금 나오지 않기 때문에 거의 전량을 수입에 의존하고 있습니다. 그래서 석유 가격이 오르면 그에 따라 여러 가지 가격들도 오르게 되고요. 바람이나 태양 에너지를 활용하는 기술을 개발하는 것이 중요합니다.

(3) 사건이 일어날 가능성'은 확률이에요. (가능성)

가능성은 확률에 해당합니다. 교과서에는 '확률' 개념을 도입하기에 앞서 확률 개념의 초보적 의미로 '사건이 일어날 가능성'을 직관적으로 가늠해 보고, 이를

'하나의 수치'로 표현하는 활동이 있습니다.

예를 들어 '내일 해가 동쪽에서 뜰 것이다.'는 확실하게 일어날 일입니다. 이처럼 확실히 일어날 일의 가능성은 '1'로 표현할 수 있습니다. 반대로 '내일 해가 서쪽에서 뜰 것이다.'는 불가능한 일입니다. 불가능한 일이 일어날 가능성은 '0'으로 표현할 수 있습니다. 또한 동전 한 개를 던졌을 때 앞면이 나올 가능성은 절반 정도이고, 뒷면이 나올 가능성도 절반 정도입니다. 일어날 가능성이 반반인 경우에는 '$\frac{1}{2}$'로 표현할 수 있습니다.

주머니 속에 검은색 바둑돌 2개가 있습니다.

주머니에서 바둑돌 1개를 꺼냈을 때, 꺼낸 바둑돌이 검은색일 가능성은 1입니다. 주머니 속에는 검은색 바둑돌만 있기 때문에 수십 번을 꺼내도 검은색 바둑돌만 나옵니다. 즉, 검은색 바둑돌이 나올 가능성이 확실하기 때문에 가능성을 수치로 표현하면 1입니다. 반대로 주머니에서 바둑돌 1개를 꺼냈을 때 흰색 바둑돌이 나올 가능성은 0입니다. 흰색 바둑돌이 나오는 건 불가능한 일이기 때문에 가능성을 수치로 표현하면 0입니다.

주머니 속에 검은색 바둑돌 1개와 흰색 바둑돌 1개가 있습니다.

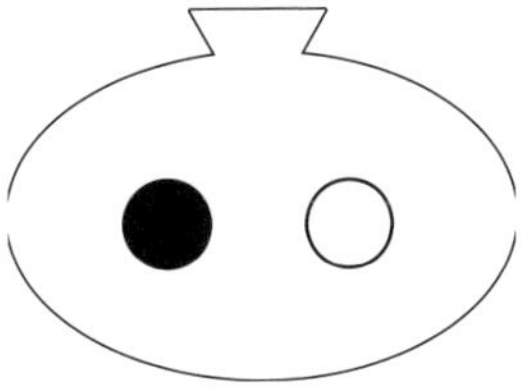

주머니에서 바둑돌 1개를 꺼냈을 때, 꺼낸 바둑돌이 검은색일 가능성은 몇 일까요? 흰색 바둑돌이 나올 가능성은 몇 일까요? 검은색 바둑돌이 나올 가능성도 반반이고, 흰색 바둑돌이 나올 가능성도 반반입니다. 따라서 두 경우 모두 가능성은 $\frac{1}{2}$ 입니다.

조금 더 복잡한 경우도 보겠습니다. 주머니 속에 검은색 바둑돌 3개와 흰색 바둑돌 1개가 있습니다.

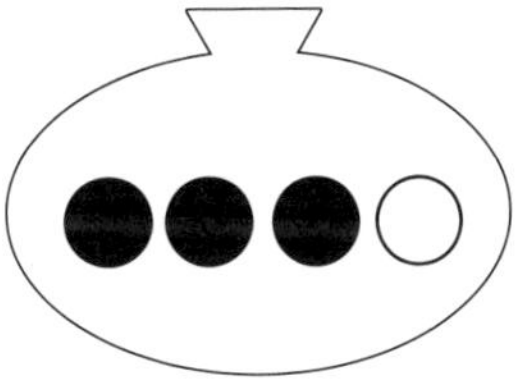

주머니에서 바둑돌 1개를 꺼냈을 때, 꺼낸 바둑돌이 검은색일 가능성은 몇일까요? 전체 바둑돌은 4개입니다. 그 중에 검은색 바둑돌은 3개입니다. 4개 중에 3개가 검은색 바둑돌이기 때문에 검은색 바둑돌이 나올 가능성은 $\frac{3}{4}$ 입니다. 그리고 흰색 바둑돌은 4개 중에 1개이기 때문에 흰색 바둑돌이 나올 가능성은 $\frac{1}{4}$ 입니다.

- 가능성이 1 ⇒ 확실한 경우
- 가능성이 $\frac{1}{4}$ ⇒ 가능성이 비교적 작은 경우
- 가능성이 $\frac{1}{2}$ ⇒ 가능성이 반반인 경우

- 가능성이 $\frac{3}{4}$ ⇒ 가능성이 비교적 큰 경우
- 가능성이 0 ⇒ 불가능한 경우

가능성은 %로 표현하기도 합니다. 주머니 속에 검은색 바둑돌 1개와 흰색 바둑돌 1개가 있을 경우, 바둑돌 1개를 꺼냈을 때 꺼낸 바둑돌이 검은색일 가능성은 50%입니다. $\frac{1}{2}$과 같죠. 주머니 속에 검은색 바둑돌 3개와 흰색 바둑돌 1개가 있을 경우, 바둑돌 1개를 꺼냈을 때 꺼낸 바둑돌이 검은색일 가능성은 75%입니다. $\frac{3}{4}$과 같습니다.

딸을 서울대에 보낸 정용호 강사의 초등수학 공부법

발행일 2024년 1월 2일(초판)
발행처 직업상점
발행인 박유진
편저자 정용호
편 집 이우미
ISBN 979-11-981222-3-0
정가 22,000원